지방정부 독립선언서

- 서대문 지방정부 12년의 활동기 -

지방정부 독립선언서

- 서대문 지방정부 12년의 활동기 -

초판 1쇄 발행   2022년 4월 19일

지은이 | 문석진
펴낸곳 | (주)태학사
등록 | 제406-2020-000008호
주소 | 경기도 파주시 광인사길 217
전화 | 031-955-7580
전송 | 031-955-0910
전자우편 | thspub@daum.net
홈페이지 | www.thaehaksa.com

편집 | 조윤형 여미숙 김선정
디자인 | 한지아
마케팅 | 김일신
경영지원 | 이정은

ⓒ 문석진, 2022. Printed in Korea.

값 25,000원

ISBN 979-11-6810-061-9 03300

북디자인 | 이윤경

지방 정부
독립선언서

- 서대문 지방정부 12년의 활동기 -

문석진 지음

이제는 지방이 중앙을 바꿀 때입니다.
서대문의 아름다운 변화,
세상에 던진 50가지 질문들

태학사

지방정부의 '독립'을 선언하다

　민선 5기 서대문구청장으로 취임한 지 어느덧 12년이 지나고 3선의 임기를 마무리할 시점이 다가온다. 2010년에 첫 취임을 앞두고 나는 두 가지 변화를 시도했다. 첫째는 서대문구의 상징인 독립문 앞에서 취임식을 하자는 것이었다. 역사를 이어 가고 만들어 간다는 의미에서 독립문 광장을 새로운 시작으로 삼겠다는 나름의 포부였다. 둘째는 취임식의 가장 중요한 행사로 주민의 발을 씻겨 드리는 세족식을 하는 것이었다. 엎드려 발을 씻기는 섬김으로 끝까지 주민을 섬긴다는 의미였다. 구청장이라는 '권한'이 '권력'으로 바뀐다고 여겨질 때마다, 세족식에서의 내 모습이 강한 영상으로 뇌리에 남아 항상 스스로를 견제했다. 행여 오만하지 않고 끝까지 섬기는 자세로 임하겠다는 다짐을 상기하게 하는 의식이었다.

민선 5, 6, 7기를 거치며 매번 취임식마다 세족식을 함으로써 이러한 다짐을 계속해서 새기고 확인했다. 그런 마음을 담아 '아름다운 변화, 열린 구정, 행복 도시 서대문'을 슬로건으로 삼고 12년의 시간을 지내 온 지방정부의 수장으로서, 그간의 변화 과정을 기록으로 남기는 것이 최소한의 의무라는 생각이 든다.

지방정부는 지역 현장에서 주민의 목소리를 가장 먼저 듣는 곳이다. 구청장으로서 그러한 목소리를 최대한 정책에 담아내기 위해 노력해 왔다. 그럼에도 불구하고 지나치게 중앙집권적인 제도적 한계 속에서 지방정부가 실제로 할 수 있는 일은 많지 않았다. 특히 재정 분권이 제대로 이루어지지 않아 수입 대부분을 중앙정부에 의존해야 하는 상황에서 지방정부가 독립된 개체가 아닌 중앙정부에 소속된 하위기관쯤으로 간주되어 온 것이 지난날의 현실이었다.

하지만 하루하루 급변하는 4차 산업혁명 시대 속에서 더 이상 과거의 중앙집권적 방식으로는 환경 변화에 신속히 대응하기 어렵다. 문재인 정부도 그러한 현실을 정확히 인식하고 연방제에 준하는 자치분권 실현을 공약으로 제시한 바 있었다. 하지만 아쉽게도 충분한 자치분권이 이루어지지는 못했다. 어느 정도 조정이 되었지만 국세와 지방세의 비율은 여전히 74:26에 달하고, 지방정부의 인사권이나 조직권도 여전히 중앙정부에서 통제하는 것이 현실이다. 중앙정부는 아직도 지방정부를 신뢰하지 못하고 있다.

그러나 중앙정부는 5년마다 대통령이 바뀌면서 정치적 대립이 이어지는 등 불안정한 면이 있다. 반면 지방정부는 주민의 선택을 받은 사람이 12년 동안 연속해서 일할 수 있기에 지방정부와 주민 간의 거버넌스를 구축하고 협업하기에 충분한 시간이 주어진다. 그만큼 정치 논리보다 현장을 우선할 수 있는 것이다. 현실에 맞는 우수한 정책은 중앙정부가 아닌 지방정부에서 만들어지고 있다.

그래서 이 책의 제목을 『지방정부 독립선언서』로 정했다. 여기서 독립이란 투쟁의 의미가 아니다. 중앙정부와 지방정부 간의 관계가 지금까지의 상하 구조에서 벗어나 대등한 위치로 재정립될 때 비로소 우리나라가 더 발전할 수 있다고 나는 확신한다. 그것이 바로 '독립'의 의미다. 서대문 지방정부가 지금까지 잘해 온 우수 사례들을 소개함으로써 지방정부의 역량이 이제 충분히 성장했음을 드러내고, 이를 통해 지방정부에보다 많은 권한과 책임을 부여할 때가 왔다는 사실을 증명하는 데 이 책의 목적이 있다.

그러한 사례들은 끊임없는 질문에서 비롯되었다. 프랑스의 철학자 볼테르는 "답변이 아니라 질문으로 사람을 판별하라."고 말했다. 도합 세 차례의 임기를 거치면서 나는 자꾸만 스스로에게 질문을 던졌다. 그 질문에 대한 답을 찾아가는 과정에서 훌륭한 정책들이 연달아 만들어졌다.

'동 주민센터가 단지 민원만 처리하는 곳일까?' 그런 질문은 동사무소의 기능 전환을 통해 동을 복지의 중심으로 바꾼 전국 최초의 동 복지 허브화 사업을 이끌어 냈다. 이렇게 탄생한 서대문구형 동 복지 허브화 사업은 전국의 읍·면·동 사무소가 행정복지센터로 전환되는 계기가 되었으며, 행안부 차관이 서대문을 방문하여 **'지방이 중앙을 바꾼** 최초의 사례'라고 언급하기도 했다.

'장애인도 산속의 숲을 즐길 수 없을까?' 이 질문을 통해 전국 최초의 순환형 무장애 자락길인 안산 자락길이 만들어졌다. 휠체어를 탄 장애인뿐만 아니라 유모차를 끌고 오는 엄마와 아빠, 그리고 나이 드신 어르신까지 모두가 편안하게 누릴 수 있는 안산 자락길은 이제 서대문구 주민뿐만 아니라 서울, 경기도, 인천 주민들까지 함께 즐기는 전국의 명소가 되었다. 아울러 전국 곳곳에서 안산 자락길을 벤치마킹한 수많은 데크 길이 생겨났다.

'유럽 유수의 대도시처럼 우리도 번화가 한복판에 광장을 만들 수 없을까?'란 질문은 신촌 연세로를 차 없는 거리로 변화시켰다. 획기적인 변화를 통해 신촌은 문화의 광장이 되었고, 새로운 축제들이 끊임없이 열리면서 문화를 통한 상권 활성화가 가능해졌다.

이 책은 그러한 질문들에 대한 기록이다. 서대문구청장으로 재임한 지난 12년 동안 스스로에게 끊임없이 던졌던 질문들을 50가지로 정리해

보았다. 물론 그보다 훨씬 더 많은 질문들이 있었다. 하지만 어떤 때는 현실의 벽에 부딪히기도 했고 간혹은 좌절을 겪은 적도 있었다. 일반 상식으로는 충분히 가능한 일이었음에도 제도적 한계와 제약 때문에 끝내 포기해야 했던 경우 또한 없지 않았다.

그렇기에 이 책에 담긴 50가지 질문 하나하나마다 무수한 고뇌와 열정이 담겨 있다. 이를 풀어 가는 과정에서 구청 공무원들의 힘이 가장 큰 밑바탕이 되었다. 구청장으로서 주로 질문하고 해결에 대한 아이디어를 냈지만, 실무적으로 이를 엮어 가고 세밀한 정책으로 답을 만들어 간 주역들은 구청 직원들이었다. 또 여러 관계기관과 서대문구 주민 모두가 함께 노력해 준 덕분에 지금의 결과를 이룰 수 있었다. 이 자리를 빌려 모든 분들에게 다시 한번 감사의 말씀을 드린다.

하늘 아래 새로운 것이 없다고 했다. 다른 사람이 한 것을 모방하고 그것을 조금 응용하면 새로운 것이 되는 것이다. 이른바 벤치마킹이다. 우선 다른 도시의 우수정책을 본받고, 거기에 자기 도시에 맞는 창의적인 생각을 하나만 더 담으면 새로운 창조가 되는 아름다운 변화가 가능하다. 226개 시·군·구가 서로의 좋은 정책을 하나씩만 벤치마킹해도 우리 사회는 훨씬 빠르게 진보해 나갈 것이다.

그러한 발전에 이 책이 조금이라도 도움이 되었으면 한다. 서대문구의 아름다운 변화가 계속된다면, 그리고 자치분권을 통해 그러한 변화가 전국에 확산된다면, 우리나라가 더 살기 좋은 선진국으로 도약하리라 믿어 의심치 않는다.

2022년 4월
문석진

더불어민주당 서대문갑
국회의원 **우상호**

　문석진 서대문구청장의 책『지방정부 독립선언서』의 출간을 축하합
니다.

　지난 20년 넘게 민주당의 동지이자 서대문 발전의 좋은 파트너로 함
께한 세월을 돌아보게 됩니다. 서대문의 골목골목을 누비고, 오랫동안
힘을 합쳐 노력한 준공식에서 함께 테이프를 자르고, 이른 새벽 유세장
에서 선거를 같이 치르며 적어도 천 번은 넘게 만났을 테니 한 가족 같은
느낌입니다.

　지역 정치와 중앙 정치가 비전을 달리하면 그 엇박자의 피해를 고스란
히 주민들이 입게 됩니다. 그러나 서대문구에서는 문석진 구청장이 오
랜 지방자치의 경험과 꼼꼼함으로 받쳐 주었기 때문에 저 또한 중앙 정

치에서 뜻을 펼칠 수 있었던 것은 크나큰 행운이었습니다.

특히나 전국 최초의 순환형 무장애 안산 자락길을 개통했을 때의 감회가 새롭습니다. 이 사업은 단순히 지역개발과 관광인프라 차원이 아니었습니다. 장애인들도 함께 안산 벚꽃길을 즐기게 만들고 싶다는 깊은 공감대가 이루어졌기 때문에 가능했습니다. 휠체어를 타고 안산에 올라온 주민들의 함박웃음을 보았을 때 문석진 구청장의 심정이 저와 다르지 않았을 것입니다.

그의 지칠 줄 모르는 성실함과 더욱 깊어진 지방자치에 대한 고민이 이 책에 고스란히 녹아 있습니다. 1995년 서울시의원으로 시작한 지방자치의 첫 출발부터 3선 구청장을 마무리하는 오늘에 이르기까지 27년의 성과를 함께 살펴보고 우리의 지방분권의 방향이 어디로 가야 할지 답을 찾는 데 큰 도움이 될 것입니다.

문석진 구청장은 서대문에만 머무르지 않고, 226개 전국 시·군·구와 연대히여 좋은 모범을 확산하고 함께 발전하는 모델을 만들어 왔습니다. 그러기에 민선 구청장의 시대를 마무리하고 더 넓은 세계를 향해 나아가는 그의 새로운 도전을 기대하게 됩니다. 정말 수고 많으셨고 고맙습니다.

더불어민주당 서대문을
국회의원 **김영호**

문석진 구청장님의 책 출간을 진심으로 축하드립니다.

문석진 구청장님은 민선 5, 6, 7기 서대문구청장을 역임하시며 12년
이라는 짧지 않은 시간 속에서 초심을 잃지 않고 늘 현장을 발로 뛰며 실
천한 행정가입니다. 또한 지방정부의 발전이 곧 대한민국 전체를 발전
시킨다는 일관된 신념으로 항상 주민들을 가장 중심에 둔 정책을 펼쳐
왔습니다.

문석진 구청장님의 소중한 구정 경험과 기록이 담긴 『지방정부 독립
선언서』가 출간된다는 소식을 듣고 매우 기뻤습니다. 이 책에는 구청장
으로 재직하면서 심혈을 기울여 추진했던 노인과 장애인, 약자를 위한
정책들과 서대문의 성장과 발전, 도시 경쟁력을 위해 노력한 순간들이

세세하게 담겨 있습니다.

　다시 한번 문석진 서대문구청장님의 출판을 축하드리며, 함께하신 모든 분들의 건강과 행복을 기원합니다. 앞으로도 계속해서 우리 문석진 구청장님을 응원하겠습니다. 감사합니다.

1부

사람이
중심인 도시

사람을
향해 다가가는 도시

사람이
중심인
도시

혁신

1장

장애인에게도 산행의 기쁨을 제공할 수 있을까?

무장애 자락길(안산, 북한산)

2014년 서대문구는 '전국 지자체 행복도 조사' 결과에서 2위를 차지했다. 중앙일보(중앙선데이)와 서울행정대학원이 공동 기획하여 230개 지자체를 대상으로 전국 성인 21,050명의 행복도를 조사한 결과다. 서대문구민의 행복도가 높은 이유가 혹시 서울 최고의 명품 숲길인 안산 자락길 때문은 아닐까 하는 생각이 들었다. 아름다운 숲길에서 남녀노소 누구나 행복한 휴식의 시간을 누릴 수 있으니 말이다.

서울시의 지원으로 시작된 안산 자락길은 0.39km를 시범사업으로 시작하였다. 짧은 구간이지만 휠체어를 탄 장애인들로서는 생애 첫 산행인 경우가 많았다. 휠체어를 타고서 숲길을 즐길 수 있다는 것은 그들에게 큰 감격이었다. 실제로 몇몇 분들은 감동으로 눈물을 흘리기도 하였다. 그래서 이 무장애 자락길을 짧은 구간의 길로 끝날 것이 아니라 안산을 한 바퀴 둘러볼 수 있는 순환형의 길로 만들어보자고 생각했다.

유모차와 휠체어가 갈 수 있는 안산 무장애 자락길

유모차 · 휠체어도 가능한, 안산 무장애 자락길

우선 무장애 자락길을 조성하기 위해서는 휠체어, 유모차가 통행할 수 있도록 경사도를 완만하게 맞춰야 했다. 그러다보니 지형적 특성으로 인한 노선 선정, 공사 시행, 수세식 화장실 설치, 산림훼손 방지, 사생활 침해 민원 등 해결해야 할 문제가 산적해 있었다. 사전답사와 자문회의 등을 통해 최적의 노선과 공사기법을 선정했다. 주민설명회 개최를 통해 주민들에게 사업에 대한 이해도를 높였다. 자연 훼손을 최소화하기 위해서 자락길 조성에 지장을 주지 않는 수목은 제거하지 않은 채로 공사를 진행하였다. 식물이 잘 자랄 수 있는 구간은 목재 데크를 설치하여 사람들이 지면을 밟지 않게 하였고, 노면 불량 구간에는 배수로를 설치해 토양 침식을 방지할 수 있도록 세심하게 배려했다. 아울러, 사생활 침해 및 경관 훼손 민원을 해결하기 위해 여러 차례 주민들을 만나고 설득하였으며, 극심한 반대에 부딪혀 설득이 어려운 구간에 대해서는 노선을 변경하여 의견을 반영하였다.

그렇게 힘든 과정 끝에 조성된 안산 무장애 자락길은 장애인, 노약자, 어린이 등 모든 계층이 쉽게 이용할 수 있도록 계단이 없다. 계단 대신 9도 미만의 완만한 경사도가 조성되어 있어 휠체어나 유모차도 통행할 수 있다(예외적으로 일부 올라오는 구간은 13도 정도의 경사가 있다). 휠체어나 유모차 바퀴가 빠지지 않도록 바닥을 평평한 목재 데크나 친환경 마사토로 조성하는 세심함을 기울였기 때문이다. 중간중간 휴식을 취할 수 있는 쉼터도 조성했다. 휠체어나 유모차를 밀고 울창한 숲을 한 바퀴 도는 데 약 2시간 반이 걸린다.

걷는 동안 메타세쿼이아, 잣나무, 가문비나무 등 숲을 즐길 수 있고 자락길 입구, 능안정 아래 등 곳곳에 전망대가 있어 인왕산, 북한산, 청와대를 한눈에 볼 수 있다. 서대문구청, 연희숲속쉼터, 한성과학고, 금화터널 상부, 연세대 등 어느 방향에서도 진입이 가능하다. 전국 최초 순환형으로 조성하였기 때문이다. 덕분에 이 순환로를 따라 가다보면 서대문형무소역사관, 독립문, 안산허브공원, 홍제천 폭포마당, 봉원사 등 서대문구

자연 훼손을 최소화했다.

구간마다 비상벨과 CCTV를 설치했다. 휠체어 충전기도 따로 마련했다.

안산 자락길 한가운데에서 만날 수 있는 쉬나무 쉼터 공연 모습

의 명소도 함께 둘러볼 수 있다.

현재 일일 평균 6,000여 명이 우리 안산 자락길을 방문하고 있다. 조성 전 일일 평균 200여 명이 방문했던 때와 비교하면 30배로 대폭 증가한 것이다. 또한 안산 자락길은 한국관광공사로부터 4월의 걷기여행길, 영화 촬영지를 찾아 떠나는 걷기여행길, 인근 영천시장과 연계한 주전부리 여행지로 잇달아 선정되었고, 문화체육관광부 주최 대한민국공공디자인대상에서 우수상도 수상했다. 서대문구민들 뿐 아니라 전 국민들에게 사랑받는 명품 숲길이 된 것이다.

또 하나의 명품길, 북한산 무장애 자락길

안산 자락길과 더불어 또 하나의 명품길이 있다. 북한산 무장애 자락길이다. 안산 자락길 조성 이후 북한산 인근(홍은동) 주민들로부터 "우리도

안산 자락길 지도

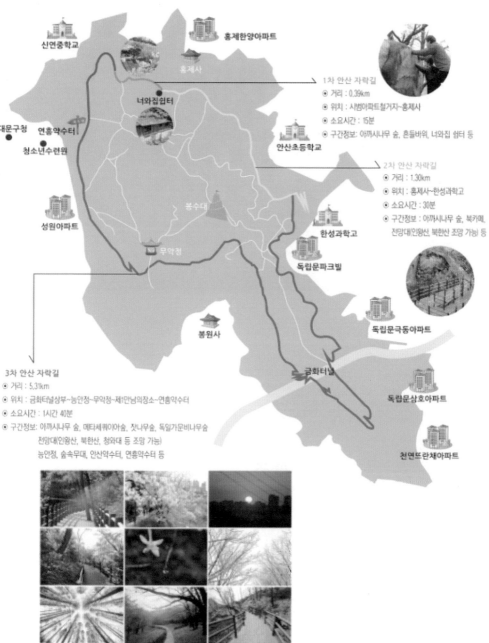

신연중학교

홍제한양아파트

홍제사

너와집쉼터

서대문구청

연흥약수터

청소년수련원

안산초등학교

1차 안산 자락길
- 거리 : 0.39km
- 위치 : 시범아파트철거지~홍제사
- 소요시간 : 15분
- 구간정보 : 아까시나무 숲, 흔들바위, 너와집 쉼터 등

2차 안산 자락길
- 거리 : 1.30km
- 위치 : 홍제사~한성과학교
- 소요시간 : 30분
- 구간정보 : 아까시나무 숲, 북카페, 전망대(인왕산, 북한산 조망 가능) 등

성원아파트

봉수대

무악정

한성과학교

독립문파크빌

봉원사

독립문극동아파트

금화터널

3차 안산 자락길
- 거리 : 5.31km
- 위치 : 금화터널상부~능안정~무악정~제1만남의장소~연흥약수터
- 소요시간 : 1시간 40분
- 구간정보 : 아까시나무 숲, 메타세쿼이아숲, 찻나무숲, 독일가문비나무숲 전망대(인왕산, 북한산, 청와대 등 조망 가능) 능안정, 숲속무대, 안산약수터, 연흥약수터 등

독립문상호아파트

천연뜨란채아파트

봄

여름

가을

겨울

북한산 자락길

북한산에 안산 자락길과 같은 길이 있으면 좋겠다."는 작은 소망이 들려왔다. 홍은동 뒷산인 북한산에도 반달형의 자락길 조성을 추진하게 되었다.

북한산 무장애 자락길 공사는 3구간으로 나눠 진행했다. 먼저 2014년 9월에 1차 구간(홍록배드민턴장~삼하운수종점) 1.5km를 부분 준공했다. 이어 2차 구간(삼하운수종점~옥천암) 1.8km는 2015년 8월, 3차 구간(실락어린이공원~홍록배드민턴장) 1.2km는 2016년 6월 공사에 들어가 2016년 11월에 완공했다.

북한산 무장애 자락길은 실락어린이공원(홍은1동 71)~홍록배드민턴

장(홍은동 산1-85)과 삼하운수종점(홍은중앙로 170)~옥천암(홍지문길 1-38)
까지 총 4.5km 구간을 경사도 10% 이내의 길로 만들었고, 휠체어나 유
모차가 통행하는데 아무런 장애가 없는 또 하나의 무장애 자락길이다.
야외무대와 전망대, 쉼터와 음수대, 화장실도 조성했다. 안내판을 설치
해 자락길 방문객들이 쉽게 이용할 수 있도록 했다.

북한산 무장애 자락길 맞은편에 위치한 홍제천변 산책로로 접어들면

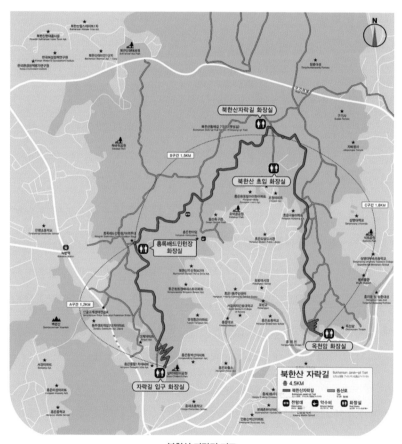

북한산 자락길 지도

서대문구 홍은1동 주변으로 한 바퀴를 도는 순환형 구간을 만날 수 있다. 자락길 4.5km에 홍체천변 구간 1.5km(옥천암~실락어린이공원)를 더해 총 6.0km를 도는데 약 2시간이 소요된다. 이 순환 구간을 이용하다가 인근 포방터시장을 찾아 맛

북한산 무장애 자락길 산행을 주민분들과 함께했다.

집들을 방문할 수 있어 시장 상인분들도 반가워 하셨다.

북한산 무장애 자락길 개통 후 홍은1동 주민센터에서는 2회에 걸쳐 중증 장애인과 자원봉사자가 함께하는 '북한산 무장애 자락길 산행'을 개최하였는데 휠체어 이용 장애인, 일반 장애인, 자원봉사자, 지역주민 등 300여 명이 참여해 홍록배드민턴장에서부터 홍은극동아파트까지 왕복 약3km 구간을 산책하며, 휴식시간을 이용해 시 낭송회, 아코디언 연주 등의 문화공연을 관람하였다.

행사에 참여했던 한 참여자는 "태어날 때부터 뇌병변장애로 평생 누워만 살았는데 난생 처음 산행을 하며 꽃을 보니 나도 모르게 눈물이 났다"며 많은 장애인들에게 좋은 추억이 될 것이라고 말했다. 기나긴 시간과 노력을 투자해 사업을 추진한 보람을 느낄 수 있었다. 안산 무장애 자락길과 더불어 시민 건강 증진 및 도심 속 자연 휴양 공간으로써 서울 북부지역 대표 랜드마크로의 역할을 기대하고 있다.

보행약자의 시각에서 답을 찾다

무장애 자락길 조성은 장애인과 노약자들이 산에 오르는 불편함을 해소

하기 위한 방법을 찾으면서 시작되었다. 약자의 불편을 해결하고자 하다보니 안산 무장애 자락길, 북한산 무장애 자락길처럼 모든 주민이 함께 누릴 수 있는 그야말로 무장애 공간이 탄생한 것이다.

2020년 국회미래연구원이 발표한 전국 228개 지방자치단체의 '행복역량지수 종합분석 결과'에서 우리 구가 상위 20%에 해당하는 'A등급'을 받았는데 그 중 건강 영역은 2018년 기준 연간 체중조절 시도율 1위, 걷기 실천율 2위, 건강생활 실천율 3위를 기록하며 전국 최상위권을 달성했다.

이런 결과는 그동안 개인별 체중관리·가족 비만관리·금연클리닉·절주교육·건강교실 등 다양한 주민 건강 증진 사업을 펼치고, 안산과 북한산 무장애 자락길, 홍제천과 불광천변 산책로와 자전거길, 신촌 연세로 차 없는 거리 등 보행 친화 도시 환경 조성에도 꾸준히 힘쓴 영향이라고 생각한다.

자락길에 산책을 나가면 '세금 내는 것이 아깝지 않다.'고 말씀하시는 구민들을 곧잘 만날 수 있다. 진정으로 구민들을 위한 정책과 사업이 어떤 것인지 확인할 수 있다. 최대한 많은 구민들을 만족시킬 수 있는 정책이 무엇인지 고민하고 실현하는 구정이 그 해답인 것이다.

수상실적
▶ **2014년 주민 행복도 평가 '전국 2위'**(중앙선데이·서울행정대학원 주관)
▶ **2017년 대한민국 공공디자인 대상 우수상 수상**(문화체육관광부 주관)

번화가 한복판에 광장을 만들 수 있을까?
연세로 대중교통전용지구

연세로 대중교통전용지구 전경

도시와 광장

유럽에 가면 사람들 생활의 중심에 광장이 있다. 고대 그리스 사람들은 광장(Agora)에서 여러 주제에 대해 토론을 펼쳤고, 로마인들은 광장(Forum)에서 서로 교류하면서 삶을 영위했다. 공공장소로서 광장은 사람들과 떼어놓을 수 없는 곳이었다.

파리 샤를 드골 광장으로부터 도로가 거미줄처럼 뻗어 나간다.

도시 또한 광장을 통해 번성했다. 유럽의 어느 도시를 가나 도시 중심에는 드넓은 광장이 있다. 파리는 샤를 드골 광장을 중심으로 도로가 거미줄처럼 뻗어 나간다. 미국 뉴욕의 센트럴파크는 하늘을 찌르는 건물 숲 속에서도 뉴요커들에게 오아시스와 같은 공간을 제공한다. 도시에 광장이 존재한다는 사실은 무척이나 오래된 당연한 전통이었다.

하지만 현대의 대도시들은 그 오랜 전통을 잃어 가고 있다. 자동차로 인한 교통 혼잡으로 많은 땅이 사람의 공간에서 자동차의 공간으로 바뀌어 가고 있다. 도시는 점점 더 황폐해진다. 빠른 교통 흐름을 위해 차도를 넓히고 그만큼 보행로를 줄인다. 이것이 부당하다고 생각하는 사람은 거의 없다. 하지만 그게 정말 바람직한 방향일까?

시의원 시절부터 나는 사람이 주인인 공간을 만들고 싶었다. 삶이 삭막해진 현대인들이 서로 소통하고 화합하는 광장을 만들고자 했다. 사람들이 만나고 화합하고 문화를 즐기는, 소박하지만 활기찬 공간 말이다. 특히 대학이 많은 서대문구의 특성을 살려 젊은이들의 문화가 살아 숨쉬는 공간을 만들어 보고 싶었다. 바로 신촌에.

광장으로 변신한 연세로, 어떤 비밀이 있었을까?

신촌의 환경

신촌은 연세대학교를 비롯한 여러 대학의 젊은이들이 모이는 곳이다. 그러다 보니 자연스레 상권이 형성되었고, 지하철과 버스 노선이 모여들어 이제는 서울 서북권 교통의 중심지로 자리잡았다. 하지만 악화가 양화를 구축한다고 했던가. 수십 년 동안 교통의 중심지 역할을 하다 보니 정작 보행자들은 배제되고 차량의 원활한 소통만이 강조되고 있었다. 사람이 모여들어 만들어진 상권에서 사람들이 배제되다 보니 신촌은 점점 더 쇠락해 가고 있었다.

나는 신촌을 다시 사람이 중심이 되는 거리로 되돌려놓고 싶었다. 그리고 한 발짝 더 나아가, 사람이 모이는 광장으로 탈바꿈시키고 싶었다. 사시사철 문화행사가 넘치는 보행자 중심의 거리로 만들고 싶었다.

물론 쉬운 일은 아니었다. 서울 번화가 한복판에서 차량의 움직임을

꽉 막힌 도로, 무분별한 상업화, 보행자들이 배제된 거리로 신촌은 스스로 존재가치를 잃어 가고 있었다.

차단하는 건 엄청난 도전이었다. 그러나 신촌을 위해서 이것이 최선의 방안이라고 나는 확신했다. 신촌은 과거 서북권의 중심지로서의 위상을 홍대 등지에 내준 채 서서히 가라앉고 있었다. 이대로는 미래가 없었다.

우선 첫 번째 목표를 '차 없는 거리'로 설정했다. 그리고 일차적으로 지하철 2호선 신촌역에서부터 연세대학교 정문까지 약 550m의 길을 대중교통전용지구로 만드는 구체적인 방안을 수립했다. 대중교통전용지구는 2009년 대구 중앙로에 처음으로 도입된 바 있었다. 그러나 서울 한복판에서 해보겠다고 덤벼드는 자치구는 없었다. 차량통행 제한으로 인한 교통민원 뿐 아니라 수많은 상인들과 이해관계자들의 복잡한 갈등관계를 풀어나가는 숙제가 만만치 않기 때문이다.

서울시와 경찰청, 국토교통부와 차례로 협상하며 주민들에게 대중교통전용지구에 대한 도입 필요성을 쉴 없이 강조했다. 동시에 지역 상인

차 없는 거리를 시행 중인 연세로의 모습

들과도 수십 차례나 협의했다. 상인들의 반발이 생각 외로 만만치 않았다. 대중교통전용지구를 조성하면 차들이 들어오지 못해 장사에 지장이 클 것이라는 주장이었다.

하지만 내 의견은 달랐다. 수만 대의 승용차가 연세로를 통행하더라도 대부분은 그저 지나갈 뿐 지역 경제에는 아무런 도움이 되지 않았다. 반면 대중교통전용지구를 도입하면 승용차 진입은 차단하지만 시내버스는 통행이 가능했기에 유동 인구의 유입에는 문제가 없었다. 그리고 연세로 중심의 문화예술 축제가 활성화되면 거리에 사람들이 더욱 많아져 상권도 활성화 될 것이라는 확신이 있었다.

하루 종일 꽉 차있는 도로, 각종 보행 장애물로 가득한 인도, 차량과 보행자가 뒤엉킨 상습정체구간으로 낙인 찍힌 연세로를 시민들의 공간으로 돌려놓는 것이야말로 오히려 지역 경제를 살리는 길이었다.

문화예술 축제의 활성화는 상권 활성화로 이어졌다.
위부터 한일축제 한마당 조선통신사 행렬, 신촌글로벌페스타 모습

(전용지구 시행 전) 하루 종일 꽉 차 있는 도로 　　(전용지구 시행 후) 시민의 공간이 된 연세로

서울시 제1호 대중교통전용지구

대중교통전용지구를 본격적으로 추진하기에 앞서, 먼저 복잡한 이해관계를 풀어나갈 필요가 있었다. 우선 서울시, 경찰서, 상인회, 시민단체, 대학 등 6개 기관이 참여하는 사업추진위원회를 구성했다. 그리고 그 아래 교통, 설계·공사, 홍보 등 3개 분과를 두어 운영했다. 지역 관계자를 대상으로 주민 공청회 및 지역의 요구사항에 대한 설명회를 수시로 개최하고, 교통체계 개선 및 지역 상권 활성화 방안에 대한 논의도 지역 관계자와 협의를 통해 진행하였다. 결코 쉽지 않았지만 실타래처럼 꼬인 이해관계를 하나씩 풀어 가는 과정이었다.

　이러한 과정을 거쳐 마침내 합의가 도출되었다. 2013년 9월부터 본격적인 공사가 시작되었으며 이듬해인 2014년 1월에 연세로 대중교통전용지구를 개통하였다. 서울시에서 첫 번째 대중교통전용지구가 탄생한 것이다. 중앙정부의 지원과 지방정부의 예산을 합쳐 총 66억원 이상의

2014년 1월 서울시의 첫 번째 대중교통전용지구가 탄생했다.

사업비가 소요된 대형 사업이었다.

　물론 그 사업비가 단지 연세로 공사에만 투입된 것은 아니었다. 연세로 대중교통전용지구 조성에 따라 기존에 해당 도로구간을 이용했던 차량에 대한 교통 처리 대책 마련이 선행되어야 했다. 우회차량으로 인한 주변도로 교통 혼잡이 우려되었기에 이를 최소화하기 위한 방안을 강구했다. 우선적으로 연세로 북측 진입부에 교차로를 신설하여 우회경로를 마련하고 주변 교차로의 신호체계를 정비하였다. 또한 주변 이면도로에 일방통행을 도입하여 원활한 차량의 흐름을 유도했다.

　뿐만 아니라 보행량이 많아질 것으로 예상되는 도로 구간에는 횡단보도를 추가하여 보행 동선의 확보에도 세심한 주의를 기울였다.

　아울러 각계의 의견을 수렴하여 평일에는 버스만 통행이 가능하고, 주말에는 차량 진입을 완전히 차단하는 차 없는 거리로 운영되는 방식을 선택했다. 또 보행자의 안전을 위해 버스 등 대중교통수단의 속도는 시

도로 다이어트를 시행하고 평면식 보도를 설치했다.

보행자 쉼터 광장과 문학의 거리를 조성했다.

속 30km 이하로 제한하였다.

성공과 새로운 도전

그렇다면 차 없는 거리 도입이 신촌에 도움이 된다는 예상은 사실로 확인되었을까? 반드시 확인해 봐야 했다. 조사 결과는 예상대로였다. 연세로를 찾은 시민이 11% 증가했고, 신촌의 점포를 찾는 시민은 그 전해보다 37%나 늘었다. 상인들의 우려와는 달리 매출액 또한 18% 증가했다. 또 속도제한이 생기면서 교통사고는 35%나 줄었다. 연세로 대중교통전용지구가 성공적인 정책으로 인정된 것이다.

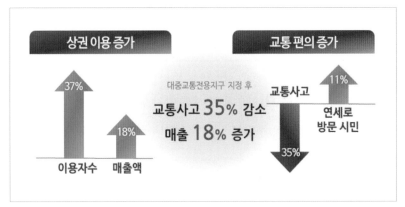

상권 이용 증가, 교통 편의 증가 현황

연세로 대중교통전용지구는 서울에서의 첫 성공 사례라는 점에서도 큰 의미가 있다. 과거에도 서울시는 대중교통전용지구나 보행자전용지구 등을 도입하여 시도했다. 그러나 매번 이해관계자들의 갈등으로 인해 무산되었다. 반면 연세로 대중교통전용지구 사업은 이해관계자들과 지속적인 소통을 통해 갈등을 관리하여 단기간에 합의를 이끌어 냈다.

지금 연세로는 두 번째 도약을 준비하고 있다. 연세로 대중교통전용지구를 보행자전용지구로 완전 전환하려는 계획을 검토 중이다. 보행자전용지구가 되면 단발성 행사 뿐 아니라 일상적인 문화예술 활동이 지속적으로 벌어지는 광장으로 거듭날 수 있기 때문이다.

그 목표가 이루어질 때, 우리는 서울 도심에서 찾아볼 수 없었던 진정한 의미의 광장이 탄생하는 모습을 목도할 수 있을 것이다. 아울러 연세로를 중심으로 한 신촌 전역을 청년문화 거점지역으로 재정비해 서울의 대표적인 문화 공간으로 거듭나게끔 하려 한다.

물론 그 과정은 항상 소통과 협력 속에서 진행될 것이다. 상인회를 비롯한 지역 주민의 의견을 충분히 수렴하고, 다양한 스마트 모빌리티(전기자전거, 전동 킥보드 등)를 대체이동수단으로 도입하여 교통 불편을 해소할 계획이다.

한편 토요일 14시부터 일요일 22시까지 차 없는 거리로 운영되던 연세로가 2018년 5월 4일부터는 금요일 14시부터 확대 운영하는 것으로 개편되었다.

그동안 연세로는 연세대에서 신촌 전철역까지 550m의 광장이 조성되어 봄에는 왈츠 축제, 여름에는 물총 축제, 가을에는 맥주 축제, 겨울에는 크리스마스 거리 축제 등 대표 축제가 열렸다. 또 버킹검 왕실 퍼레이드, 오만 패션쇼 등의 글로벌 페스타를 비롯하여 오케스트라 경연 대회, 한일 인디밴드전 등 다양한 축제를 통해 젊음의 광장으로 자리매김해 왔다. 그러나 2020년 초부터 발생한 코로나 팬데믹으로 인해 연세로의 다양한 행사와 축제가 전면 중지되었고, 그에 따라 신촌의 상권도 큰 타격을 받고 있다. 다가오는 2022년에는 코로나를 극복하면서 신촌의 광장 문화 또한 다시 꽃피기를 기대한다. 우리의 일상이 회복되면 연세로도 365일 시민의 광장으로 재차 거듭나게 될 것이다.

수상실적
▶ **2014년 자치구 행정 우수사례 최우수상 수상**(서울시 주관)
▶ **2015년 국토디자인 대전 대통령상 수상**(국토교통부 주관)
▶ **2015년 지방자치단체 생산성 대상 대통령상 수상**(안전행정부 주관)
▶ **2015년 제11회 대한민국 지방자치경영대전 장관상 수상**(행정자치부, 한국일보 주관)

동 주민센터는 단지 민원만 처리하는 곳일까?
동 복지 허브화

가장 자랑스러운 별명, 복지구청장

민선 5기의 시작인 취임식을 나는 어르신과 장애인 등 취약계층의 발을 씻겨 드리는 세족식으로 시작하였다. 주민을 섬기는 마음으로 구민의 복지에 집중하겠다고 스스로에게 다짐하기 위해서였다. 멋진 건물이 생기고 넓은 도로가 생겨도 결국

섬김과 박애의 정신을 행정의 기초로 삼고 매 취임식 때마다 세족식으로 구정을 시작해 왔다.

그곳에 머무르는 주민들이 최소한의 생활을 영위할 수 없다면 무슨 소용이 있겠는가.

그런 마음가짐을 유지하면서 민선 5기부터 내리 3선을 거치는 동안 내게는 복지구청장이라는 별명이 생겼다. 지금도 내가 가장 자랑스러워

하는 별명이다. 하지만 단지 마음가짐만으로 그런 별명이 붙은 긴 아니다. 그 계기가 된 사업이 바로 동 복지 허브화다.

구청장이 아무리 복지를 강조하더라도 어찌할 수 없는 본질적인 한계가 있었다. 일단 예산이 부족했고 인력도 턱없이 적었다. 주민 한 분 한 분의 생활을 살뜰하게 살펴 복지 정책을 펴는 건 도저히 달성하기 어려운 불가능한 목표로 보였다.

그럼에도 나는 꼼꼼히 주민복지를 챙길 수 있는 곳은 기초지방정부밖에 없다는 신념을 버리지 않았다. 이유는 간단했다. 지역주민이 실제로 가까이서 접할 수 있는 공공기관이 바로 기초지방정부이기 때문이었다. 중앙정부의 복지부처에서 아무리 수십조 원의 예산을 동원하더라도 지역주민의 입장에서 체감하기는 어려웠다. 반면 기초지방정부는 지역주민의 바로 곁에서 복지서비스를 제공할 수 있었다.

그러나 역시 인력과 예산의 부족이 걸림돌이었다. 그렇게 고민하던 어느 날, 나는 발상을 역전시켜 보았다. 없는 예산을 만들어낼 수도 없고, 없는 인력을 보충할 수도 없다면, 남은 방법은 과연 무엇일까? 내가 내린 결론이 바로 '동 복지 허브화'였다.

서대문구의 다양한 히트정책 중에서도 단연 1등으로 손꼽히며, 청와대에서 직접 발표를 요청하고, 서울시가 브랜드화하였을 뿐만 아니라, 전국의 수많은 지방자치단체가 벤치마킹한 그 정책이 탄생하는 순간이었다.

동 주민센터 조직의 개편

인력을 확보할 수 없다면 기존의 업무를 조정할 수밖에 없었다. 그리고

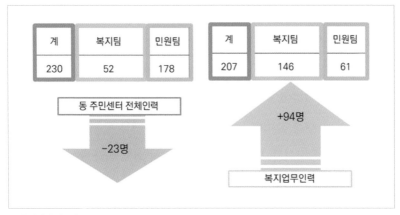

계	복지팀	민원팀
230	52	178

동 주민센터 전체인력

-23명

계	복지팀	민원팀
207	146	61

+94명

복지업무인력

복지 인력의 재조정

주민분들을 꼼꼼하게 살피기 위해서는 행정의 최일선인 동을 복지중심
으로 복지 체계를 개편해야 했다. 이를 위해 우선 동의 인력을 파악하고
업무 진단을 통해 불필요한 업무는 과감히 줄였다. 또 일부 업무는 구청
으로 이관함으로써 효율화를 기했다. 무인민원발급기를 늘려 기존의 업
무 부담을 경감하기도 했다. 이렇게 기존에 3~6명이 담당하던 업무를 3
명 이내로 축소하고 나니 인력에 여유가 생겼다. 그 인력을 모두 복지업
무에 투입하였다. 이렇게 별도의 채용이나 인건비 투입 없이도 복지인
력을 기존보다 2~3배 증원할 수 있었다.

그저 공무원을 전환 배치하는 일인데 뭐가 그리 거창하냐는 반문이 있
을지도 모르겠다. 하지만 실제 추진하는 데는 많은 어려움이 있었다. 기
존의 동은 크게 두 가지 일을 했다. 하나는 민원서류를 발급하는 행정적
인 업무고, 다른 하나는 주민과 접촉하는 복지 관련 업무다. 그런데 복지
업무는 그 중요성에도 불구하고 그간 일반적인 행정 업무에 비해 경시되
어 왔다.

나는 그런 고정관념을 타파하고 싶었다. 그래서 복지가 동에서 가장 중요한 업무라고 규정한 후 동장과 통장에게 각기 복지동장, 복지통장이라는 명칭을 붙였다. 또한 일반 행정과 복지를 결합하여 행정직과 사회복지직이 협력하여 일을 할 수 있도록 팀을 만들었다.

민원업무를 대폭 줄이기 위해 무인민원발급기를 동 주민센터의 가장 잘 보이는 곳에 설치하고, 발급비용을 과감히 면제해 줄 수 있도록 관련 조례도 만들어 주민이 자발적으로 이를 이용할 수 있게 했다. 그러한 많은 노력 끝에 서대문구의 동 복지 허브화 사업은 성공을 거둘 수 있었다.

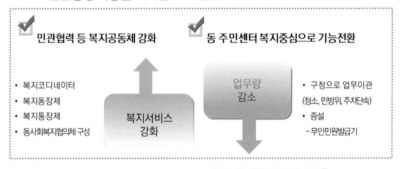

동 복지 허브화의 의미

동 복지 허브화의 가장 큰 의미는 복지서비스 전달 창구를 동 주민센터로 일원화하였다는 데 있다. 기존에는 주민들이 자신이 필요로 하는 서비스를 이용하기 위해 직접 기관이나 부서를 찾아 방문해야만 하는 불편함이 있었다. 하지만 서대문구는 동 주민센터라는 최일선 기관을 복지 허브로 전환함으로써 다양한 복지서비스를 동 주민센터에서 원스톱으로 지원받을 수 있도록 했다. 기존 서비스 제공자 중심적인 입장에서 벗어나 서비스 수혜자의 입장에 선 것이다.

또 지역의 복지문제를 주민들이 함께 해결해 나가는 복지공동체를 형성했다는 점에서도 큰 의미를 갖는다. 그동안 복지서비스는 공공기관에서만 수행한다는 고정관념이 있어 왔다. 그러나 동 복지 허브화를 통해 지역사회의 구성원인 주민들이 직접 어려운 이웃들을 공공기관으로 알려주는 역할을 하여 민과 관을 연계해 주었다. 또 이렇게 형성된 복지공동체가 공공기관의 손이 미치지 못하는 어려운 주민들을 자발적으로 돕는 등 큰 시너지 효과가 생겨났다.

동 복지 허브화의 성공은 다양한 복지정책을 개발해내는 발판이 되기도 했다. 100가정 보듬기 사업, 복지상담 행복 1004 콜센터, 복지방문지도, 고독사 예방서비스 등이 주민들의 응원과 공무원들의 노력, 그리고 서대문의 복지역량을 믿는 지역사회와 지역의원 등의 지원으로 연속적인 성공을 거두어 나갔다.

동 복지 허브화가 가져온 변화

물론 동 복지 허브화가 온전히 나만의 발상에서 비롯된 것은 아니다. 대부분의 사업이 그러하듯 동 복지 허브화 역시 수많은 사람들과 사례로부터 영감을 얻은 바 있었다. 예컨대 동 복지 허브화 자체는 민선 5기 첫 해인 2010년에 김성환 당시 노원구청장이 먼저 언급했다. 노원구에서는 동에 인원을 대폭 늘려주는 방식으로 추진했는데, 지속적으로 운영하기가 어려워 도중에 중단할 수밖에 없었다. 그러나 그 취지는 분명 중요한

서대문구를 모델로 한 서울시 '찾동'(찾아가는 동 주민센터) 출범식

청와대 동 복지 허브화 사업 사례 발표 모습

지방자치 정책대상 수상

것이었기에 나는 지속성을 확보할 방법을 찾아보았다. 그러던 중에 신문 기사를 통해 호주와 뉴질랜드 등에서 시행하는 센터링크(Center Link) 방식을 알게 되어 벤치마킹하기로 했다.

이를 위해 당시 부구청장을 단장으로 복지부서와 동 행정부서 등 5개 팀을 구성하고 일단 해외 출장부터 다녀오도록 했다. 마치 과거의 신사유람단처럼 해외의 우수사례를 직접 눈으로 확인하고 적용방안을 찾아보도록 한 것이었다. 다녀온 직원들의 반응은 긍정적이었다. 우리도 해낼 수 있겠다는 답변이었다.

그 말을 듣고 바로 2개 동을 대상으로 시범사업을 실시하도록 했다. 동이 복지의 중심이 되도록 하기 위해서, 우선은 인원을 증원하는 것부터 시작하였다. 하지만 단순히 인원을 늘리는 것은 결코 장기적 해결책이 될 수 없다는 사실은 이미 알고 있었다. 그렇기에 동에서 복지를 제외한 다른 기능을 구로 이관하도록 했다. 재난대응 등 필수적인 최소 기능은 제외하고 청소, 민방위, 교통단속 등 여러 가지 업무를 구로 이관하였다. 또 동의 복지 업무를 사회복지직만 아니라 행정직도 담당하도록 했고, 아울러 보건소에 배치되어 있던 방문간호사를 동으로 전진 배치 했다. 이를 통해 동에서 보건과 복지를 통합한 서비스를 제공하도록 하는 것이 목표였다.

물론 반발이 있었다. 기존과는 다른 방식으로 업무에 접근해야만 하게 된 행정직, 사회복지직, 보건직 모두가 반발의 목소리를 냈다. 그러나 나는 이 길이 옳다고 확신했다. 동은 구민과 가장 가까운 곳에 있는 접점기관이기에 행정의 입장이 아니라 주민의 입장에서 통합적인 서비스를 제공해야 한다는 것이 나의 신념이었다. 주민 입장에서는 단지 총체적인 행정서비스를 필요로 할 뿐, 행정과 복지와 보건 분야를 일일이 구분하면서 받는 것이 아니기 때문이다.

나아가 동장과 통장에게도 역할을 부여하였다. 동장의 가장 중요한 임무를 복지로 하여 명칭 자체도 복지동장으로 바꾸고 매일 지역을 순회하도록 했다. 아울러 어려운 이웃을 적극적으로 발굴하는 역할을 그 동네를 가장 잘 알고 있는 통장에게 맡겼다. 통장의 역할이 예전에는 행정의 말단 기관으로서 단지 민방위 통지서나 반상회보를 전달하는 정도에 그쳤다면, 이제는 지역의 복지를 책임지는 복지 통장으로서의 역할을 할 수 있도록 조례에도 반영했다. 이렇게 동네의 복지를 책임지게 된 통장 분들은 과거보다 더욱 자부심을 지니게 되었다.

또 과거에는 구청장의 눈 밖에 난 직원이나 업무 처리에 있어 문제가 있는 직원을 마치 귀양 보내듯 동으로 보내는 관행이 있었는데 이를 완전히 타파하도록 했다. 오히려 능력을 인정받아 승진한 직원이나 유능한 직원을 동장으로 보내고, 문제를 일으키는 직원은 반대로 구로 배치함으로써 동 직원들이 자긍심을 가질 수 있도록 했다.

기존의 사회복지직 직원들은 복지업무가 몰리는 이른바 '깔때기 효과'로 인해 과중한 업무에 시달리고 있었다. 워낙 많은 종류의 복지사업이 있고 각 사업마다 대상과 방식이 다르다 보니, 하루 온종일 사회복지통합망을 들여다보는 것만으로도 시간이 부족할 정도였기에 도저히 현장으로 나가기 힘들었다. 그러나 동 복지 허브화를 통해 동의 모든 직원이 복지 업무를 분담하게 되었고, 이에 따라 사회복지직 직원들도 컴퓨터 앞에서 벗어나 지역 현장으로 찾아갈 수 있게 되었다. 이제야 비로소 복지 본연의 업무로 돌아감에 따라 진정한 의미의 찾아가는 복지가 가능해진 것이었다.

이러한 일들을 진행하는 데 있어 물론 시행착오가 적지 않았다. 그럴 때마다 나는 개선책을 찾아가면서 한 발 더 나아갔다. 2개 동의 실험에서 5개 동으로 늘렸고, 이후 서대문구 관내 전체 14개 동을 대상으로 이 사업을 확대하였다. 그러한 성과를 인정받아 2013년에는 청와대에서 동 복지 허브화 실험의 성공을 대통령과 관계자들 앞에서 발표했고, 곧이어 다음 정부에서 동 복지 허브화 정책을 전국 사업으로 확대 실시하기에 이르렀다.

그 당시 진영 보건복지부장관은 자신이 전국을 다니면서 서대문 복지의 전도사 역할을 하고 있다고 격려하면서, 동시에 동 주민센터의 명칭도 아예 복지센터로 변경하자는 제안을 내놓기도 했다. 하지만 행안부에서 동의하지 않는 바람에 결국 타협안으로 행정과 복지를 절반씩 섞은 결과, 2016년부터 기존의 '동 주민센터'가 '행정복지센터'라는 명칭으로 새로이 바뀌게 되었다. 한편 서울시에서는 그보다 한 해 앞서서 '찾아가는 동 주민센터'라는 이름으로 사업을 추진하는 등, 서대문구의 동 복지 허브화 사업은 바야흐로 서울시를 거쳐 전국으로 퍼졌다. 물론 각종 단체에서 받은 상 또한 헤아릴 수 없을 정도였다. 이제는 지방이 중앙을 바꾸는 시대가 펼쳐진 것이다.

동 복지 허브화를 시작한 지도 벌써 10년에 가까운 세월이 흘렀다. 기존의 관행에서 벗어나 새로운 일에 도전하는 것은 여간 힘든 일이 아니었다. 그럼에도 불구하고 서대문구는 무수한 난관을 극복하면서 개척자의 신념으로 동 복지 허브화의 신화를 이루어냈다. 이렇게 한 기초지방정부의 우수한 행정이 광역지방정부는 물론이고 중앙정부에까지 움직인 사례는 그때까지만 해도 무척이나 드물었다.

하지만 이제는 시대가 바뀌었다. 지방정부의 역량은 과거보다 훨씬 높아졌고, 자체적으로 만들어 내는 정책의 질 또한 급격히 상승했다. 이렇게 동 복지 허브화의 사례처럼 각각의 지방정부가 좋은 사례를 하나씩만이라도 만들어간다면, 전국 226개 기초지방정부에서 226개의 우수 정책들이 나와서 우리 사회를 한 단계 더 업그레이드할 것이라는 확신이 든다. 이것이야말로 진정한 지방 시대의 시발점이 아닐까.

수상실적

- ▶ **2012년 지자체 창의적 복지전달체계 평가 최우수상 수상**(보건복지부 주관)
- ▶ **2013년 행정제도개선 우수사례 경진대회 대통령상 수상**(안전행정부 주관)
- ▶ **2017년 제7회 서울사회복지대상**(서울복지신문사 주관)
- ▶ **2019년 보건복지부 지역복지사업 평가 7년 연속 수상**(보건복지부 주관)

스마트기술을 어떻게 복지와 연결할 수 있을까?
복지방문지도

송파 세 모녀가 우리 사회에 준 교훈

2014년 2월, 생활고와 질병에 시달리던 세 모녀가 전 재산 70만 원을 공과금으로 남기고 스스로 목숨을 끊은 '송파 세 모녀 사건'은 우리 사회를 충격으로 몰아넣었다. 처지가 몹시 어려움에도 불구하고 기초생활수급자와 차상위 계층이라는 기존의 사회안전망으로는 보호받지 못하는 위기의 가구들이 아직도 도처에 있다는 사실을 우리는 뼈저리게 깨달아야 했다.

지방정부는 복지시스템의 핵심적 역할을 한다. 그러나 공공조직의 입장에서는 돈이나 현물이 들어와도 꼭 필요한 가구에 배부하는 것이 어려운 경우가 많고, 개인의 입장에서는 다양한 복지서비스 중에 내가 혜택을 받을 수 있는 사업이 무엇인지 모르는 경우가 많다. 그러다 보니 어긋남이 생긴다. 복지서비스야말로 수요와 공급이 한 곳에서 만나는 것이

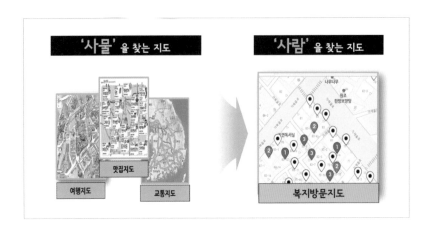

가장 중요한데, 이를 연결해줄 수 있는 체계가 존재하지 않기에 비극적인 사건이 발생한 것이다.

　나는 이 문제를 '복지방문지도'라는 취약계층 실시간 관리 시스템을 통해 해결하고자 했다. 복지사각지대를 찾아내기 위해 가장 중요한 것은 가가호호(家家戶戶)에 대한 직접 방문이다. 직접 찾아가서 대화를 나누고 현장을 눈으로 보아야만 복잡한 복지 체계 하에서 누락된 이들을 찾아낼 수 있다. 하지만 그렇다고 무작정 아무 곳이나 방문할 수는 없다. 인력의 한계를 감안하여 가장 효율적인 방문 경로를 선택해야 했다.

　복지방문지도는 이러한 직접 방문을 지원하기 위한 강력한 도구였다. 첨단 스마트기술을 활용하여 모바일 매체로 접속할 수 있는 지도상에 복지서비스가 필요한 가구들을 표기함으로써 한눈에 복지수요계층을 파악하도록 했다. 이를 통해 지방정부가 지원할 수 있는 복지서비스를 시스템화하여 복지대상자에게 체계적으로 제공하려 한 것이다.

　물론 단지 시스템 구축으로만 해결될 일은 아니었다. 복지사각지대를 효과적으로 발굴하는 것도 중요했다. 신청 위주의 복지정책에서 탈피하여 민·관이 협력하여 능동적으로 복지사각지대에 놓인 소외계층을 파악하기 위해 다양한 방안을 함께 마련했다.

복지방문지도의 구축

우선 관리가 필요한 취약계층 대상자를 색으로 분류한 후 위험도에 따라 지도상에 표시했다. 이를 통해 위기 가정을 탐색할 수 있도록 하고, 방문대상의 '발굴–수급결정–처리'의 전 과정을 전산화해 체계적인 관리가 가능하도록 설계했다. 또 복지방문지도와 지역 155개 사회복지시설 정보를 연동함으로써 주민 누구나 휴대전화와 인터넷을 통해 사회복지시설 및 복지자원을 실시간으로 검색하고 출력할 수 있도록 했다.

아울러 복지대상자의 재난·재해, 건강, 주거, 일상생활, 경제상황 등 위험도 판단 기준을 5개 분야 24가지로 설정하고, 기존 복지전산망에 없는 대상자 욕구 정렬 기능을 신설하여 복지수요자 중심의 맞춤형 서비

위기가구를 시각화하여 밀집지역을 파악하고 민관이 함께 방문할 수 있도록 했다.

스 제공이 가능하도록 했다.

카카오톡, 행복1004콜센터, 서대문 맞춤복지 검색사이트 등 기존에 존재하는 시스템과의 연계에도 공을 들였다. 다른 시스템과 연동되지 않는 독자적인 시스템은 대부분 이용 부족으로 도태될 수밖에 없기 때문이다. 이 과정에서 복지현장의 생생한 의견을 듣기 위해 14개 동의 복지담당자 의견수렴회의를 수십 차례나 개최했다. 그리고 서대문경찰서, 서대문우체국, 서부수도사업소, 서울도시가스, 한국야쿠르트 등 11개 기관과도 복지사각지대 발굴을 위한 업무협약을 체결했다. 그러한 노력 끝에 마침내 2015년 3월, 서대문구는 전국 최초로 복지방문지도를 구축했다.

복지방문지도에는 동장이나 사회복지 공무원, 방문간호사나 복지통장 등이 직접 방문하여 상담한 내용이 입력된다. 이렇게 입력된 내용은 웹 상에서 통별로 구분하여 확인할 수 있다. 건강 상태와 복용하는 의약품의 종류를 비롯하여 긴급히 필요로 하는 물품 등 상세한 내용들이 방문 일자별로 기록되며, 그 사항은 향후 복지서비스를 제공하는 데 활용된다. 예컨대 겨울철 연탄봉사를 요청해 온 기관이 있다면 복지방문지도에서 연탄을 필요로 하는 대상자를 검색하여 즉시 출력할 수 있는 식이다. 이렇게 시스템이 구축된 결과, 동장이나 담당자가 바뀌더라도 방문 전에 복지지도를 검색하기만 하면 그동안의 방문 이력과 상담 내용을 바로 확인할 수 있어서 시의적절한 대처가 가능해졌다.

지도를 활용한 복지서비스 제공

복지방문지도를 구축한 후, 복지대상자에 대한 정보가 체계적으로 관리

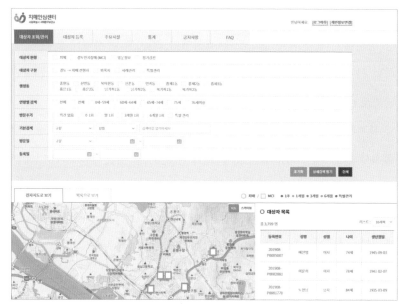

복지방문지도의 성공 사례를 활용한 치매안심맵

되면서 독거노인, 노인부부, 한부모, 조손가구, 장애인 가구에 대한 방문이 크게 늘었다. 2017년 한 해에만 취약가구 방문횟수는 무려 17,872회를 기록했는데, 복지방문지도가 위기가구 밀집지역을 확인해 주고 방문경로를 설정하며 위기도 변화 대상을 실시간으로 알려주는 등 다양한 기능을 십분 발휘한 덕분이었다.

또 연 방문인원 중 약 30%에 달하는 수가 민간 인력이었음도 주목할 만하다. 복지통장과 동 협의체 위원, 그리고 복지사각지대 발굴 업무협약기관에 종사하는 직원들이 활발하게 지역사회의 위기가구를 방문하면서 적극적으로 도움을 주려 노력한 덕택이었다.

방문대상자의 필요에 맞는 복지서비스에의 연계 실적도 예년에 비해 23%나 증가하였다. 복지대상자의 위기단계 판정기준에 따라 고위험군과 중위험군, 저위험군으로 분류하고 고위험 대상자에게는 매달 2회 이상 방문하거나 연락을 취하도록 조치했다. 기존에 복지혜택을 받지 못하던 사각지대 계층이 서비스의 수혜자가 되었으며 구청서비스에 대한 만족도와 신뢰도 역시 높아져 갔다.

복지방문지도는 2015년 행정자치부 생활불편개선 우수사례 경진대회에서 최고상인 '대통령상 대상'을 수상했다. 또 이듬해인 2016년에는 행정자치부 장관이 지방자치단체에 보급, 확산할 필요가 있다고 인정하는 '자치단체 우수정보시스템'으로 선정되는 겹경사를 맞이했다. 보건복지부, 서울시, 제주도, 부산시, 인천시 등 정부 및 타 지방정부 등 34개 기관에서 서대문구의 복지방문지도를 벤치마킹하였고, 부산 사상구, 북구 및 대전 대덕구, 경기도 안양시, 경북 포항시 등에 실제로 보급되었다. 2018년에는 서울시 종합복지포털과 시스템이 구축되면서 서대문 복지방문지도의 복지대상자 매핑, 방문주기 설정, 주요욕구이력검색 기능 등이 그대로 도입되기도 하였다.

2018년에는 복지방문지도의 성공 사례를 활용하여 치매지도를 제작하였다. 치매, 인지장애 대상자에 대해 위험군별로 차별화된 지원과 관리를 할 수 있는 '치매안심맵' 시스템을 구축한 것이다. 현재 3,500여 명의 어르신들에 대한 약물복용, 돌봄형태, 방문이력 등의 데이터를 구축하여 관리 중이며, 필요한 복지자원이 연계될 수 있도록 지원하고 있다.

사람과 시스템이 결합된 공동체 복지

복지는 공동체사회가 건강하게 유지되기 위해서 반드시 필요한 부분이다. 그렇기에 복지는 더 이상 국가의 시혜가 아닌, 정부가 반드시 제공해야 할 서비스로 개념이 전환되었다. 그에 따라 정부 예산에서 복지비용이 차지하는 비율 또한 점점 높아지고 있다.

하지만 여전히 복지행정의 사각지대가 존재하고 있다. 그런 점에서 복지행정의 효율성을 높이고 민관의 협력으로 복지서비스를 제공하는 복지방문지도는 매우 의미 있는 시스템이다. 복지행정은 복지사각지대를 제대로 확인하는 데서 시작되어야 한다. 그래야만 정말로 복지를 간절히 필요로 하는 이들에게 알맞은 복지서비스를 제공할 수 있다.

서대문의 복지방문지도는 오늘도 계속 그려지고 있다. 복지그물망을 촘촘히 치고, 수요와 공급의 꼭짓점이 만날 수 있게 복지선을 그려주는 역할. 이것이야말로 기초지방정부에서 반드시 꼭 해야 하는 일이 아닐까 싶다.

수상실적

▶ **2015년 생활불편개선 우수사례 대통령상 대상 수상**(행정자치부 주관)
▶ **2016년 "전국 우수정보시스템" 선정**(행정자치부 주관)
▶ **2016년 제4회 지방정부 정책대상 수상**((사)한국지방정부학회 주관)
▶ **2017년 제6회 지방자치단체 생산성대상 우수사례 선정**(행정자치부 주관)

요즘 부모들은 어떤 시설을 원할까?
아이랑

아이들이 마음껏 뛰어놀지 못하는 세상

세상이 바뀌었다. 어릴 때 놀이 란 곧 동네를 돌아다니는 일이었 다. 학교를 마치면 가방을 방구 석에 집어던진 채 동네로 나갔 다. 밤늦게까지 자연을 벗 삼아 들과 산에서 메뚜기와 개구리를 잡았고, 친구들과 함께 사방을 뛰어다니면서 즐거워했다. 놀이 는 곧 몸을 쓰는 일이었다.

　하지만 지금은 다르다. 미처 세 살이 되기 전에 한글과 숫자

를 익히고 심지어 영어를 배운다. 초등학교에 가면 학원을 서너 개씩 다니기 일쑤다. 조기교육 열풍은 아이들의 시간을 빼앗아 갔다.

환경적인 문제도 있다. 사방을 질주하는 자동차 때문에 부모들은 아이들에게 밖에서 뛰어놀라고 권하기가 꺼려진다. 툭하면 사방을 자욱하게 뒤덮는 미세먼지는 집 밖을 더욱 위험한 곳으로 만들었다. 맘껏 뛰놀 수 있는 환경이 아니다 보니 이제는 어린이 비만이 새로운 사회문제로 대두되기까지 하는 실정이다.

바야흐로 새로운 업종까지 우후죽순 생겨났다. 아이들의 놀이공간이라는 명목으로 이른바 키즈카페가 등장하더니, 이제는 입장료만 해도 상당한 어린이 전용 실내 스포츠 체험장이 하나 둘 생겨나 성업 중이다. 맘껏 놀기 위해서 돈을 지불해야 하는 세상이 온 것이다. 세상이 이렇게 바뀌었다.

새로운 시대에는 새로운 정책을

그렇다고 '나 때는 안 그랬는데'라면서 혀를 차고 있는 건 절대 안 될 일이다. 행정은 항상 바뀐 세상에 적응해야 한다. 구청장도 마찬가지다. 새로운 시대에 맞는 새로운 정책을 펼쳐가는 것이 정책 감수성이다.

지역 내 젊은 부부들에게 구청에서 아이들을 위해 어떤 정책을 추진하면 좋겠냐고 물어 보았다. 돌아오는 대답은 간단하고도 명확하다. 아이 키우기 좋은 환경을 만들어 달라는 것이다. 좀 더 구체적으로는 아이들이 마음껏 뛰어놀 수 있는 공간이 있으면 좋겠다는 요청이었다. 그런 시설이 이미 민간에 존재하지만 비용이 생각보다 비싸서 마음껏 이용하기 어렵다. 반면 아이들을 뛰놀게 하고 싶은 부모의 마음은 예나 지금이나 같았다.

미세먼지와 자동차로부터의 안전. 부모의 안심. 만족스러운 수준의 체력활동. 젊은 부모들이 원한 것들이었다. 이 모든 수요를 따라가다 보니 결국 '실내 키즈헬스케어센터'라는 답이 도출됐다.

서대문구의 키즈헬스케어센터 '아이랑'을 개관했다. 2018.12.13.

때마침 구민을 대상으로 한 체육 프로그램 위주이던 서대문구 문화체육회관이 시대적 변화에 맞추어 패러다임을 전환할 시기였다. 나는 이곳에 현 시대에 맞는 어린이 놀이공간을 만들려 했다. 겉보기만 그럴듯하고 내실은 없는 시설을 만드는 우를 범하고 싶지는 않았다. 단순한 놀이공간을 넘어서, 정보통신기술을 활용한 스포츠와 메디컬을 결합한 체계적인 체력관리 시스템을 제공하는 것을 목표로 했다.

일은 일사천리로 진행되었다. 2018년도 4월 시작한 공사는 별다른 어려움 없이 같은 해 11월에 끝났다. 결과는 기대 이상이었다. 부모가 아이들과 함께 찾아와서 즐겁게 보낼 수 있는 장소라는 뜻으로 '아이랑'이라는 이름을 붙였다.

사물인터넷과 놀이의 결합

아이랑 곳곳에는 사물인터넷 기반의 디지털 감지기가 숨어 있다. '바디펌프 존'에서는 6개 항목으로 구분된 신체 발달 정도를 측정할 수 있다. 아이가 즐겁게 뛰어노는 동안 여러 센서들이 민첩성, 균형감각, 근력, 유연성, 근지구력, 심폐지구력 등을 측정하여 결과를 부모에게 전달해 준다. 그 결과를 바탕으로 부모는 아이에게 어떤 운동이 필요한지를 알 수 있다.

스포츠 체험형 놀이공간인 '플레이펌프 존'에는 더욱 다양한 기술을 적용했다. 동작인식센서로 표시되는 벽면 빛을 따라 움직이는 '20m 달리기', 바닥에 투시되는 게임을 따라 활동하는 'VR 그라운드', 불을 켜는 스위치로 생각을 표현하는 '불빛 스위치'를 비롯하여 암벽놀이터, 균형놀이터, 그물놀이터 등 6개 공간으로 꾸며 아이들이 지루해하지 않고 다양한 운동 경험을 할 수 있도록 했다.

마지막으로 '상담실'에서는 바디펌프 존에서 측정한 데이터를 기반으로 아동 성장발달 정도에 따른 개인별 맞춤상담을 제공하고, 아울러 어떤 식으로 운동하면 좋을지 처방을 제안한다. 또 빅데이터를 기반으로 개별 아동의 체력상태를 또래집단과 비교하고 개인 체력변화 정도를 점검하는 등 체계적인 체력관리시스템을 구축하고 있다. 지역 내 보육기관을 대상으로 정기적인 체력측정 서비스도 제공 중이다.

정말로 부모가 원하는 것

아이랑은 성공적이었다. 폭발적이라 해도 과언이 아닐 정도로 긍정적인 반응이 쏟아졌다. 특히 30대에서 40대 사이의 젊은 부모들과, 유치원·어린이집 보육교직원들에게서 호평이 자자했다. 입소문 덕분인지 아이랑 이용객은 한해에 무려 12만 명에 달했다. 각종 언론사에서 아이랑을 앞다투어 취재하였고, 전국지방공기업 2019 경영혁신 우수사례에서 대상을 수상하였다. 또 2019년 7월에는 생활SOC복합화 사업 우수사례로 지정되어 송재호 국가균형발전위원장이 직접 방문하였고, 대한

BODY PUMP ZONE

서대문키즈헬스케어센터 아이랑

성장기 아동의 **6대 항목별 신체발달**
정도를 **사물 인터넷기반 디지털 센서**를
이용해 **측정**하는 공간입니다.

1 빨리빨리 다람쥐

빠르게 달려 벽면 곳곳에
불이 들어오는 버튼 터치하기

민첩성

2 흔들흔들 말랑젤리

흔들리는 짐볼 위에서 버티기

균형감

3 하늘나는 개구리

제자리 높이뛰기

근력

4 요리조리 미꾸라지

레이저 선 닿지 않고 방 탈출하기

유연성

5 대롱대롱 스파이더

위 아래로 움직이는 암벽타기

근지구력

6 동서남북 미로탐험

십자모양 통로를 빠르게 달려
불이 들어오는 버튼 터치하기

심폐지구력

PLAY PUMP ZONE

서대문키즈헬스케어센터 아이랑

인터렉티브 기술을 활용한 신체운동을 통해 아동기 성장발달의 기초가 되는 감각을 통합적으로 발달시킬 수있는 **스포츠 체험형 종합 놀이공간**입니다.

1 불빛 스위치
빛이 들어오는 똑딱이 스위치로 생각을 마음껏 표현하기

2 VR 그라운드
바닥에 투사되는 다양한 게임을 통해 신체와 두뇌활동하기

3 그물 놀이터 + 매달리기 로프

4 20m 달리기
동작인식센서로 표시되는 벽면 빛을 따라 달리기

5 암벽 놀이터

6 균형 놀이터

아이랑 이용연령(4세~8세) 미만의 유아와 함께 부모가 대기할 수 있는 유아놀이공간도 리모델링했다.

민국 균형발전박람회 혁신관에도 아이랑이 전시되기에 이르렀다.

이쯤 되자 전국의 지방정부가 본격적으로 아이랑 벤치마킹을 시작했다. 강서구, 부천시, 동두천시, 군포시, 음성군 등 전국의 수많은 지자체에서 앞다투어 아이랑의 시설과 운영 노하우를 배우기 위해 현장을 다녀갔다.

미세먼지와 교통환경의 걱정에서 벗어나 아이들을 마음껏 뛰어놀게 하고 싶어하는 부모들의 욕구는 예나 지금이나 마찬가지였다. 그럼에도 불구하고 지금까지 지방정부가 아이랑 같은 시설을 설치하지 않은 것은 젊은 부모와 아이들이 진정으로 바라는 바를 깨닫지 못했기 때문이 아닌가 싶다. 요즘 부모들은 아이들을 뛰어놀게 하지 않는다는 편견, 또 요즘 아이들은 뛰어노는 것보다 스마트폰을 더 좋아한다는 편견이 우리의 눈

경영혁신 우수사례 대상 수상

국가균형발전위원장의 아이랑 방문

VR그라운드

균형놀이터

대롱대롱 스파이더

20m달리기

을 가리고 있었던 것이다. 하지만 편견을 벗어던지자 그곳에는 주민이 진정 바라는 것이 있었다.

　기초지방정부가 주민이 원하는 정책을 펼쳐 나가기 위해서는 먼저 주민의 바람에 귀를 기울여야 한다는 매우 평범한 진리를, 아이랑은 내게 가르쳐주었다.

▶ **2019년 전국지방공기업 경영혁신 우수사례 대상 수상**(한국지방공기업학회 주관)

▶ **2019년 혁신경영대상 대상 수상**(한국경영인증원 주관)

▶ **2020년 전국지방공기업 혁신 우수사례 경진대회 혁신우수상**(지방공기업평가원 주관)

아이들이 놀이터를 디자인한다면?

신기한 놀이터 1호, 2호

개똥도 약에 쓰려면 없다? 빈 공터에서 쓸모를 찾다

홍제1동 고은산 주변에 빈 공터가 있었다. 흔한 나대지가 보통 그렇듯이 이곳도 관리가 제대로 되지 않아 불법점유 차량과 쓰레기 등이 방치되기 일쑤였다. 지나치는 사람들에게는 미간을 찌푸리게 하는 장소일 수밖에 없었다. 하지만 공터를 다듬고 주변 주택가 환경도 개선한다면 주민을 위한 장소로 새롭게 탄생시킬 수 있을 것으로 생각했다.

방치되어 있던 나대지

마침 서대문협치회의 보육분과에서 장애·비장애 아이들이 함께 즐길 수 있는 공간의 필요성을 제기했다. 산을 마주하는 탁 트인 공간이라 어린이 놀이터 시설로도 안성맞춤이었다. 우선 주민의 의견을 들어보고 함께 만들어 가기로 했다.

주민들이 만든 '신기한 놀이터 1호 떼굴떼굴'

우리 구는 주민과 함께 사업을 이끌어나가는 민·관 협치의 필요성에 주목하고 서대문 협치기본조례를 제정했다. 이와 함께 협치 운영체계를 구성하여 민관협치 워크숍 개최, 주민 공론장 운영, 협치 구정 선포식을 개최하였다. '협치 워킹그룹'을 시스템화 한 이후 매년 부분별 협치사업을 선정하고 실행해 왔다.

'신기한 놀이터 떼굴떼굴' 사업 역시 협치서대문 100人 원탁회의에서 선정된 2018년도 협치사업이다. 장애·비장애 아이들 구분 없이 누구나 이용할 수 있는 놀이공간을 조성하자는 취지에서 협치 위원들의 공감을 샀다. 한 걸음 더 나아가 천편일률적인 평범한 놀이터가 아니라 자연을 활용한 놀이기구가 설치되어 있는 자연친화적인 놀이터를 만들기 위해 순천의 '기적의 놀이터'를 설계한 편해문 작가와 함께 사업을 진행했다.

어린이, 학부모, 놀이터 전문 디자이너들의 아이디어를 모았다. 문제도출부터 사업의 기획과 집행 전 과정을 주민 주도로 진행했다. 아이들이 주인이 되는 안전한 놀이터를 조성하기 위해 무엇이 필요한지 강의를 통해 함께 공부하고 순천에 있는 '기적의 놀이터'도 벤치마킹을 위해 직접 방문했다. 주민포럼 개최를 통해 치열하게 토론을 진행한 결과 민관 협력을 통한 놀이터 활성화 방안과 운영 방안을 마련했다.

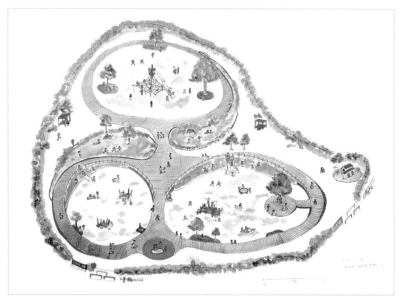
어린이들의 디자인을 반영한 신기한 놀이터 1호 설계 스케치

아이들이 만든 아이들을 위한 놀이터

민과 관이 함께하다보니 다양한 의견을 많이 들을 수 있었다. 서대문협치회의와 놀이터 디자인 전문가가 모여 2017년 11월부터 2019년 9월까지 워킹그룹만도 23회를 실시했다. 또, 어린이 참여 디자인 워크숍을 개최하여 아이들의 창의적인 생각도 들어보았고, 이 워크숍에 참석한 어린이와 관심있는 어린이, 그리고 지역 주민, 지역 시·구의원과 협치 추진위원 등이 모여 기본설계 드로잉 공유회도 개최했다.

이후 고은초등학교 어린이 등 15명으로 구성된 어린이 감리단도 운영했다. 공사설계에 참여했던 어린이들을 공사시공 감리에 참여시켜 착공부터 준공까지 지속적으로 함께할 수 있도록 했고, 개장 전 설치된 놀이시설을 사전에 체험하게 해서 개선 사항 의견도 들었다.

어린이 감리단

신기한 놀이터 개장식

신기한 놀이터 조성 전과 후

아이들을 위한 공간인 만큼 놀이터 시설에 사용되는 모든 재료는 천연으로 사용했다. 원목 놀이기구, 천연목재 산책로, 황토 포장 등을 사용했고, 놀이시설 주변으로는 동해안 모래를 50cm 이상 깊이로 조성하여 어린이들이 안심하고 뛰놀 수 있는 안전한 공간으로 조성하고자 노력했다. 모래 채취 놀이대, 놀이터용 모래 굴삭기, 물을 이용하는 개울물 놀이대, 모래놀이 탁자, 언덕 미끄럼대 등 모래를 사용해서 각각 색다르고 창의적인 놀이가 가능하도록 만들었다. 모래놀이를 했다고 부모님들이 걱정하실 필요가 없도록 놀이터 출구 쪽에는 세족기와 화장실을 설치해 두었다. 모래로 더럽혀진 손과 발을 깨끗이 세척하고 집으로 돌아갈 수 있다. 안전과 보안을 위해 놀이터 내 CCTV도 설치했다.

그리고 드디어 2019년 10월 신기한 놀이터 1호(별칭 떼굴떼굴놀이터)가 탄생했다. 서울시에서는 처음으로 디자인에 어린이가 참여한 놀이터가 완성된 것이다.

아이들이 꿈꾸는 모험, '신기한 놀이터 2호 야호야호'

내친 김에 신기한 놀이터 2호도 연달아 조성하였다. "야호야호놀이터"라고 이름 붙인 2호는 서울시 놀이터 중 가장 긴 25m의 짚라인과 높이 6m, 길이 10m의 모험슬라이드, 그리고 거미줄처럼 줄이 얽혀있는 10m 높이의 스페이스네트 등이 설치되었다. 또한 자연 지형과 지물을 활용한 숲속놀이마당, 숲 관찰산책로, 숲속교실, 놀이언덕 등이 있어 자연과 계절의 변화를 담은 친환경놀이터로 조성되었다.

신기한 놀이터 2호 역시 1호에 이은 수요자 중심의 서대문구 대표 협치 특화 모델사업이다. 어린이 디자이너를 공개 모집하고 워크샵을 개

전체 조감도(1호, 2호)

신기한 놀이터 2호 어린이디자이너 워크샵

신기한 놀이터 2호 설계 스케치. 어린이들의 디자인을 반영하여 만들어졌다.

최하여 아이들의 아이디어를 적극 반영해 건설하여 2020년 11월에 개장하였다.

아이들이 미래다. 건강한 미래를 위해

요즘은 디지털 미디어 세상에 빠져있는 아이들이 많다. 우는 아이들에게 휴대전화를 쥐어주는 부모님들의 모습을 우리 주변에서도 어렵지 않게 찾아볼 수 있다. 의식하지 않아도 어릴 때부터 접하는 각종 영상과 디지털 게임으로 인해 아이들은 가상 세계에 표류하고 있을 지도 모른다. 반면에, 학교와 학원 공부로 심신이 지쳐있을지도 모른다. 함께 뛰어 노는 활기찬 아이들의 모습은 더 이상 기대하기 어려운 것일까. '신기한 놀이터'가 아이들이 자유롭게 뛰놀고 모래놀이도 하면서 꿈과 상상력을 키우는 동시에 정서적·육체적 건강발달에 도움을 줄 수 있는 공간이 되길 기대한다.

재난 안전 방송은 단지 그 역할만 해야 할까?
음악이 흐르는 홍제천 / 안산 자락길

대한민국의 하천은 하상계수가 크다. 가물 때의 수량과 홍수 시 수량이 크게 차이난다는 의미다. 평소에는 고작해야 무릎 깊이밖에 되지 않는 하천이, 폭우가 쏟아지는 순간 어마어마하게 유량이 늘어나면서 모든 것들을 휩쓸고 지나가기도 한다. 서대문구의 홍제천도 마찬가지였다. 홍제천은 원래도 주민들이 산책로로 즐겨 이용하는 데다, 복원사업 이후 각종 편의시설을 이용하기 위한 방문자 수가 더욱 늘어난 상황이었다. 그렇기에 폭우가 쏟아져 하천 수위가 급변할 때는 매우 위험할 수밖에 없었다. 갑작스러운 폭우에 대비하여 주민의 안전을 지키기 위해서는 재난을 예보하고 경보하는 시스템의 구축이 필요했다.

비상시에는 재난 안전 방송. 그러면 평상시에는?
주민의 안전을 지키기 위해 홍제천에 재난 예·경보 시스템을 설치할 것을 지시했다. 그런데 비용을 따져 보니 CCTV와 방송 회선을 설치하고 시스템을 구축하는 등 도합 수억 원의 큰 예산이 소요되는 것이었다. 물론 반드시 필요한 비용이었지만, 단지 재난을 알리는 용도로만 사용하기에는 아쉽다는 생각이 들었다.

그래서 낸 아이디어가 바로 '음악이 흐르는 홍제천'이었다. 비상시에는 재난을 알리는 용도로 사용하되, 기왕 설치한 방송 장비이니 평소에는 주민에게 즐거움과 기쁨을 주는 음악을 송출하자는 것이었다.

직원들은 처음에는 머뭇거렸다. 재난과 음악이라는 두 가지 개념이 워낙에 이질적이어서 하나로 합치기가 쉽지 않은 탓이었다. 두 분야를 각기 담당하는 소관부서의 생각이 서로 다르기도 했다. 나는 내 아이디어를 차분하게 설명하고 설득했다. 또 직원들이 타 지역을 방문하여 벤치마킹을 하기도 했다.

그 결과 재난을 예보 및 경보하는 시스템을 구축하여 재난에 대비하되, 평시에는 해당 시스템을 활용하여 음악방송을 진행할 수 있겠다는 결론이 도출되었다. 이른바 '음악이 흐르는 재난 예·경보 시스템'이었다. 문자메시지와 스마트폰 메신저 등을 연계하여 신속히 생황을 전파할 수 있도록 하여 혹시 모를 재난 발생에 민첩하게 대응할 수 있으면서도, 주민들이 음악을 감상할 수 있는 다목적 시스템이었다.

내친김에 나는 처음의 아이디어를 한층 더 확장해 보았다. 홍제천에서 음악이 흐르는 재난 예·경보 방송이 가능하다면 안산에서도 불가능할 이유가 없지 않은가. 물론 안산에서 홍수가 발생할 일은 없다. 하지만 반드시 예방해야만 하는 다른 재난이 있었다. 바로 산불이었다.

산불감시를 위한 CCTV 및 재난 방송과 연계하여 안산에서도 홍제천

▲ 주민이 즐겨 찾는 홍제천

▼ 주민이 즐겨 찾는 안산 자락길

처럼 음악을 감상할 수 있도록 하자고 했다. 때마침 그 전년도부터 새롭게 조성하기 시작한 안산 자락길과 음악방송이 시너지 효과를 낼 것이라는 계산도 있었다.

서울시와 협의를 통해 10억 원에 달하는 시비 예산을 확보한 후 해당 사업을 진행했다. 파손에 따른 안전상의 문제를 방지하고자 회선을 지하로 매설하는 방식을 택했고, 총 171개에 달하는 스피커와 하천 수위 감시를 위한 CCTV 6개를 설치했다. 특히 스피커 중 다수를 바위 형태로 설치하여 주변 경관과 어우러지도록 하는 데도 주의를 기울였다. 또 음악 송출을 위해서 전문방송업체와 계약을 맺는 등 지속적으로 추진한 결과, 마침내 2011년 12월부터 홍제천과 안산 자락길을 걸으면서 음악을 감상할 수 있게 되었다.

작은 아이디어가 큰 만족으로

지금도 서대문구의 홍제천과 안산을 방문하면 흘러나오는 음악을 감상하면서 산책할 수 있다. 아침과 점심, 저녁 시간대 사람이 많은 시각에 맞추어 하루 세 차례씩 음악을 송출한다. 특정한 취향보다는 가급적 많은 사람들을 두루 만족시키기 위해 클래식 위주의 음악으로 선곡하는 등 내부적인 부분도 신경을 기울이고 있다.

물론 구민들의 만족도 역시 높다. 재난 예방을 위한 시스템에다 추가적인 기능을 넣자는 간단한 아이디어가 주민들을 행복하게 해 드리는 좋은 성과로 나타난 것이다. 사소한 아이디어가 세상을 바꾸듯, 사소한 아이디어가 지방정부를 변화시킬 수 있다.

기후 위기, 기초지방정부에서 어떻게 대응해야 할까?
서대문구 에너지 자립마을 공동체

지구와의 공존에 대한 생각

기후변화라는 말은 모두들 한두 번쯤 들어봤을 것이다. 교토의정서나 파리협약 같은 어려운 단어들도 종종 언론에 오르내린다. 그럼에도 그 위험성에 대해 체감하는 사람은 많지 않을 것 같다. 피부에 와 닿는 현실감이 부족하기 때문이다. 하지만 2020년대에 이르러 이제 우리는 호주·터키·미국 등에서 발생한 산불과 빙하의 붕괴, 오랜 장마와 갑작스러운 태풍 등으로 기후 위기를 실감하고 있다.

온실가스 배출로 야기되는 기후 위기의 심각성은 지금 전 지구적으로 확산되고 있다. 현재 전 세계 온실가스 배출량은 국제사회가 기후변화에 공동 대응하기로 한 1992년에 비해 되레 2배 이상 늘었고, 평균온도 또한 점점 오르고 있다. 기후 위기로 환경생태계가 파괴되고, 해수면이 상승하여 섬들이 물에 잠기고 있다. 빙하 감소 등 생물과 수자원의 변화가 계속되고 있다.

그럼에도 지방정부가 기후 위기에 대응해야 한다는 주장에는 고개를 가로젓는 사람들이 많다. 기후 위기라는 전 세계적인 문제 앞에서 국가도 아니고 한낱 지방정부가 무얼 할 수 있겠느냐는 것이다. 하지만 그런 주장이 과연 옳을까? 어쩌면 지방정부이기에 오히려 기후 위기 대응에 기여할 수 있는 부분이 있지 않을까? 만일 그렇다면, 우리가 잘 할 수 있는 일은 무엇일까.

차근차근 배우며 시작하는 에너지 자립마을 공동체

서대문구는 자치구 전체가 아니라 마을 단위로 에너지 정책을 추진해왔다. 원전 하나 줄이기 정책의 일환으로 에너지 자립마을을 해마다 조성했는데 2015년에 서대문구 내에 5곳이던 에너지 자립마을 공동체가 불과 4년 만에 20곳으로 네 배나 확대됐다. 다양한 지원을 통해 지역주민의 공감대를 형성하고 주민의 자발적인 참여가 더해진 결과였다.

생활 깊숙이 침투한 기후 위기와 에너지 위기를 대응하고 주민들의 자발적인 참여하에 에너지 절약을 실천할 수 있도록 하기 위해, 에너지자립마을 회원과 일반 주민을 대상으로 찾아가는 에너지교육을 매월 실시했다. 에너지활동가를 꿈꾸는 주민들을 대상으로는 활동가 양성과정도 운영했다. 마을별로 맞춤형 에너지 진단 컨설팅도 수시로 진행해 가정과 아파트 단지에서 새는 전기를 잡았다. 그리고 홍천 에너지 타운, 강릉 친환경녹색센터 등 우수 에너지 자립마을 친환경 에너지관련 시설을 해마다 탐방하면서 우수한 정책들을 적극적으로 벤치마킹했다.

친환경 에너지 시설 탐방   맞춤형 에너지 진단 컨설팅

주민의 의견을 수렴하고 역량을 강화하다

각 마을에서는 에너지 자립마을 공동체 협의체를 구성하고 자체 워크숍과 포럼, 에너지 행사들을 개최했다. 뿐만 아니라 에너지조례에 따라 협의체들이 모여 서울시 자치구 최초로 '에너지 자립마을 협의회'도 결성해 매월 에너지 현안을 공유하고 논의했다.

2019년에는 영역을 더욱 넓혔다. 에너지 자립마을 협의회 구성원인 17개 마을이 '빛과 에너지 협동조합'을 구성해 신재생에너지 확대와 온실가스 감축을 위해 주민들과 공감대를 이루며 활동을 시작한 것이다.

그린 시티, 서대문만의 특색을 담다

홍은동의 호박골 에너지 자립마을은 태양광을 이용해 전기를 공급한다. 북한산 호박골 놀이터에는 태양광 지붕이 설치되었다. 월 평균 1,000kw/h를 생산한다. 또 주민 기부를 통해 개발한 태양광분수가 홍제천변에 설치되어 있다. 태양광을 이용하여 시간당 30분씩 분수를 작동시키는 방식이다.

호박골 마을 집집마다 문 앞에는 호박 모양의 등이 달려 있는데 이 또한 태양광으로 전기를 공급한다. 태양광 발전기로 정해둔 시간에 물을

호박 모양 태양광 문주등

호박골 놀이터 태양광 지붕

신일해피트리 아파트 옥상

철도 방음벽 밖

자동으로 주는 '빛·물 발전소'도 마을텃밭에 설치했다.

돈의문 센트레빌 아파트는 공동주택형 에너지 자립마을 공동체의 구심점으로 자리잡았다. 아파트 지하주차장 형광등, 가로등, 연결등과 세대·공용 조명을 LED로 교체해서 지하주차장 전기료를 월 100만 원 정도 절감할 수 있었다. 경비실 옥상에는 태양광 10개를 설치해서 경비실 3곳의 전기료를 충당하고 있다.

무료 태양광 핸드폰 충전소

공동전기료를 줄이기 위해 뜻이 있는 주민들이 매월 모여 에너지지킴이 활동도 이어나갔다.

북가좌 신일해피트리는 에너지 생산에 앞장서서 공용전기 사용요금 제로화를 이뤄내기도 했다. 옥상과 인근 철도 방음벽 바깥 부분에 태양광을 설치하고 지하주차장 형광등을 LED로 교체해 가구당 5천 원이었던 공동전기요금이 0원이 되기도 했다.

북가좌2동 행복한 에너지 자립마을은 에너지 복지를 실현한다. 주민 기부금으로 저소득 홀몸 노인과 한부모 가정 등 7곳에 주택용 태양광 발전시설을 설치했다. 무료 태양광 휴대전화 충전소도 설치해 누구나 사용할 수 있도록 했다.

서대문을 넘어 에너지 혁신지구로

지역주민의 적극적인 참여로 이루어낸 에너지 자립마을의 우수사례는 이제 전국의 모범이 되었다. 이를 바탕으로 서대문구는 2019년에 서울시에서 시행한 에너지 자립마을 2.0 선도모델사업인 "에너지자립 혁신지구" 공모사업에 유일하게 선정되기도 했다. 주민주도 에너지전환실천 및 지속가능한 에너지경제생태계 조성을 목적으로 가정·공공·상업건물의 에너지절약·생산을 효과적으로 관리하기 위한 에너지관리 데이터 플랫폼을 구축하는 사업이다.

그러나 지방정부의 기후 위기 대응에 있어 가장 중요한 것은 역시 사람이다. 우리는 그간 공공 주도의 정책들이 실패를 겪는 무수한 사례들을 지켜봐 왔다. 환경정책은 특히나 그렇다. 환경이란 단 한 번의 실수로 무너지기는 쉬워도 다시 되돌리기 위해서는 엄청난 노력을 필요로 하기 때문이다. 또한 한두 사람이 끼친 피해가 모든 주민에게, 나아가 전 인류에게 영향을 줄 수 있기도 하다. 그렇기에 지역사회의 주도와 지역주민의 자발적인 참여를 통해 모두의 힘을 하나로 모아야만 비로소 환경 정책이 성공할 수 있음을 잊어서는 안 된다.

수상실적
- ▶ **2018년 자치구 디자인 태양광 경진대회 장려상 수상**(서울시 주관)
- ▶ **2019년 기초단체장 매니페스토 경진대회 우수상 수상**(한국매니페스토실천본부 주관)
- ▶ **2019년 지속가능발전대상 장려상 수상**(환경부 주관)

4차 산업혁명이 우리 일상에도 영향을 미칠까?

스마트시티로 변화하는 서대문

몰려오는 4차 산업혁명의 파도

4차 산업혁명 시대에 사물인터넷(IoT, Internet of Things)은 행정의 핵심 부분을 담당하고 있다. 사람과 사람을 연결해 주던 네트워크의 시대가 이제는 사람과 사물이 통신하는 시대로 변하였다. 서대문도 이러한 변화에 빠르게 대처하고자 IT기술을 다양한 행정분야와 접목해 왔다. 주민맞춤형 서비스를 제공하기 위해 4차 산업혁명 시대의 새로운 기술을 공공서비스에 활용한 것이다.

사물인터넷은 인간 주변의 모든 사물을 연결하고 인간과 상호 소통할 수 있도록 만든다. 서대문구에서 사물인터넷을 적용한 대표적인 사례가 바로 스마트둘레길이다.

2014~2019 연도별 걷기 친화 환경 조성 사업

스마트둘레길 걷기 마일리지사업 추진체계도

전국 최초, 스마트둘레길

사물인터넷 모바일 앱
'워크온, 스마트둘레길' 구축

스마트둘레길 건강게시판

스마트둘레길이란 걷기 앱과 사물인터넷을 접목하여 사람들에게 모바일 건강정보 안내 및 쿠폰 등의 서비스를 제공하는 새로운 형태의 둘레길을 말한다. 서대문구는 2017년 모바일걷기 어플리케이션 '워크온(WalkOn)'을 개발한 스왈라비와의 협력 하에 전국 최초로 스마트둘레길을 조성했다. 안산을 감아 도는 안산 자락길을 따라 주변 홍제역, 연희맛길, 서대문형무소역사관, 서대문자연사박물관 등 총 30여 곳에 비콘을 설치했다.

비콘은 블루투스를 활용한 근거리 무선통신 장치로, 주변을 지나는 이들에게 자동으로 각종 정보를 제공한다. 이를 통해 둘레길을 걷는 사람이 비콘 주위를 지나면 스마트폰에 건강정보, 주변 걷기 좋은 길, 명소 정보 등 다양한 내용이 팝업으로 제공되는 것이다.

아울러, 목표 걸음 달성도에 따라 혜택도 주어지도록 했다. 3천보, 만보, 만오천보 등 미리 지정해 둔 기준 이상을 걸으면 주변 카페나 미용실 등 등록되어 있는 가게에서 할인을 받을 수 있는 쿠폰이 앱 선물함에 저장되어 활용할 수 있는 방식이다. 이를 통해 스마트둘레길은 걷기 촉진을 통한 구민 건강 증진, 소상공인 매장으로의 유동 인구 유인을 통한 상권 활성화, 주민생활패턴 분석을 통한 정책개발 자료 확보 등 일석삼조의 효과를 거둘 수 있었다.

사물인터넷을 이용한 스마트 가로 휴지통

그동안 우리 주변의 가로 휴지통은 각 지역의 쓰레기 배출량과 무관하게 일률적인 시간대별로 수거·관리되어 왔다. 이로 인해 관내 곳곳에 종종 가로 휴지통의 쓰레기가 넘쳐 도시미관이 훼손되고 각종 민원이 야기되기도 했다. 쓰레기통도 맞춤형으로 관리할 수는 없을까? 스마트 가로 휴지통 사업은 이런 고민에서 출발했다. 쓰레기 적재량을 감지하고 이를 통해 수거시기를 사전 예측하여 합리적이고 효율적으로 관리할 수 있도록 가로 휴지통에 스마트 관제시스템을 연계한 것이다.

　2016년부터 연희로·연세로 및 인근 지역에 스마트 가로 휴지통을 배치했다. 담당 공무원과 환경미화원들은 관제시스템과 스마트폰 애플리케이션 화면을 보며 쓰레기 적재량과 적정 수거 횟수를 파악할 수 있다. 이를 토대로 수거 경로를 최적화하여 가로 휴지통이 넘쳐도 신속한 수거가 이뤄지지 않거나, 반대로 휴지통이 거의 비었음에도 정해진 시간에 일률적으로 수거하는 일을 점점 줄여나갔다. 그 결과, 가로 휴지통에 90% 이상 쓰레기가 차기 전에 쓰레기를 수거해 갈 수 있었고, 수거 횟수도 하루 평균 1~2회로 축소되어 효율적인 쓰레기 수거 관리가 이루어질 수 있었다.

　'IoT 신기술을 활용한 스마트 가로 휴지통 관제시스템 구축'은 환경미화원이 효율적으로 업무를 수행할 수 있도록 하고, 쾌적하고 청결한 도

휴지통 센서 부착

적재량 감지

스마트 가로 휴지통

가로 휴지통 뚜껑에 센서 부착 (76개)

적재량, 화재발생 등 감지하여 무선 전송

스마트관제시스템

데이터 분석

환경미화원에게 알림

관리지역의 폐기물 상태를 보여주는 실시간 모니터링

위치기반 적재량, 수거효율, 고장 내역 등 데이터 분석

시구현에 이바지한 성과를 인정받아 행정자치부가 주최한 '2016년 전자정부 대상 경진대회'에서 대통령상을 수상하기도 했다.

긴급차량 통행로 불법 주정차 방지 주차관제시스템

화재 등 긴급 상황 발생 시 차량 통행로 확보가 절실함에도 주택가 이면도로에는 무질서한 주정차가 계속되었다. 이런 상황을 개선하고자 도입했던 것이 바로 IoT를 활용한 주차관제시스템이었다.

주차관제시스템은 차량이 긴급 통행로에 일정 시간 주정차 할 때 낮에는 '스피커 음성 안내'로, 밤에는 '로고젝터 조명'으로 차량이동을 실시간으로 안내한다. 그래도 계속 이동하지 않을 경우에는 현장단속을 통

카메라 감지(53개소)

실시간 관제

불법주차

과태료

➤ 낮 : 스피커 음성안내
➤ 밤 : 로고젝터 조명 이동안내

현장단속

긴급차량 통행로 불법 주정차 방지 주차관제시스템

로고젝터 조명 차량이동 안내

해 긴급 통행로를 확보할 수 있도록 하였다.

관리지역 53개소의 불법 주·정차 위반 차량 감소는 기대 이상이었다. 실시간 모니터링으로 시스템 적용구간 내 불법 주·정차 감지 건수가 현저히 감소했으며, 단속원의 현장 방문횟수도 50%나 감소하였다. 간단한 음성안내와 바닥에 이미지와 문자를 투영하는 시스템만으로 불법주·정차 차량의 자진이동을 유도하여 긴급차량 통행로 상에서의 안전사고를 사전에 방지할 수 있게 되었다.

가로등의 스마트한 변신, 빛공해 제로사업

또 하나의 사물인터넷 기술을 적용한 행정시스템으로 스마트 조명이 있다. 어두운 밤 도로를 밝혀주는 가로등은 교통사고를 예방하고 밤길 치안을 유지하기 위해 꼭 필요한 시설이다. 하지만 차량과 보행자의 유무와 상관없이 일정한 밝기로 밤새도록 빛을 밝히고 있다고 생각하면 전기가 아깝다는 생각이 들기도 한다. 하지만 만약 스스로 밝기를 조절할 수 있는 스마트 가로등을 도입한다면? 예산도 절감하고, 과도한 빛의 공해에서도 벗어날 수 있을 것이다.

2017년 우리 구는 서대문구 통일로 홍은사거리부터 무악재역까지 1.6km구간의 공공조명을 스마트 조명으로 교체했다. 그 결과 기존 조명 대비 전기에너지를 60%이상까지 절감할 수 있었다. 그리고 조명 고장 여부나 빛 방사 허용 기준 등을 실시간으로 파악해 조치할 수 있게 되었다.

스마트 가로등은 단지 빛의 밝기를 조절할 뿐만 아니라 미세먼지 센서가 달려있어 미세먼지 농도를 측정하고 통합 플랫폼 내 데이터를 전송하는 기능도 가지고 있다. 그리고 안심비콘과 비상벨이 있어 위급상황시 신속한 대처가 가능하도록 해 안전한 보행환경을 조성했다는 평가도 받는 사업이다.

지속가능한 미래도시 서대문을 향해

모바일 시대를 지나 사물인터넷 시대가 우리 삶에 자리잡고 있다. 지금 시대에는 다양한 분야에서 사물을 인터넷으로 연결해 정보를 공유하고 제어한다. 서대문구도 이러한 사물인터넷 기술을 적용하여 모든 서비스와 도시가 유기적으로 연결되어 주민들이 안전하고 쾌적한 도시생활을 영위할 수 있는 사람 중심의 스마트시티를 구현하고자 한다. 계속된 노력으로 서대문구의 사물인터넷을 활용한 스마트시티 사업은 2019년

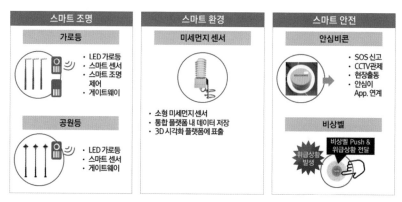

가로등의 스마트한 변신, 빛공해 제로사업

OECD가 발표한 '국제사회가 공유할 만한 대한민국 정부혁신 10대 사례'에 뽑히기도 했으며, 2020년 대한민국 스마트시티 대상에서는 우수상에 선정되기도 했다.

스마트한 시대, 스마트한 행정

서대문구의 사물인터넷 활용 스마트시티 사업은 2019년에 OECD(경제협력개발기구)가 발표한 '국제사회가 공유할 만한 대한민국 정부혁신 사례 10개'에 선정되었다. 스마트둘레길을 비롯한 다양한 사물인터넷 사업을 추진한 성과를 국제적으로 인정받은 것이다.

각 시대별로 유행도 변하듯 기술 또한 변한다. 오늘의 최신 기술이 내일이면 이미 구식이 되는 경우도 허다하다. 그렇기에 행정은 때때로 시대의 변화에 따라가지 못한다는 지적을 받기도 한다. 그러나 나는 반드시 그렇다고 생각하지는 않는다. 스마트둘레길처럼 오히려 행정이 기술혁신을 선도적으로 받아들이는 사례도 있기 때문이다. 서대문구는 오늘도 시대 흐름에 맞게 스마트한 옷을 갈아입고 지속가능한 미래 도시 서대문을 위해 행정 혁신을 이루어 가고 있다.

▶ **2016년 전자정부대상 대통령상 수상**(행정자치부 주관)

▶ **2017년 제11회 대한민국 서비스 만족대상 수상**(한국일보 주관)

▶ **2017년 제5회 지방정부 정책대상 수상**[(사)한국지방정부학회 주관]

▶ **2019년 OECD가 발표한 대한민국 정부혁신 10대 사례 '사물인터넷(IoT) 활용 스마트시티' 선정**

▶ **2019년 지방자치단체 건강증진사업 신체활동부문 장관상 수상**(보건복지부 주관)

▶ **2020년 대한민국 지식혁신 스마트시티 대상 우수상 수상**(매일경제신문사, MBN 주관)

활력

2장

상권 재생, 청년들과 함께 해낼 수 있을까?
이화스타트업 52번가 청년몰

이화여대 앞 상점들은 2000년대 중반까지만 해도 쇼핑의 메카였다. 서울 멋쟁이들이 유행을 주도하는 쇼핑의 거리로 아는 사람들만 찾는다는 소위 '옷 맛집'이 즐비했다. 당시 3~4평 내외의 가게 월세가 300만 원을 넘었고, 권리금도 1억 원에 이르렀던 것으로 기억한다.

하지만 온라인쇼핑몰이 의류시장의 대세로 바뀌면서 비싼 월세로 경영난을 겪은 상인들은 자연스레 하나 둘 이대 상권을 떠나기 시작했다. 2016년 5월에는 점포 194개 가운데 77개(39.7%)가 비어 있는 상태였다.

한국철도시설공단 소유의 넓은 공터까지 높은 철망으로 둘러싸인 채 방치되어 있어 혼자 다니기 무섭다는 민원이 발생하기도 했다.

　이대 앞 상권이 쇠락의 길을 걷자 젊은이들은 그들의 취향을 찾아 홍대 앞으로 발걸음을 옮겼고, 홍대 앞은 젊은이들의 거리로 새롭게 급부상했다. 사람도, 상점도 하나 둘씩 떠나 휑하니 비어있는 이대 앞 골목골목을 볼 때마다 씁쓸한 마음이 들었고, 서대문구청장으로서 지역발전에 대한 책임감에 마음이 몹시 무거웠다.

청년몰의 시작

이대상권을 부활시킬 방안에 대해 골머리를 앓던 중, 중소기업벤처부에서 추진한 '청년몰 지원사업'을 접하게 되었다. 청년몰 지원사업은 상점가 내 방치되어 있는 $500m^2$ 내외의 일정 구역을 39세 이하 청년들이 입점할 수 있는 점포(20곳 이상) 및 고객 휴게공간, 커뮤니티 공간 등을 갖춘 몰 형태로 구성하는 사업이다. 육성점포의 20% 내외는 예비 청년창

이화여대 정문 옆 이화52번가 상점가

업자들이 테스트 마케팅, 시범영입 등을 시도해 볼 수 있도록 '오픈 인큐베이터' 형태로 조성하고, 기반 조성, 점포 개선, 공동 마케팅, 사업단 운영비용 등 청년몰 조성과 청년 창업에 필요한 비용으로 최대 15억 원이 지원된다. 청년들의 발길을 다시 유도하여 이대 상권을 되살릴 수 있는 절호의 기회라고 생각했다.

2016년, 이대 산학협력단과 함께 기획을 시작했다. '이화여대'와 이곳 도로명 '52'를 합쳐 '이화52번가'라는 브랜드를 탄생시켰다. 빈 상가를 활용해 청년들에게 창업 기회를 제공하면서 사회와 대학이 공생한다는 사업 취지에 지역주민들도 공감하며 적극 협조해주었다. 52번가 청년몰은 주고객이 이화여대 학생이라는 점을 고려해 학생들의 취향과 대학의 문화를 반영해 건물 내 분위기를 조성하였다.

2016년 초반, 4개 점포에 이화여대생으로 구성된 6개 팀이 입주해있던 청년몰은 2년 동안 22개의 점포가 입주한 규모로 성장하였다. 화장품, 의류, 주점이 대부분이던 거리에 작은 식물원을 연상시키는 가드닝숍, 수공예품 전시숍, 독서모임을 함께하는 인문학책방, 여대생 입맛저격 푸드점 등 다양하고 창의적인 가게들이 들어서 활기를 띠기 시작했다.

이화52번가는 전국에서 유일하게 로드숍 형태로 꾸려진 특징을 가지고 있고, 청년들에게 독립적인 창업 경험을 제공했다는 점에서 큰 의미가 있다. 단번에 창업 성공이 쉽지 않기에 실패를 통해 사업을 익힐 수 있는 기회가 주어졌다는 점에서 청년들에게도 의미있는 경험이 되었으리라 생각한다.

아울러, 이화52번가를 위한 다양한 시설도 마련하였다. 거리 입구에

2017년에 문을 연 이화쉼터, 52번가 내 공용공간으로 이용되고 있다.

'이화 52번가 상점가'라고 쓰인 간판과 상점가를 안내하는 지도를 설치하였고, 바닥에는 이화여대를 상징하는 배꽃 그림을 그려 넣었다. 사용하지 않는 철도용지 200㎡를 제공 받아 '이화쉼터'라는 휴식 공간을 조성하여 테이크아웃 음식을 먹을 수 있는 공간을 조성하였다. 음료를 마시며 즐길 수 있도록 연극과 음악연주회, 야시장 등의 다양한 문화행사도 열었다. 사람들이 모여들면서 2017년 10월 이곳 점포의 공실률은 5% 아래로 떨어졌고 유동 인구는 30~50% 늘었다.

위기와 극복

활기를 띠어가던 중 안타깝게도 52번가 청년몰은 사업 2년차에 높은 폐업률을 보였다. 원인은 임대료였다. 사업 초기 안정적인 창업 환경구축을 위해 2년간만 임대료를 지원했었기 때문이다(3.3㎡당 10만원 한도). 지원 기간이 종료되자마자 치솟는 임대료를 청년 창업가들이 감당하기에 벅찼던 것이다. 청년사업가들이 홀로 설 역량을 키울 수 있도록 근본적인 대책 마련이 필요하다는 지적이 나왔다.

부활의 기회를 노리며 이화52번가 상점가는 '신시장 모델 육성사업-지역단체 협업사업' 공모에 참여하였고, 2019년 8월 사업에 선정되었다. 이화여대 종합사회복지관 및 지역상인들과 함께하는 민관협력사업을 통해 상권 활성화를 목표로 재기를 도모하게 되었다. 이에 서울시는 '상생 의제 지원단'을 운영하면서 상생 모델 발굴과 계획 수립 등을, 서대문구는 민관 협력 체계 구축과 상권 활성화 수립 방안 등을 각각 지원하기로 했다. 특히 지역상인, 문화기획자, 예술가, 담당 공무원이 참여하는 정기회의체인 '문화반상회'를 통해 다양한 의견들을 적극 수렴하고 반영하면서 상권은 조금씩 활기를 되찾았다.

이화 52번가 청년몰이 완벽한 성공 사례라고 말하기는 어렵다. 앞서 말했다시피 단기적인 공공 지원이 끝나자 사업의 지속이 어려워졌기 때문이다. 그러나 무작정 실패로 볼 수도 없다. 청년몰을 통해 얻은 경험과 노하우가 청년들 스스로 미래를 개척하는 발판이 되어 주었기 때문이다.

코로나 팬데믹으로 인한 충격은 또 다른 고민거리를 가져다주었다. 지역 전체의 상권이 침체됨에 따라 이화52번가 역시 청년몰 사업을 추진하기 이전의 모습으로 돌아갔다. 단순히 일정기간 동안 지방정부에서 임대료를 지원하는 방식만으로는 한계가 있음을 알 수 있었다. 포스트 코로나 시대를 대비하기 위해서는 지역사회와의 협력이 필수적이다. 예컨대 지역의 건물주들과 협의하여 임대료 안정화 협약을 맺는 등 젠트리피케이션 방지책이 필요하다. 또 구청과 이화여대가 관학협동으로 공공임대상가를 운영하는 방안도 모색해야 한다.

지금 청년들에게 주어야 할 것은 실패해도 다시 일어날 수 있는 기회다. 이화스타트업 52번가 사업은 그런 의미에서 절반의 성공인 동시에 더 나은 성공으로 나아갈 수 있는 발판이 되었다고 하겠다.

청년 창업, 지속가능할까?
이화패션문화거리 : 거리에 옷을 입히다

이대 앞에 찾아온 새로운 변화

서대문구 토박이라면 이화여대 앞 풍경이 기억날 것이다. 고급 양장점, 음악다방 등으로 멋쟁이들이 몰리는 곳이었다. 하지만, 21세기로 들어서면서 더 이상 예전의 그 모습을 찾아보기는 어려워졌다. 이대만의 개성을 지닌 특색 있는 소규모 가게들은 하나둘 문을 닫았고, 내국인 보다 외국인 관광객이 더 많아진 듯했다. 새로운 변화가 필요한 시점이었다.

신촌 도시재생 프로젝트의 일환으로 이대 앞을 재구성하기 시작했다. 옷과 액세서리 등을 파는 점포가 밀집해 있던 이화여대 3·5·7길을 패션 특구로 지정하고, 이화여대5길 200m 구간을 '이화패션문화거리'(E. FaRo:이파로)로 지정하면서 이화패션문화거리는 첫 발걸음을 떼기 시작했다.

침체된 상권이었던 만큼 장기간 공실로 남아있는 점포가 많았다. 그중

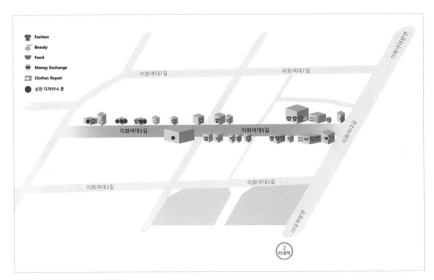

패션문화거리 지정 위치

7곳을 임대하여 청년 디자이너를 위한 공간을 마련하였다. 보증금 부담 없이 1년간 임차료를 지원받으면서 패션아이템을 마음껏 사업화할 수 있도록 창의적이고 자유로운 환경을 조성했다.

뒤이어 패션 특화사업 아이디어로 창업하고자 하는 청년상인을 모집했다. 모두 37개 팀이 지원했고, 서류심사와 면접을 거친 끝에 9개 팀이 최종 선정되었다. 각 점포의 특성을 살린 간판을 새롭게 디자인하여 설치했고, 유럽풍 디자인으로 도로를 포장하면서 골목 환경도 개선했다. 그에 따라 거리 분위기도 확 바뀌었다. 새롭게 꾸민 거리를 홍보하기 위해 매주 금요일 청년 창업 점포와 골목 스토리를 설명하는 골목투어 프로그램을 운영하고, 크리스마스 시즌 트리 100여개를 세워 골목 축제도 열었다.

물론 단순한 창업 공간 지원과 환경 개선에만 그칠 생각은 없었다. 보

패션문화거리 풍경

다 지속가능한 방식의 다각적 지원이 절실했다. 마케팅·영업 실무·브랜드 구축 등에 대한 강의를 제공하고, 전문가와 연계하여 매출 분석 및 매장별 마케팅 방안 등에 대해 논의하는 자리도 마련했다.

작은 점포들이 만든 개성있는 거리는 사람들의 관심을 끌었다. 일부러 골목을 찾아 들어오는 이들도 많아졌다. 유동 인구가 확연히 많아지자 청년상인들은 나에게 고마움을 표했다.

이화패션문화거리가 오픈하고 1년여 만에 제1회 신촌 청년 CEO 마켓에서 이파로 청년 디자이너들이 기획한 패션쇼가 열렸고, 같은 해 11월 제2회 이파로 패션쇼가 연이어 개최되었다. 이화패션문화거리의 신진 디자이너와 이화 52번가 청년몰 입주 업체 등이 참여하여 지역 주민들에게 큰 호응을 얻었다.

2019년에는 일반인 모델들과 함께 패션쇼를 개최하고자 오디션을 열었다. 호응은 놀라울 정도였다. 무려 300명에 가까운 신청이 접수된 것이었다. 최종 합격된 23명의 일반인 모델이 패션쇼에 참여했는데, 나는 물론이거니와 참여자와 관람객 모두에게 무척이나 신선한 경험이었다. 더불어, 이파로 프로젝트로 인해 신진 디자이너들의 브랜드가 백화점 편집숍에

2017 패션 페스티벌

입점하는 성과도 있었다. 신인 디자이너들을 위해 우리가 제공한 컨설팅과 교육, 바이어와의 연계 등이 큰 도움이 되었다고 한다.

지역 경제 살리기와 청년 창업의 융합

유행하는 거리는 급속하게 바뀌고 있다. 이에 따라 임대료도 크게 요동친다. 막 사업을 시작한 청년 창업가들이 이러한 현실적인 문제들로 인해 사업을 중도 포기하는 경우가 적지 않다. 따라서 청년들의 창업이 유지되고 지역상권이 지속적으로 활력을 띠려면 끊임없는 노력이 필요하다. 창업가의 개성 있는 상품과 마케팅도 중요하지만, 중앙 및 지방정부의 지속적인 관심과 현실적인 지원이야말로 진정 핵심적인 요소이다.

중앙정부가 청년정책의 큰 틀을 잡고, 지방정부는 청년들과 함께 고민하면서 현장에서 실질적인 방안을 만들어나간다면 청년들의 문제해결에 한 걸음 더 가까이 다가갈 수 있으리라 믿는다. 청년들은 우리 다음 세대를 이끌어갈 중심이다. 그들이 힘차게 일어서 이 사회에서의 역할을 굳건히 이행해나갈 수 있도록 기반을 만들어 주는 것이 우리 기성세대의 몫이다. 청년들의 뜨거움 가슴이 식지 않도록 지방정부가 늘 응원하고 아낌없이 지원해야만 한다.

2020년 이후 전 세계를 덮친 코로나19로 인해 각지의 상권이 침체의

늪에 빠져있다. 폐업하지 않고 사업을 유지할 수 있는 것만으로도 다행으로 여겨지는 시기다. 그러나 현실 앞에서 좌절하고만 있어서는 안 된다. 새로운 돌파구를 찾아야 한다. 이화패션문화거리와 이화52번가는 포스트코로나 시대, 즉 코로나 이후 시대로의 전환을 준비하는 공간이다. 온라인과 오프라인을 병행하고 새로운 컨셉으로 변화를 추구하면 색다른 공간으로 거듭날 것이다. 청년들의 창업과 기획을 지방정부가 지원하고 아울러 소통하면서 포스트코로나 시대를 함께 만들어 가는 미래상을 그려본다.

마트보다 찾고 싶은 시장이 우리 동네에 있다?
전통시장 활성화

'장 보러 가자'는 말을 들었을 때 가장 먼저 떠오르는 장소가 어디일까?
과거와는 달리 이제는 대형마트를 떠올리는 사람들이 더 많을 것 같다.
쾌적함과 편리성이 보장되어 있는 곳이기에 자연스러운 현상인 듯하다.
게다가 이제는 현관문을 나서지 않고 온라인으로 장보기를 끝내는 사람
들조차 점점 더 늘어나고 있는 추세이다.

　반면 우리네 삶에 오랜 기간 함께 해왔던 전통시장은 사람들에게 어떤
공간일까. 누군가에게는 조금은 불편하고 복작복작한 낯선 공간일 수
있겠나. 낯은 날씨엔 장 보는 게 다소 힘들어질 수도 있고, 가게들이 자
유분방하게 섞여 있어 원하는 물건을 찾으려면 시장을 한 바퀴 둘러봐야
하는 단점도 있고. 하지만 동시에 전통시장은 정겨운 곳, 삶의 활기가 넘
치는 곳, 계속해서 지켜나가야 할 반짝이는 보물 같은 곳이라는 의견에
동의하는 사람들도 많을 것이다.

서대문구에는 모래내·서중시장, 영천시장, 인왕시장, 백련시장, 유진상가, 최근 크게 화제가 되었던 포방터시장 등 크고 작은 시장이 많다. 더 많은 주민 분들이 전통시장의 진가를 알아보고 편리하게 이용할 수 있도록 서대문구는 전통시장을 활성화하기 위해 꾸준히 노력해왔다.

환경개선을 통한 현대화 사업, 시장마다의 특색을 살리기 위한 특성화 사업, 주변 생활권 개발과 연계한 시장 재개발사업 등 다양한 각도에서 방법을 강구해왔다.

시설과 경영의 현대화

시장의 경쟁력을 강화하기 위해 가장 중점을 두었던 부분은 시장 시설과 경영의 현대화였다. 시장 내 아케이드 설치, 어닝 정비, 바닥 정비와 함

유진상가 어닝 및 보행로 정비 전후 풍경

께 문화편의시설과 고객쉼터를
별도로 마련했다. 또, 무료 무선
인터넷과 후불교통카드, 신용카
드 결제시스템을 설치했으며 위
생모와 앞치마 같은 위생용품도
지원하고 배송 서비스도 시작하
도록 했다.

인왕시장 내 공동배송센터 및 고객쉼터 전경

아울러, 시장마다 특색있는 컨텐츠를 마련할 수 있도록 했다. 간판을
바꾸더라도 시장 전체 이미지를 고려한 디자인 기획이 이루어질 수 있
도록 했다. 전통시장이 대형마트와의 경쟁력을 갖추어 새로운 이미지로
탈바꿈할 수 있도록 기반을 차근차근 조성해나갔다.

인왕시장은 2011년 6월부터 공동배송센터 운영을 시작했다. 영천시
장도 인왕시장의 뒤를 이어 서비스를 시작했다. 공동배송센터 서비스
는 소비자가 물건을 구매한 후 각 점포에 맡겨두면, 이를 공동배송센터
에서 모아 집으로 배송해주는 시스템이다. 우리 구에서는 인건비와 운
영비, 유류비 등을 지원해 영세
상인들이 운영비 부담 없이 좋은
서비스를 제공할 수 있도록 도왔
다. 공동배송센터 운영 지원은
호응이 좋아 꾸준히 시행해오고
있는 효자 사업이다.

이와 더불어 무등록시장들을
전통시장으로 등록해 정부나 지

2014년 3월 포방터시장 전통시장 인정서 전달식

영천시장 제1기 상인대학 입학식 모습

자체 등의 기관으로부터 지원을 받을 수 있는 기반을 조성했다. 2011년에는 영천시장, 2014년에는 포방터시장이 공식 전통시장 대열에 합류하게 되었다.

이후 시장 상인들을 대상으로 점포 경영 전략, 마케팅 전략 등 실질적으로 경영에 도움이 되는 정보를 주기 위해 '상인대학'도 운영했다. 2015년과 2016년에는 영천시장 상인 분들이, 2016년에는 포방터시장 상인 분들이 교육을 이수했다.

전통시장 살리기 프로젝트

서울시나 소상공인시장진흥공단, 중소기업벤처부과 같은 외부 공모사업 유치에도 적극 임했다. 그 결과 2014년부터 2016년까지 영천시장의 경우 '신시장 모델 육성사업'에 서북권 대표 시장으로 선정되어 매대 정비, 입구 파사드 제작, 토요독립장터, 도시락 뷔페 '고루고루' 등 다양하고 참신한 컨텐츠를 마련해 나갈 수 있었다.

또, 영천시장 시장지원센터 Y를 개소하고 사업의 거점이자 지역공동체 형성의 장을 마련하였다. 사업 설명회를 통해 상인들에게 사업의 취

영천시장 도시락 뷔페 '고루고루' 행사 풍경

지를 알리고 소통하는 것 또한 잊지 않았다.

인왕시장과 포방터시장도 시장 고유의 개성을 살리기 위해 특성화 사업에 애썼다. 2012년에는 서울시에서 전통시장을 브랜드화하고자 시도한 '전통시장 특화컨설팅 사업'에 선정되어 '채소도매' 시장 기능을 적극적으로 활용해 인근 전통시장과 음식점에 1차 상품을 공급하는 기능을 확대했다.

이런 꾸준한 노력들이 점차 성과를 이루었다. 특색을 발굴하여 주민생활형 특화시장으로 육성하는 '골목형 시장 육성사업'의 대상으로 2015년에는 인왕시장이, 2017년에는 포방터시장이 선정되어 특화 거리 조성, 먹거리존 개발, 신규 레시피 도입, 포장용기 개발 등 참신한 변화를 만들어나갔다.

특히 포방터시장의 경우 2016년 간판 정비사업과 함께 포방터시장 다시살림 프로젝트를 진행했다. 노후·손상되고 난립해 있는 시장 간판 및

새롭게 단장한 포방터시장 전경

포방터시장 내 마련된 카페 전경

토요일앤(&)포방터 축제 모습

어닝을 정비하여 쾌적한 시장 환경을 조성하고 협력사들과 함께 포방터 시장의 새로운 정체성(Market Identity)을 개발하여 시장의 전반적인 이미지를 개선했다. 포방터시장을 이용하는 주민들이 쉬어갈 수 있는 시장 내 카페도 개소하여 편의성도 더했다.

　매주 토요일 운영하던 토요 장터에도 새로운 바람이 불었다. 먹거리에 볼거리, 즐길거리를 추가로 마련하여 '토요일앤(&)포방터'라는 참신한 축제명을 붙여 격주로 운영 중에 있다. 2017년 크리스마스에는 '크리스마스 보물캡슐 찾기', 2018년에는 '신년메뉴 잔치대작전', '설날맞이 대작전' 등 다양한 테마를 적용하여 좋은 반응을 얻었다.

　'서울형 뉴딜일자리 사업'과 연계해 영천시장, 인왕시장, 포방터시장에 전통시장 매니저를 배치하였다. 이는 시장 상인회의 의견을 적극 반영한 결과였다. 2017년 영천시장을 시작으로 2018년 인왕시장과 포방터시장에도 매니저를 배정했다. 유진상가와 백련시장도 뒤를 이어 지원을 받았다. 시장별 특성과 장단점을 파악하여 어떻게 하면 다른 시장과 차별화된 서비스를 제공할 수 있을지를 컨설팅했다. 영천시장은 시장 내 100개 점포의 콘텐츠를 포털사이트(네이버) 플랫폼(푸드윈도)에 제공해 홍보 효과를 높였다.

오늘도, 내일도 전통시장 가는 날!

사람도 자꾸만 봐야 정이 든다고 했다. 점점 좋아지는 전통시장을 사람들이 자주 오가게 해 정이 들었으면 한다. 처음에는 낯설어하는 사람들도 점차 전통시장이 주는 맛과 멋에 익숙해지고, 때로는 대형마트 대신에 전통시장으로 발을 돌릴 수 있기를 바라면서 여러 이벤트성 사업을

포방터시장 우리 동네 시장 나들이

마련했다.

기본적으로 매월 두 번째, 네 번째 일요일에는 대형마트 휴무일에 맞춰 '전통시장 가는 날'을 시행했다. 2012년에 처음 시행하여 다양한 품목을 시중가보다 10~20% 저렴하게 판매해 소비자들의 이목을 끌었다.

'전통시장 가는 날'에는 많은 유관 기관들이 함께 힘을 실어주기도 했다. 교육과학기술부, 서대문세무서, 한국예탁결제원, 국세청, 원자력안전위원회, 한국청소년활동진흥원 등이 영천시장과의 자매결연 요청에 응하여 각종 포상 시 전통시장 온누리 상품권을 지급하고 명절에 전통 시장을 찾아 각종 제수용품 등을 마련하도록 독려하는 등 상생 방안에 동참해 주었다. 정책금융공사와 명지대학교, 한국무역보험공사도 인왕시장과 자매결연 협약을 하여 전통 시장을 살리자는 우리 구의 취지에 함께 해 주었다.

한국예탁결제원에서는 자매결연을 계기로 소외계층에 2012년, 2013년 설·추석 상차림을 지원하고 2015년부터 2017년까지는 추석맞이 전통시장 장보기 행사를 추진하는 등 적극적인 모범 사례를 남겼다. 예탁결제원의 뒤를 이어 무역보험공사도 2014년부터 2020년까지 매년 빠지지 않고 설·추석맞이 장보기 행사를 실시했다. 참으로 고마운 일이 아닐 수 없다. 도움의 손길이 한데 모아진 그 순간들을 떠올리면 늘 마음 한 켠이 훈훈하다.

우리도 명절 대목을 앞둔 시점이 되면 활기찬 명절 시장 풍경을 위해 각종 지원을 아끼지 않았다. 시장마다 개최되는 명절 이벤트가 성공적으로 운영될 수 있도록 지원하여 더 많은 발길이 전통시장을 향하도록 했다. 할인 혜택을 높이고, 경품 추첨이나 노래자랑, 민속놀이와 같은 참여 이벤트를 통해 즐길거리도 함께 제공하고, 이용에 부담이 없도록 전통시장 주변도로에 주·정차도 한시적으로 허용했다.

2015년에는 조금은 색다른 상생 전략을 시도해보기도 했다. 'Market and Carpos'라는 사업이었는데, 전통시장과 카센터 소상공인들의 성장을 함께 도모하고자 마련한 정책이었다. 영천시장과 서대문Carpos 소속 74개 카센터가 참여했고, 영천시장에서 쇼핑을 하고 점포에서 발행한 쿠폰을 가지고 카센터에 방문하면 자동차 수리 공임의 10% 가량을 할인받을 수 있도록 협약을 진행했다. 이처럼 전통시장이 지속적으로 다양한 분야와 접목되어 상생의 터전이 되길 바래본다.

포스트 코로나 시대 – 전통시장이 가야 할 길

서대문구의 전통 시장은 시설과 경영 면에서 긍정적인 변화를 거듭해왔다고 자부한다. 그러나 최근 코로나19의 유행으로 전통시장 또한 다른 곳과 마찬가지로 위기를 맞았다. 상황이 어서 정상화되었으면 하는 마음이 간절하지만, 동시에 장기화될 가능성을 염두에 두고 적극 대처할 수 있는 방안 마련이 시급하다는 판단이 들었다.

코로나로 인해 비대면 결제가 대폭 확대되는 상황에서 영천시장, 포방터시장, 인왕시장을 비롯한 전통시장과 상점가를 대상으로 스마트화 사업을 추진하고 있다. 기존 매니저 사업에서 한 발짝 더 나아간 '전담 디지털 매니저'를 배치하여 온라인 장보기와 전국 배송형 사업으로 활동

분야를 넓히고 스마트 메뉴보드와 서빙 로봇 등 스마트 상점을 확대 지원하기로 했다.

아울러 서대문사랑상품권과 결합하여 '영천시장 온라인 몰'을 시범 운영하여 배달 대행사 활용을 통해 시장 상인들과 소비자 양측 모두 윈윈하는 소매 환경을 조성해 보고자 야심차게 준비 중이기도 하다.

그간 다양한 전통시장 활성화 사업을 시행해 왔지만, 이제는 전 세계적인 팬데믹으로 인해 완전히 새로운 세상이 도래하면서 전통시장 역시 큰 변화를 겪어내야만 살아남는 시기가 온 듯하다. 인왕시장과 홍제 지하보행네트워크, 영천시장 독립문 문화공원 지하주차장 등 아직 추진 중인 사업에는 더욱 박차를 가하고, 이와 더불어 언택트 시대에 대응한 전통시장의 생존 돌파구를 마련해 가면서 지역 상인들과 함께 손잡고 어려운 시기를 헤쳐 나가 보려 한다.

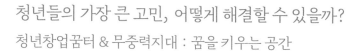

청년들의 가장 큰 고민, 어떻게 해결할 수 있을까?

청년창업꿈터 & 무중력지대 : 꿈을 키우는 공간

요즘 청년들의 가장 큰 고민이 무엇일까. '일자리' 그리고 '집값'이 먼저 떠오른다. 주거비용은 치솟는데 일자리는 구하기 힘든 이 모순적인 현실이 청년들로부터 희망마저 앗아가는 것 같아 안타깝다. 자취라도 하려면 아무리 좁은 방이라도 매달 나가는 월세가 만만치 않다. 그러다 보니 페이스북이나 애플과 같은 청년 창업은 먼 나라 이야기인 듯 우리 청년들은 안정적인 일자리를 추구할 수밖에 없는 현실이다.

그래서인지 신촌을 가도 예전에 느끼던 대학가의 낭만은 좀처럼 찾아보기 힘들다. 학생들은 정신없이 수업에 들어가기 바쁘고, 수업이 끝나면 도서관이나 아르바이트를 가느라 쉴 틈이 없다. 실패를 허용하지 않는 냉엄한 현실에서 살아남기 위한 발버둥인 것이다. 청년들의 이러한 안타까운 현실은 매스컴을 통해서도 자주 접할 수 있다.

정부도 이 상황을 해결하고자 각종 지원책을 시도하고 있다. 하지만 청년들은 정부의 지원을 피부로 느낄 수 없다는 의견이 많다. 2015년 관련 통계 작성 이후 최고치를 기록한 26.8%라는 청년층 체감실업률이 청년층의 고충을 여실히 나타낸다(2021년 2월 통계청 고용동향 자료).

청년에게 일자리와 주거를 함께 지원하자!

그러던 중 서울시가 청년들의 일자리와 주거를 함께 지원하는 '청년창업꿈터 사업'을 기획했다. 낡은 모텔을 매입한 후 리모델링하여 청년 창업자들을 위한 업무·주거 공간으로 제공하는 것이다. 그동안 대학생 행복주택, 꿈꾸는 다락방, 청년누리 등을 조성하여 청년주거문제 해결에 많은 관심과 노력을 기울여 왔던 우리 구로서는 더없이 반가운 기회였기에 즉시 동참했다.

서울에서 가장 많은 9개의 대학이 자리하고 있는 서대문구는 청년창업의 허브가 될 수 있는 지리적 이점이 매우 큰 곳이다. 이 같은 이점이 반영된 결과 신촌의 낡은 모텔이 매입과 리모델링의 과정을 거쳐 청년창업꿈터 1호로 거듭났다.

청년창업꿈터 1호는 지하 1층부터 지상 3층의 규모로 회의실, 창업카페 등의 공동 사용 공간과 개별 주거 공간으로 나뉘어 구성하였다. 1층에 2개 기업, 2층에 3개 기업, 3층에 3개 기업, 총 8개 기업이 입주할 수 있는 공간이다.

지하 1층은 사무실과 회의실로 조성하여 입주기업인들이 함께 회의할 수 있도록 조성하였다. 가장 매력적인 공간은 예상 외로 옥상인 것 같다. 공용주방과 쉼터를 조성했다. 탁 트인 공간에서 여유로운 시간을 함께 보낼 수 있는 편안한 공간으로 꾸몄다.

가장 주목할 점은 뭐니 뭐니 해도 경제적 부담 감소 측면일 것이다. 최대 2년간 임대료 없이 관리비만 부담하며 이용할 수 있다는 점은 입주기업들에게 아주 큰 이점이었다. 창업 아이디어가 있더라도 함께 일할 수 있는 업무 공간 마련이 어려운 청년들의 고민과 부담을 한 번에 해결해줄 수 있게 된 것이다.

그래서인지 입주 기업 공모는 5대 1의 경쟁률을 보이며 청년들에게 높은 관심을 얻었다. 최종적으로 8개 창업기업이 선정되었고, 총 20명이 입주했다. 입주자들은 창업교육과 컨설팅 서비스를 받을 수 있으며, 입주기업별로 각자의 전문성을 공유한다면 더 큰 시너지가 날 것이라 생각했다. 입주자들 역시 이러한 점에 대해 만족도가 높았다. 자주 이야기하고 소통하다보니 다각적인 시선을 가질 수 있고 서로간의 공감대 형성도 잘 된다는 의견이었다. 신촌과 홍대에 위치한 서울창업카페로의 접

청년창업꿈터 1호 외부 모습

청년창업꿈터 1호 내부 모습

근성도 높아 이 또한 큰 이점으로 작용했다.

그 결과 나의 기대와 예상을 웃돈 기분 좋은 소식도 있었다. 2019년 문재인 대통령의 북유럽 방문 뉴스 화면에 청년창업꿈터 1호점에 입주한 '스타스테크'의 대표가 등장했다. 대통령의 북유럽 3국 국빈방문에 동행한 것이다. 스타스테크는 불가사리 추출성분을 이용해 친환경 제설제를 개발해낸 청년 스타트업기업이다. 중소벤처기업부 지원사업에 선정되어 정부 연구개발 및 해외진출 자금까지 지원받았다. 염화칼슘에 비해 부식이 거의 일어나지 않는 성분을 넣은 제설제는 제설 속도와 지속시간이 뛰어나 2019년 조달청 우수조달제품으로 선정되고, 일본 외 북미 지역으로 수출 지역을 확대하고 있다.

이와 같은 좋은 선례는 청년창업꿈터에 대한 관심과 기대를 높였다. 선배들의 성공 사례는 다른 청년들에게 창업에 대한 희망과 용기를 심어

주고, 실질적인 공간적·재정적 지원이 가능한 청년창업꿈터에 대한 홍보도 자연스레 이끌어 냈다.

청년창업꿈터는 앞으로도 지속적으로 확대해 나가야 할 중요한 시설이다. 이미 창업꿈터 1호점에서 20m 떨어진 곳에 문화예술 분야 창업가 전용 공간을 별도로 갖춘 창업꿈터 2호점도 조성되었다. 이 1호점 및 2호점은 모두 신촌의 모텔 밀집 지역에 위치해 있다. 장미여관으로 상징되는 신촌 모텔촌은 대학가의 아카데믹한 분위기와는 전혀 반대로 상업적인 장소로 인식되는 곳이다. 바로 이 곳에서 "모텔을 학사로!"라는 변화를 시도하고 있는 것이다. 이러한 변화의 물결과 함께 '꿈터'라는 이름처럼 청년들이 자신의 꿈을 품고 입주하여 그 꿈을 마음껏 펼칠 수 있는 공간으로 오래 지속되길 기대한다. 청년들의 미래가 곧 우리 사회의 미래라는 생각으로 청년문제에 늘 관심을 가지고 함께 해결해 나갈 수 있도록 노력할 것이다.

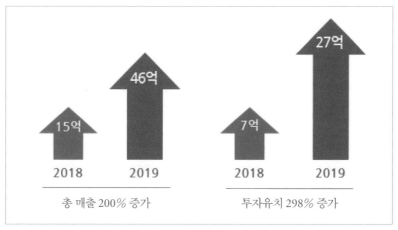

청년창업꿈터 기업보육성과

무중력지대, 청년들이 만나는 공간

청년창업꿈터에 이어 청년들만의 공간을 조성한 사업으로 무중력지대가 있다. 예전에는 사람을 만나기 위해 커피숍을 찾았다. 핸드폰이 없던 시절 약속시간과 장소를 정확히 정하지 않으면 허탕치기 일쑤였기 때문에 커피숍은 늘 만남의 장소로 통했다. 그러나 요즘에는 일명 '카공족'(카페에서 공부하는 사람들)들의 공부방으로 자리 잡았다. 학생들뿐 아니라 각종 자격증 시험, 취업 준비 등 공부하는 성인들이 많다 보니 조용하고 넓은 책상, 와이파이와 냉방시설, 다양한 음료와 메뉴 등이 갖춰져 있는 카페가 선호되고 있다. 그러다 보니 카페를 운영하는 자영업자들은 카공족들 때문에 매출이 떨어진다고 하소연한다. 1인 이용시간을 정해둔 카페도 여러 곳 생길 정도였다.

이렇게 수많은 청년들이 카페에 몰리는 이유가 무엇일까? 청년들을 위한 공간이 마땅치 않은 현실이 이들을 카페로 내몰고 있는 것은 아닐까.

우리 사회는 그동안 청년 공간에 대한 필요성을 딱히 인식하고 있지 않았다. 고등학교를 졸업하고 사회로 나간 청년들은 어디든지 자유롭게 갈 수 있다고 생각했기 때문이다. 하지만 그동안 우리 청년들은 건강하게 성장하고 있었을까. 아닌 것 같다. OECD 청소년 자살률을 살펴보면 우리나라는 여전히 상위권이다. 대학 진학, 진로 선택, 취업, 결혼 등 사회로부터 요구되는 끝없는 과제들로부터 청년들은 결코 자유롭지 못하다.

서울시 역시 같은 고민을 하고 있었고, 무중력지대라는 사업을 먼저 제안했다. 청년들의 꿈을 실현할 수 있도록 그들만의 공간을 지역사회 곳곳에 마련해주자는 내용이었다. 사회가 요구하는 여러 의무와 책임, 사회가 가하는 중력에서 벗어날 수 있는 자유로운 공간이라는 의미로

무중력지대 내부 공간

'무중력지대'라는 이름을 붙였다.

2015년 대방동 무중력지대를 시작으로 2018년에는 도봉, 성북, 그리고 서대문에 무중력지대가 조성되었다. 특히 서대문구에는 두 곳의 무중력지대가 있다.

'무중력지대 홍제'는 유진상가 2층에 위치한 316㎡ 면적의 규모로, 여기모두 '오로라'(메인홀), 뭐든지할수있'달'(협업공간), 공부 '행성' 남주나(세미나실), 함께 밥해가 '지구'(공유주방), 나 지금 쉴 '태양'(휴식지대), 놀아도 일 '은하계'(운영사무실) 등 그야말로 청년들의 취향을 고려한 센스 있는 이름의 공간들로 구성되었다. '무중력지대 무악재'는 서울지하철 3호선 무악재역 1번 출입구 옆에 지상 4층, 연면적 133㎡로 조성되었고, 청년예술가 지원과 지역문화 생태계 형성을 위한 창의예술 공간으로 특화해 전시, 공연, 세미나와 소규모 야외행사 및 소셜다이닝이 가능한 다양한 공간으로 꾸며졌다.

공간 조성에 그치지 않고, 서울시 청년기본조례에 근거해 강연과 포럼, 공연과 소셜다이닝 등 청년들의 다양한 활동도 지원하였다. 청년 도담도담 클래스, 무중력지대 서대문 멤버십, 청년평화지대, 청년 씨앗,

유진상가 재생 등의 사업을 추진하였고, 지역 청년생태계를 연구하며 청년 콘텐츠 공유 온라인플랫폼도 구축했다. 더불어, 서대문 청년네트워크, 서대문 청년정책 워킹그룹, 서대문 청년 공간 네트워킹 등의 사업도 함께 지원하였다.

성과와 한계

무중력지대는 플리마켓, 홍제(展) 엽서쓰기와 같은 오픈행사를 통해 지역주민들의 친밀감을 높이고, 다양한 네트워크 모임, 전시, 주방공유, 소규모 강연 등을 통해 청년들의 활동을 유도하고 있다. 관악구, 대전 대덕구 등에서 무중력지대를 벤치마킹하기 위해 방문투어를 진행하기도 했다.

아쉬운 점도 있다. 무중력지대 홍제 및 무악재를 방문하는 일일 평균 방문자수가 아직 저조하다. 물론 코로나19의 영향이 크다. 청년 공간에 대한 지역 주민들의 이해도가 아직 낮고, 신촌 가좌 등 청년밀집지역인 대학가에서 멀리 떨어진 곳에 자리 잡은 지리적 영향도 있을 것이다. 그러나 더 중요한 것은 무중력지대를 심각한 취업난에 시달리는 청년들에게 따뜻한 안식처로 인식시키기 위한 우리 지방정부의 노력이다. 단순히 공간만 제공하는 수준에 안주하지 말고, 청년들의 실질적인 목소리에 귀 기울여야 한다. 아울러 청년 문화예술활동을 지원하고 있는 신촌문화발전소, 신촌 파랑고래, 창작놀이센터 등과도 기능이 겹치지 않도록 무중력지대만의 특색을 키울 필요도 있다.

이러한 과제들은 청년들과의 소통으로 풀어나갈 수 있다고 믿는다. 앞으로 청년들과 함께 하는 기회를 더 많이 만들고 싶다. 무.중.력.지.대.

명칭 그대로 사회의 중력에서 벗어나 자유로운 청년들의 아이디어로 이 공간이 더욱 빛나길 기대한다.

무중력지대 홍제

무중력지대 무악재

지역재생의 상징물이 될 수 있는 앵커시설을 만든다면?

신촌플레이버스 : 청춘문화를 DJ하다

2014년 겨울, 연세로 스타광장에서 흥이 넘치는 공연이 펼쳐졌다. 공연 무대 뒤에 서있던 빨간 버스는 추운 겨울날씨에 너무나도 잘 어울렸다. 헤드폰을 쓰고 있는 모습과 카세트테이프 모양의 입구가 앙증맞고 귀엽다. 빨간 버스의 이름은 '신촌 플레이버스'다.

신촌 플레이버스의 탄생을 축하하는 첫날 식전공연으로 연세대 대표 락밴드 소나기가 멋진 공연을 펼쳤다. 신촌블루스의 흥이 넘치는 공연과 일기예보의 공연까지 모두 함께 즐거운 시간을 보냈다.

비록 버스 하나 크기의 넓지 않은 공간이지만, 신촌 플레이버스 내부는 신촌의 역사와 문화를 담은 세 영역으로 구성되었다. 신촌을 소개하는 관광 홍보물을 비치하고 안내데스크가 자리한 '웰컴 투 신촌', 전문 예술인들의 공연이 가능하도록 전문 장비가 갖춰진 DJ 박스와 개인 인터넷 방송이 가능한 방송 공간으로 꾸며진 '음악체험ZONE', 그리고 신

▲ 신촌 플레이버스 외관

▼ 신촌 플레이버스 내부 모습

촌의 과거와 현재의 모습을 소개하는 '신촌의 청춘이야기'이다.

가장 인기가 많은 공간은 아무래도 음악체험ZONE이다. 신청자에 한해 일인방송 및 DJ공연이 가능하며, 150개의 LP판과 CD가 비치되어 있다. LP나 CD가 생소한 어린 아이들도, 옛시절을 그리워하는 중장년층도 함께 즐길 수 있는 공간이기에 많은 관심을 받고 있다. 서울시 거주 예비부부에게는 프러포즈 이벤트의 기회를 제공하여 특별한 추억도 선사했다.

모두의 참여를 통해 만들어 가는 플레이버스

유명 설치미술작가인 배수영 작가의 작품인 신촌 플레이버스는 중국과 일본의 여행객들이 한국을 여행하기 전에 가장 많이 참고하는 유명 웹사이트인 '코네스트'(https://www.konest.com)에 꼭 둘러보아야 할 명소로 소개되었다. 운영을 시작한지 1년도 채 되지 않아 많은 이들에게 사랑을 받은 것이다. 하지만 단순한 명소를 만드는 것만으로 그치고 싶지는 않았다. 지속력을 가지고 사람들을 끌어들이기 위해서는 유형적인 시설 못지않게 무형적인 콘텐츠도 함께해야 한다는 판단이 들었다. 그래서 다양한 참여형 콘텐츠를 고안했다.

개관 1주년을 맞은 2015년 12월에는 팟캐스트 릴레이방송, 오행시 짓기, 미래로 보내는 편지 등 다양한 기념행사를 진행했다. 시민들의 축하 메세지와 인터뷰, 기념 영상물도 상영하며 지난 1년간의 시간을 함께 공유했다. 또 팟캐스트 공모전도 개최했다. 팟캐스트 방송에 관심이 있으면 누구나 정치, 종교, 성인물을 제외한 모든 주제로 응모할 수 있게 하여 최종적으로 5개 작품을 선정했다. 수상팀에게는 스튜디오와 녹음장비를 대여하여 무료로 콘텐츠를 제작할 수 있도록 지원하였고, 3개월 이상 신촌 플레이버스에서 라디오 팟캐스트 방송을 할 수 있는 기회를 제공했다. 2016년 3월에는 EBS FM '잉글리시 고고' 봄 개편 특집 공개방송을 진행했고, 개그맨 정종철이 이끄는 '비트파이터 크루'가 역동적인 공연을 선사해 눈길을 끄는 등 시너지 효과를 내기 위한 다양한 시도를 했다.

팟캐스트 공모전 홍보

때로는 신촌 플레이버스가 작은 갤러리가 되기도 했다. 서대문청소년수련관 캘리그라피 강좌에 참여한 수강생들의 작품을 전시했다. 관광객이 많이 찾는 신촌의 중심지이다보니 캘리그라피를 넣은 부채, 책갈피, 컵 등 생활용품 작품에 외국인들이 많은 관심을 보였다.

2017년에는 음악서비스 업체인 지니뮤직과 함께 '연세로 뮤직스트리트' 조성을 추진하기 위해 업무 협약을 맺었다. 사업 추진을 위해 연세로 양방향으로 가로 세로 1m의 아트 디자인 블록 40개를 설치했다. 이 디자인 블록의 QR코드와 가로등 무선 스피커를 통해 지니뮤직이 제공하는 여러 장르의 음악을 무료로 들을 수 있다. 점심시간과 퇴근시간에는 전문 DJ 또는 대학교 방송부와 연계하여 신촌 플레이버스를 활용한 음악방송을 진행하여 좋은 평가를 받았다.

신촌 지역에 위치한 독수리다방, 미네르바, 홍익문고, 공씨책방과 함께 신촌의 명소로 선정된 신촌 플레이버스는 신촌의 새로운 중심지가 되고 있다. 내국인뿐만 아니라 외국인들의 발길도 잦아졌다. 신촌 플레이버스가 상징하는 신촌의 옛 감성과 문화가 지금도 여전히 힘을 가지고 있다는 의미다. 지역재생이란 단순한 시설 조성만으로 끝나는 게 아니라 이렇듯 내실 있는 문화 콘텐츠가 함께 필요하다는 사실을 플레이버스가 가르쳐주었다.

연세로 보행자우선도로, 연세로 대표 축제, 문화발전소, 인근 대학 등 지역환경과 인프라가 조화를 이루어 한때 낭만의 거리였던 신촌이 제2의 전성기를 맞이하여 문화와 예술이 상존하는 문화예술의 공간으로 오래 지속되길 기대한다.

지하보도공간도 창의적으로 활용할 수 있지 않을까?

창작놀이센터 – 청소년 아지트 쉼표

시와 통기타, 그리고 다방. 낭만이 가득했던 신촌은 청년들의 '아지트'로 자주 등장했다. 그러나 2000년대에 들어서면서부터 신촌 대학가를 대표하던 다방과 극장이 하나둘 사라지고 대신 대형 브랜드와 상업시설이 그 자리를 채웠다. 그 과정에서 신촌의 낭만이 사라지는 것 같아 안타까웠다. 단순히 옛 추억을 되새기는 복고적인 차원이 아니라, 현대 사회에서도 경쟁력을 지니는 문화 콘텐츠로서의 신촌을 되살리고 싶었다.

또한 지역의 숙원인 신촌상권 활성화를 위해서도 문화 콘텐츠가 필요했다. 문화가 활성화되어야 사람이 찾아오고, 그래야만 상권이 살아날 수 있기 때문이었다. 그렇기에 연세로 대중교통전용지구 운영과 연계하여 다양한 축제를 개최하거나 유치했다. 연세로에서 시작한 물총축제, 맥주축제 등이 서대문의 대표 축제로 자리를 잡아 갔다.

축제는 언제나 사람들로 붐볐고 흥이 넘쳤다. 어떻게 숨기고 있었나

싶을 정도로 청년들의 끼와 에너지는 넘쳐흘렀다. 함께 모여 기획하고 연습하는 문화공간에 대한 수요도 함께 높아졌다. 한 명 한 명이 가진 재능을 여럿이 모여 갈고 닦으면 다 함께 성장할 수 있으리란 기대감도 들었다. 우리 청년들의 폭발적인 에너지가 BTS로 K-POP으로 전 세계의 청년들을 사로잡고 있는 것을 볼 때 행정에서 조금만 더 청년들의 활동을 거든다면 K-culture가 지속가능할 것이라는 생각이 들었다. 즉, 마음껏 노래하고 춤추고 연기할 수 있는 문화예술활동 공간을 마련해주는 일이 필요했다.

방치된 유휴공간을 되살리다

하지만 새로운 건물을 지어 공간을 조성하는 것은 무척이나 많은 시간과 예산이 드는 일이었다. 고민을 거듭하던 중 발견한 곳이 바로 연세대학교 정문 옆 지하보도공간이었다. 1978년에 건설되었으나 2014년 지상에 횡단보도가 생긴 이후 이용률이 급감해 거의 방치되다시피 한 공간이었다. 심지어 밤 시간에 범죄라도 발생하지 않을까 하는 불안과 우려를 사기도 할 정도였다.

그곳에 직접 찾아가 보았다. 넓지는 않았지만 기다랗게 뻗어있어 결코 좁은 공간은 아니었다. 지하 공간이라는 단점은 어떤 악기를 연주해도, 고음으로 노래를 해도 소음에 대한 걱정을 하지 않아도 된다는 장점일 수도 있었다. 동굴 같은 아늑한 느낌이 비밀아지트 같은 느낌을 자아냈다. 후에 창작놀이센터의 별칭으로 연세대 대표 상징물인 독수리를 넣어 '독수리 아지트'로 불린 것도 그래서인 듯하다.

후보지를 선정한 후 관 주도가 아닌 이용자의 취향과 기준을 고려하고

창작놀이센터 입구

자 토론회와 설문조사를 진행했다. 지역주민, 인근 대학 학생, 신촌번영
회 상인 등이 단순 참여를 넘어 직접 공간 구성과 운영 방향에 대해 논의
했고, 그들의 의견을 사업 추진에 반영했다.

　소공연장, 연습실, 세미나실 등으로 활용할 수 있는 공간을 조성하고,
빔 프로젝트, 음향시설 등도 갖췄다. 2016년 7월 오픈과 함께 청년예술
가네트워크, 서울거리아티스트협동조합, 한국버스킹협동조합, 연세대
총학생회, 신촌 소상공인회 등이 참여한 '창작놀이센터 공동운영단'이
구성되어 운영을 맡았고, 창업카페는 서울시와 연세대 창업지원단이 운
영하기로 했다.

라디오방송 제작교육 실습 진행   도시재생 아카데미 수업 진행

창작놀이센터에서는 강연회, 콘서트, 독립영화 상영, 창업프로그램, 창업멘토링 등이 활발히 진행되었다. 퇴근 시간에 살짝 들여다보니 방과후지도사들이 현재 교육현장에서 활동 중인 댄스 지도자를 위한 방과후지도사 워크숍을 진행하고 있었다. 직접 이야기를 들어보니 공간이 아늑하고 빔 프로젝트 등 사용이 가능해서 편리하다고 했다. 물론 여건상 약간 부족한 점도 있었지만, 온난방 시설이 잘 되어 있고 차도 무료로 마실 수 있어서 더 없이 만족스럽다고 했다.

2016년 하반기에는 서울 창의상 상생협력분야에서 최우수상에 선정되었다. 유휴공간을 재활용하여 활용도 높은 공간으로 탈바꿈한 모범적인 사례이면서, 동시에 민관 협력이 활발히 이루어지고 있다는 점이 높은 점수를 받은 요인이었다.

이후에도 공동운영단 참여 단체들이 개별적으로 미니콘서트, 예술인힐링프로젝트, 청년포럼 등을 개최하였고, 2017년에는 창작놀이센터 공동운영단과 서대문구가 기획부터 진행까지 함께 준비하여 '신촌, 청년, 문화'를 주제로 신촌 소셜아트 프로젝트를 열기도 했다. 신촌만의 청년 문화를 만들어 낸다는 취지로 개최하고 여러 주체들이 두루 참여한 모범적인 참여형 행사였다고 자부한다.

상황 변화에 따른 대응과 변화

창작놀이센터는 청년-문화-지역을 연결하는 구심점이자 청년들이 자유롭고 예술활동을 할 수 있는 거점 공간으로 활용되었다. 그러나 갑작스럽게 닥쳐온 코로나19로 인해 이용자가 급감하는 위기가 있었다. 또한 지속적인 신촌 지역 도시재생으로 인해 우리 구가 설립한 청년문화시설이 늘어나면서, 창작놀이센터에의 새로운 활용 방안을 마련할 필요가 있었다. 여러 가지 대안을 모색하던 중 서울시의 '청소년 아지트 조성 사업'을 떠올릴 수 있었다.

서대문구에는 청년 공간에 비해 청소년 활동 공간이 부족했다. 특히 서대문구 4권역 중에서도 신촌 권역에는 청소년을 위한 전용공간이 없는 현실이었다. 그렇기에 대학 인근에 위치해 있는 창작놀이센터가 위치상으로 안성맞춤이라는 생각이 들었다. 이 공간을 청소년을 위한 공간으로 바꿔보자는 생각이 들었고, 많은 사람들의 호응 하에 작업에 들어갔다.

기대한 대로 창작놀이센터는 2020년 서울시 청소년 아지트 조성사업에 선정되었다. 곧이어 리모델링에 착수했고, 이듬해인 2021년 봄에 '청소년 아지트 쉼표'라는 이름으로 새단장하여 문을 열었다. 청소년들의 교류 및 문화활동을 지원하고, 서대문경찰서와 협력해 위기 청소년을 위한 진로, 학습, 상담 등을 지원하고 있다. 아울러 공연, 놀이, 휴게공간, 그리고 미디어실 및 프로그램실 등으로 공간을 구성하여 청소년들을 위한 다양한 콘텐츠를 제공한다. 창작놀이센터의 성공 사례를 참조

창작놀이센터 관객 참여형 예술전

하여 운영 또한 청소년이 직접 주도하는 청소년운영위원회 '우비'가 맡
도록 했다.

청소년 아지트 쉼표가 서대문 청소년 문화의 중심지가 되기를 바라며,
동시에 이러한 창의적인 변화가 지역을 발전시키고 주민을 행복하게 하
는 데 크게 기여할 것이라고 감히 자부해 본다.

청년예술가들을 위한 공간은 충분한가?

신촌문화발전소 : 청년예술가를 위한 공간

청년예술가들에게 필요한 것은 무엇일까? 여러 가지가 있겠지만 그중에서도 가장 중요한 건 청년예술가들이 모여 자유롭게 창작하고 재능을 펼칠 수 있는 공간을 조성하는 게 아닌가 싶다. 물리적인 공간과 충분한 기회가 함께 뒷받침되어야만 청년예술가와 문화가 동반성장해 나갈 수 있기 때문이다. 나아가, 그런 공간이 마련된다면 지역주민들에게도 문화예술 향유의 기회를 더 많이 제공할 수 있는 기반이 될 수 있으리라는 생각도 들었다.

문제는 공간을 '어디에 조성할 것인가?'였다. 물론 서대문구 문화의 중심지는 단연 신촌이다. 그러나 유동 인구가 많고 교통의 중심지인 신촌 지역에서 유휴 부지를 찾는 것은 결코 쉽지 않은 일이었다. 다행스럽게도 오랜 시간에 걸쳐 찾아보고 고민한 끝에 적절한 곳을 발견할 수 있었다. 과거 버려진 창고 같은 빈 공간이 있던 곳이었다. 창천근린공원 및

신촌문화발전소 외관

바람산 어린이공원에 인접해있어 전망이 트여 있었다. 다소 고지대이긴 하지만 젊은 층을 대상으로 조성될 공간이기에 방문하는 데 큰 어려움은 없을 것이라 생각했다. 더불어, 공원을 찾는 지역 주민들의 호기심을 자극할 수도 있겠다는 생각이 들었다.

눈에 잘 띄지 않던 곳에 들어선 지하2층, 지상3층의 신촌문화발전소는 어두운 골목길을 훤히 밝혔다. 신촌 중심에서 다소 벗어난 바람산 공원 쪽에 위치해 있어서 건축물을 설계할 때 투명하게 보이는 유리건물로 구상하고 건물 외관도 흰색 톤의 밝은 색을 추구했다. 밖에서도 안을 볼 수 있게 하니 더욱 친근하게 느껴졌다. 지하2층은 80여명의 관객을 수용할 수 있는 소극장으로 꾸몄다. 조명과 음향장비, 스크린 등 다양한 형태의 공연을 위한 시설을 구비했고, 덧마루와 스크린도 사용 가능하다. 무대와 객석은 가변형이기 때문에 좌석배치도 또한 변경 가능하다. 소극장은 유료로 대관이 이루어지지만, 일반 소극장에 비해 매우 저렴한 편이다. 대관 시 분장실과 조명 음향장비 모두 사용이 가능해 콘서트장 못지않은 사운드 효과를 느낄 수 있다.

1층 갤러리는 작가들의 창작물을 선보일 수 있는 공간으로 활용되었다. 2층의 문화예술활동을 위한 스튜디오는 악기연주, 노래, 연극 등 다양한 문화예술활동을 자유자재로 연습할 수 있는 환경을 갖추었다. 네트워크 활동을 위한 공간으로도 이용할 수 있도록 조성했고, 대관을 통해 이용 가능한 시스템으로 운영하도록 했다.

3, 4층에는 지역주민들이 자유롭게 드나들면서 문화예술과 가까워질 수 있도록 카페와 야외테라스로 구성했다. 야외테라스에서 누릴 수 있는 신촌의 전경은 낭만적 분위기를 자아내기에 충분하다.

신촌문화발전소 지하 2층 소극장 공연 모습

　신촌문화발전소의 심볼마크는 바람산을 떠올릴 수 있도록 바람개비를 이미지화했다. 청년의 깨끗하고 정직한 느낌을 살려 파란색에서 초록색으로 변화하는 컬러를 입혔다.

　2019년 6월에는 신촌문화발전소 개관 1주년을 맞아 '다시 시작하는 신촌 : 예술로 신촌읽기'라는 프로그램을 개최했다. 아현동, 염리동 등 신촌 인근 지역을 다니며 수집한 오브제 전시와 신촌과 연관된 에피소드로 구성된 연극을 진행했다. 2020년 1월에는 미국, 호주, 유럽 등에서 공연 창작자 및 안무가로 활동해 온 아쿠 카도고 펠먼대 연극 공연예술 학부장을 초청해 세미나와 워크숍도 열었다. 여성주의 문학의 역사 등 흑인여성서사의 흐름을 이야기

신촌문화발전소 심볼

해 인상깊은 기회가 되기도 했다. 현재도 청년예술단과 함께 끊임없이 새로운 공연과 무대를 선보이고 있다. 그동안 재즈 살롱, 대학 실내악 페스티벌, 인사이드 스테이지, 신촌예술포럼 등 다양한 프로그램이 진행되어 왔다.

이곳에 굳이 '발전소'라는 이름을 붙인 이유는 많은 청년예술가들이 문화에너지를 마음껏 생산해 내기를 바라는 뜻에서다. 대한민국은 이미 K-POP을 비롯한 문화 콘텐츠의 힘을 실감하고 있다. 더욱이 코로나19로 인한 전 세계적 팬데믹은 역설적으로 국경을 초월한 문화의 위력을 증명하는 계기가 되었다. 그렇기에 신촌문화발전소가 새로운 청년문화 콘텐츠를 만들어 가는 근원이 되어 주었으면 한다. 주민들을 위한 다양한 프로그램 및 공연을 꾸준히 제공할 수 있도록 청년예술인들과 함께 지속적인 노력을 기울이면서, 세계로 나아가는 우리 청년들의 문화 콘텐츠가 탄생하기를 소망해 본다.

〈청년예술지원 프로그램〉
초기 예술가 창작과정 지원

〈지역특별 프로그램〉
지역주민과 소통을 위한 공연, 예술체험

〈지역기반 예술창작 프로그램〉
지역기반 예술가의 공연 지원

상권 불균형, 문화로 해결할 수 있을까?
신촌, 파랑고래

원더풀 페스티벌, 윈드 오케스트라 페스티벌, 신촌 왈츠 페스티벌 등 다양한 축제가 연중 내내 열리는 연세로. 연세로는 지역상인들과 시민들의 호응 속에 '차 없는 거리' 운영이 확대되었다. 즉 2018년 5월 4일부터는 금요일 오후부터 일요일까지로 차 없는 거리를 하루 더 확대함으로써 자연스레 문화와 예술이 구민들의 일상 속에 자리 잡도록 한 것이다.

이러한 과정을 거쳐 연세로는 눈에 띄게 활성화되었다. 늘 사람들로 붐볐고 화려한 조명과 음악 속에 반짝반짝 빛이 날 정도였다.

하지만 연세로에서 벗어나 이면도로로 들어가면 사정이 달랐다. 주변은 여전히 어둡고 한산했다. 신촌지역 문화행사가 연세로 중심 거리에만 몰린다는 목소리도 있었다. 문화예술생활뿐만 아니라 상권의 문제이기도 했다. 이러한 불균형을 해소하기 위한 방안을 고민할 필요가 있었다.

화려한 조명과 음악 속에 반짝이는 연세로 거리

연세로 이면도로에 접한 창천문화공원을 정비하면 어떨까 하는 아이디어가 떠올랐다. 연세로 문화행사와 함께 시너지를 내면서 문화재생과 지역 경제 활성화로 이어질 수 있도록 할 생각이었다. 그러나 문제가 있었다. 창천문화공원에는 1977년부터 운영돼 오던 창천경로당이 자리 잡고 있었는데, 이곳을 이용하고 있는 어르신들이 경로당 이진을 강력히 반대했다. 280m 떨어진 곳에 새 건물을 확보하고 엘리베이디와 체력단련실, 텃밭을 갖춰 새롭게 경로당을 꾸미겠다는 청사진을 제시했지만 어르신들은 여전히 내켜하지 않았다.

무작정 공사를 서두르지는 않았다. 필요한 건 대화와 소통이었다. 어르신들과 100여 차례 간담회를 열었다. 꾸준히 이야기를 나누고 설득한

창천경로당이 이전된 자리에 파랑고래가 들어섰다.

결과 마침내 동의를 받을 수 있었다.

경로당 이전 문제가 해결되자 창천문화공원을 개선하기 위한 아이디어를 모았다. 조명을 추가하여 주위를 밝히면서 동시에 활용성을 높이고 싶었다. 연세로와 함께 시너지를 낼 수 있도록 문화예술활동과 관련된 공간을 조성하기로 했다.

야외공연장, 연습실, 커뮤니티 라운지와 다목적홀을 갖춰 주민들도 자유롭게 참여하고, 청년 창업과 일자리 창출을 위한 창업지원 공간으로도 활용할 계획을 수립하였다. 독창적인 설계안을 찾기 위해 공모를 시행했다. 2019년 5월, 마침내 독특한 건물이 모습을 드러냈다.

건물 외관에는 수많은 쇠붙이를 매달아 표면을 덮었다. 쇠붙이 조각들은 모빌처럼 흔들리며 반짝이는 빛을 만들어 낸다. 어떤 각도에서 바라봐도 똑같지 않도록 정형성을 탈피함으로써 청년들이 가슴 속에 품은 저마다의 이야기를 표현하려는 의미였다.

당초 이 건물의 명칭은 '신촌 청년문화전진기지'였다. 하지만 건립 배경과 취지를 알리면서 시민들의 관심과 참여를 끌기 위해 명칭을 공모했

축 이전된
천경로당
.9.17.준공)

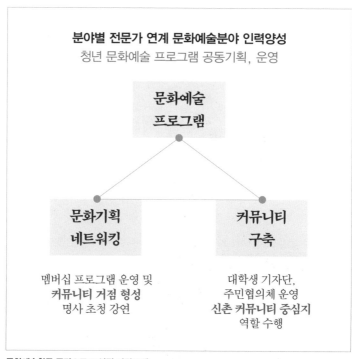

분야별 전문가 연계 문화예술분야 인력양성
청년 문화예술 프로그램 공동기획, 운영

문화예술
프로그램

문화기획
네트워킹

커뮤니티
구축

멤버십 프로그램 운영 및
커뮤니티 거점 형성
명사 초청 강연

대학생 기자단,
주민협의체 운영
신촌 커뮤니티 중심지
역할 수행

문화예술활동 공간으로 조성된 파랑고래

다. 총 326건의 제안이 접수되었으며 내부 회의와 전문가 자문단을 통해 신촌, 파랑고래란 명칭을 선정했다. 건물 입구가 고래의 입 모양을 닮은 것에서 착안했으며 청년의 맑고 푸른 이미지를 담은 이름이었다.

건물은 총 지하1층, 지상3층의 규모로 1층에는 지역 소식의 사랑방 역할을 하는 라운지가 있고, 2층에는 아이디어를 공유하고 문화 기획 작업을 할 수 있는 '파랑고래실'이 있다.

3층에는 공연, 시청각자료 감상, 회의, 강연 등 다양한 용도로 활용할 수 있는 다목적 공간인 '꿈 이룸 홀'이 있다. 150여 명이 이용할 수 있는 규모이다. 지하 1층에는 연습실을 조성하였고, 옥상에는 벽을 높게 세

파랑고래 외관

2층 파랑고래실

파랑고래 3층 하늘 오아시스

위 독립된 공간을 확보했다.

건물 외부에는 누구나 휴식을 취할 수 있도록 건물 밖 공원 내에 나무를 추가 식재하고 벤치도 설치했다. 건물 앞 공터와 계단이 연결되어 있어 계단이 무대이자 공터를 바라보는 객석으로도 활용될 수 있는 그야말로 열린 공간으로 조성했다.

공간을 본격적으로 개관하기 전, 신촌, 파랑고래와 창천문화공원 일대에서 2030세대 문화행사를 기획할 청년 문화기획단을 구성했다. '밀레니얼공작소'라는 이름으로 신촌, 파랑고래 3층 다목적홀에서 발대식을 가지고 출범했다. 강연팀, 공연팀, 공원프로그램팀 등 총 37명으로 구성되었다. 팀별 기획활동 및 전체 워크숍 등을 통해 문화행사 기획 단계부터 실행까지 직접 맡아 진행하기로 한만큼 2030세대의 이목을 끌 참신한 아이디어가 기대되었다.

2019년 4월 신촌, 파랑고래 개관에 앞서 사전 행사를 개최하였다. '4차 산업혁명 시대의 창의적 인재상'을 주제로 한 강연프로그램 〈신.촌.만.남〉이었다. 유명 여행 커뮤니티 대표, 카카오 창작자플랫폼 파트장, 유튜브 크리에이터 등이 강연에 참여해 각 분야에서 필요한 창작력 및 노하우 등을 공유했다. 최신 트렌드에 맞는 직업군인 만큼 청년들의 관심이 뜨거웠다. 이후 신촌, 파랑고래가 드디어 2019년 5월에 문을 열었다.

개관 이후 신촌, 파랑고래에서는 인

〈신.촌.만.남〉 포스터

타운홀미팅 진행

근 대학과 연계하여 문화, 패션, 음악 등 다양한 분야에 걸쳐 포럼, 세미나 등 다양한 활동이 펼쳐졌다. 특히, 4개 대학, 10개 학과 학생들이 지역과 연계하여 진행하는 2019년 상반기 대학-지역연계수업 타운홀미팅이 신촌, 파랑고래 꿈이룸홀에서 개최되었다.

신촌, 파랑고래에 방문한 청년들은 무료로 대관이 가능한데다 자유롭게 공부도 하고, 토론할 수 있는 공간이라는 점에서 만족스럽다는 평을 내놓았다. 개별적으로 활동하던 대학동아리나 청년 단체 등도 신촌, 파랑고래를 활용하면서 창천문화공원 방면으로 청년들의 유입이 증가하고, 공원 내 버스킹과 공연도 자유롭게 펼쳐지면서 공

호캉스 말고 고캉스 홍보 포스터

창천문화공원은 파랑고래와 함께 주민이 모이는 공간으로 재탄생했다.

원 주변까지 함께 활성화되었다.

청년창업지원을 위한 교육프로그램도 주기적으로 열었다. 당해 7월에는 호캉스에서 착안해 파랑고래에서 더위를 잊고 즐기자는 의미를 담아 제1회 신촌, 파랑고래 멤버십 데이 '호캉스 말고 고캉스'를 개최했다. 여름나기를 주제로 한 골든벨 퀴즈, 돗자리 펴고 수박화채 나누기 등으로 꾸며진 본 행사는 첫 회인만큼 선착순 30명 내외로 참여자를 모집하였다. 이날 행사에 이어 대학생과 청년, 지역주민을 대상으로 하는 '신촌, 파랑고래 멤버십 회원'을 모집했다. 이는 회원들에게 각자가 선택한 취미나 관심사에 따른 지역 정보를 제공하고 신촌, 파랑고래에서 열리는 문화 프로그램 등을 안내하는 프로그램으로 상당한 호응이 있었다.

내게는 꿈이 있다. 신촌 전체를 청년문화벨트로 조성하고자 하는 목표다. 2014년에 문을 연 신촌 플레이버스를 비롯해 신촌문화발전소와 신촌 박스퀘어, 청년창업꿈터 등 그동안 우리 구가 설립한 다양한 청년 지원 시설들을 연계하여 청년문화벨트로 구성할 생각이다. 청년들이 희망을 가지고 꿈을 향해 도전할 수 있는 기회와 공간을 최대한 많이 제공하는 것이 지방정부인 서대문이, 그리고 국가가 해야 할 일이라 생각한다. 신촌이 누구나 사용할 수 있는 열린 공간인 동시에 청년문화 활동가들의 허브로서 그 역할을 충실히 해 나가게끔 한다면 이룰 수 있는 꿈이라 생각한다.

물론 단기간에 해낼 수 있는 일은 아니다. 3선 구청장으로서 내게는 임기 제한도 있다. 그러나 지금 내가 할 수 있는 일은 최대한 해놓고, 나머지는 뒷사람에게 맡기고 싶다. 그리고 내가 틀을 잡아놓은 그림이 점차 완성되어 가는 과정을 지켜볼 수 있다면 그것이야말로 나의 큰 행복일 것이다.

수상실적

▶ 2020년 대한민국 국토대전 장관상 수상(국토교통부 주관)
▶ 2020년 제14회 대한민국 공공건축상 특별상 수상(국토교통부 주관)
▶ 2020년 대한민국 공간문화대상 장관상 수상(문화체육관광부 주관)
▶ 2022년 거버넌스 지방정치대상 대상 수상[(사)거버넌스센터 주관]

신촌, 파랑고래는 청년문화 활동가들의 허브로 다양한 문화예술이 함께하는 공간이다.

지방정부와 대학이 어떻게 협력할 수 있을까?

신촌 에스큐브 캠퍼스타운

누군가가 서대문구의 특색을 물어볼 때마다 항상 언급하는 점이 있다. 바로 관내에 무려 아홉 개나 되는 크고 작은 대학이 위치해 있다는 점이다. 간혹 어떤 지방정부는 관내에 대학이 있는 것을 내키지 않아 하는 경우도 있다. 지방세와는 크게 관련이 없는 대학의 특성상 대학이 있다고 해서 지방정부에 재정적으로 도움이 되지는 않는 구조이기 때문이다.

하지만 그건 지나치게 재정 중심으로만 바라보는 편견이 아닐까. 관내에 대학교가 있음으로 해서 그곳에 활력이 생기고 지역 상권이 살아나는 장점이 있음을 잊어서는 안 될 것이다. 그리고 무엇보다도, 대학교를 중심으로 모이는 20대 초중반의 청년들은 그 자체로서 거대한 가능성이다. 그들과 힘을 합친다면 지방정부가 해결하기 어려운 과제들을 의외로 쉽게 해결할 수도 있다. 그러한 취지에서 나는 임기 중 지속적으로 서대문 지방정부와 대학교들 사이의 협력관계를 추구해 왔다. 신촌 에스큐브 또한 그 과정에서 나온 소중한 결과물이다.

청년 창업을 위해 대학교와 지방정부가 힘을 합치다

대한민국이 과거의 급격한 경제 성장기를 지나 선진국의 반열에 접어들면서, 청년의 일자리 문제는 점점 더 중요성이 커지고 있다. 물론 대학교도 졸업생들의 취업이나 창업 문제를 해결하기 위해 여러모로 노력을 기울이고 있지만 쉽지 않은 과제다. 서울시의 캠퍼스타운 사업은 그러한 고민들을 해결하기 위해 시작된 것으로, 대학과 지역 간의 협력을 통해 여러 문제를 해결하면서 대학과 청년과 지역주민이 다 함께 상생할 수 있는 지역 공동체를 구축하는 것을 목표로 하고 있다.

캠퍼스타운 사업의 가장 핵심적인 과제는 물론 청년의 창업이다. 현재 미국의 IT사업을 선도하고 있는 기업의 창업자들은 대학교에 다니거나 중퇴한 20대 초중반에 회사를 세운 경우가 많다. 마이크로소프트의 빌 게이츠나 페이스북을 만든 마크 저커버그가 그렇다. 테슬라의 일론 머스크 역시 대학을 자퇴하고 연달아 창업에 성공함으로써 명성을 날렸다.

물론 그런 창업이 결코 쉬운 일은 아니다. 오히려 매우 어렵다. 성공이 담보되지 않기에, 창업 과정에서의 수많은 현실적 난관을 감당하지 못하고 실패하는 경우가 대부분이다. 그럼에도 불구하고 단 하나의 아이디어가 때때로 수천 수만 개의 일자리를 만들어 내고 심지어는 전 세계에 영향력을 끼치기도 하는 4차 산업혁명 시대이기에, 창업을 원하는 청년들을 지원하기 위해 지방정부와 대학교가 힘을 합쳐 캠퍼스타운 사업을 진행하고 있다. 서대문구 역시 지역의 크고 작은 대학들과 힘을 합치고 있으며, 그중에서도 연세대학교와의 협력 사업은 서울시로부터 4년간 100억 원을 지원받는 종합형 캠퍼스타운 사업에 선정되어 가장 큰 규모로 이루어지고 있다.

서대문과 연세대학교 협력의 상징, 창업 공간 에스큐브

에스큐브는 서대문 지방정부와 연세대학교가 협력하여 추진하는 청년 창업 지원사업의 결실이다. 서대문구가 공간을 제공하고, 연세대학교의 학생들이 이곳에 입주하여 창업을 위해 노력한다. 에스큐브(S^3)라는 이름은 "스타트업 기업(start-up)이 시작(start)되는 신촌(sinchon)"이라는 뜻으로 각각의 첫 글자'에스(S)'에 세제곱을 뜻하는 '큐브'를 붙여 신촌을 대표하는 창업 거점이라는 의미를 담았다.

에스큐브 1호점은 본래 창천노인복지센터로 사용하던 서대문구 소유 건물을 리모델링하여 만들어졌다. 2020년에 4층 규모로 조성했고 내부는 개별사무실 및 코워킹 스페이스(Co-working space) 등 공동 공간으로 이루어져 있다. 2021년을 기준으로 캠퍼스타운 사업에 참여하는 총 60개의 창업팀이 입주해 있는데, 연세대학교 캠퍼스타운사업단이 시행한 창업경진대회에 참여한 총 261개 팀을 대상으로 엄정한 심사를 거쳐 선발했다. 아울러 운영을 위한 전담팀을 따로 두고 시설관리 및 창업상담을 진행하는 등, 청년의 창업을 전방위적으로 지원해 주는 공간이라 할 만하다.

특히 에스큐브에 입주하여 사업을 운영할 창업팀은 '연어형 창업팀'과 '학생형 창업팀'으로 나누어 구성했다. '연어형 창업팀'은 지역의 대학을 졸업하고 사회로 진출했던 학생들이 다양한 사회경험을 축적하고 다시 대학으로 돌아와 그간의 경험을 바탕으로 창업하고자 하는 팀이고,

신촌 에스큐브 1호점 위치도

신촌 에스큐브 1호점 외관

신촌 에스큐브 2호점 내부

'학생형 창업팀'은 참신하고 다양한 아이디어로 창업을 하고자 하는 학생들로 구성되었다. 이 두 유형의 창업팀이 경험자의 노련함과 청년의 참신함이라는 서로의 장점을 공유한다면 더 큰 효과를 만들 수 있으리라 생각했다.

에스큐브 2호점은 이듬해인 2021년에 신촌 기차역 맞은편 건물의 두 개 층을 임차하는 형태로 조성했으며 총 11개 팀이 입주했는데, 비록 1호점에 비해 입주하는 팀은 적지만 그 대상을 창업 고도화 단계에 들어선 성장기업으로 하여 1호점과의 차별화를 꾀했다. 이러한 노력은 실질적인 결과로 나타나고 있다. 에스큐브에서 지원받던 창업기업 중 반려견을 위한 보호대를 개발한 (주)포베오는 1년 만에 12억 매출을 달성하는 의미 있는 성과를 내기도 했다.

뿐만 아니라 3호점 개관도 순조롭게 추진되고 있다. 지금 건립 중인 신촌 청년주택에서 기부채납 예정인 1개 층을 에스큐브 3호점으로 사용하려는 복안이다. 2022년 하반기에 완공이 되고 나면 연세대학교와 논의를 거쳐 세부적인 활용 계획이 수립될 예정이다.

청년에게 실패할 기회를 주자

실패는 성공의 어머니라는 격언이 있다. 실패를 겪어 본 사람은 그 실패를 거울삼아 다시 시도한 끝에 성공에 이를 수 있다는 뜻이다. 하지만 지금 청년들이 쉽사리 창업에 도전하지 못하는 이유는, 단 한 번의 실패로 인해 다시 일어설 수 없게 되는 위험성이 존재하기 때문이다. 대한민국이라는 국가 전체의 입장에서 보면 이는 바람직하지 못하다. 성공이란 무수한 실패 속에서 비로소 피어나는 꽃이기 때문이다.

그렇기에 에스큐브가 청년이 실패할 기회를 주는 공간이 되기를 바란다. 에스큐브에 입주한 청년들이 도전하고 실패하는 과정에서 흘린 땀방울들이 한데 모여 마침내 아름다운 꽃으로 피어나기를 바란다. 그리하여 에스큐브에서 한국의 마이크로소프트나 한국의 아마존닷컴이 태어날 수 있다면 그보다 더 행복할 수는 없을 것이다.

사람이
만들어 가는
도시

2부

전환

3장

오래된 고가도로의 보존가치 vs 도심미관?
3대 고가도로 철거

그때는 맞고 지금은 틀리다

수십 년 동안 서울시민의 삶에 기여하면서 서울과 함께 성장해온 상징물이 있다. 바로 고가도로이다. 폭발적으로 증가하는 서울시 인구와 이에 따른 교통문제를 해결하기 위해, 서울시에서는 1960년대 말부터 고가도로를 건설했다. 그렇게 건설된 고가도로는 30~40년 동안 교통흐름에 핵심적인 역할을 담당했다.

하지만 시대가 흐르고 도시의 패러다임이 변화함에 따라 고가도로의 의미가 퇴색되기 시작했다. 본래 원활한 교통을 위해 만들었던 고가도로가 오히려 교통의 흐름을 방해하였고, 또 도시 경관을 해치는 흉물이 되기도 했다. 건설된 지 오래 지나다 보니 안전문제도 있었다. 해결이 필요했다.

서대문구에는 홍제, 아현, 서대문 등 세 곳의 고가도로가 있었다. 이들의 철거는 사람중심의 도시로 변화하기 위한 자연스러운 흐름이었다.

오랜 논의와 협의 끝에 마침내 2012년 4월, 설치된 지 35년 만에 홍제 고가도로가 역사 속으로 사라졌다. 2014년 3월에는 1968년에 개통한 우리나라 최초의 고가도로인 아현고가가 철거되었다. 이어서 2015년 11월, 서대문고가까지 철거되면서 서대문구의 3대 고가도로가 자취를 감췄다. 이에 따라 고가도로 주변에서 늘 발생해왔던 병목현상, 교차로에서의 혼잡문제, 내부순환로 이용에 따른 상습적인 정체 등이 해소되었다.

　고가도로 철거가 논의될 때마다 제기되었던 문제가 있었다. 고가를 없앨 경우 교통혼잡과 체증이 심해질 것이라는 우려였다. 그러나 실제로는 고가 철거 이후에 오히려 교통 혼잡이 줄어들었다. 고가 철거 전후의 교통량을 비교하면 오히려 고가가 없을 때의 교통흐름이 더 좋아진 것이었다. '그때는 맞고 지금은 틀리다.' 주변의 도시경관 또한 좋아져 주민들의 만족도도 매우 높았다.

홍제 고가도로

1977년 준공한 홍제 고가도로는 주변 버스와 승용차간 흐름을 원활하게 하기 위해 철거가 결정되었다. 아울러 동시에 통일로와 의주로 사이에 단절되었던 중앙버스전용차로 전구간이 개통되었다. 덕분에 대중교통 이용 편의성이 훨씬 높아졌다. 양방향 차로가 각 1차로씩 확장되면서 홍은사거리로 연결되는 주요도로의 상습 차량정체도 함께 개선되었다.

　뿐만 아니라, 안산과 인왕산 등 홍제권역을 둘러싸고 있는 자연경관의 조망권이 확보되어 도심미관이 개선되었고, 도로확장과 대중교통 이용이 편리해지면서 주변 지역상권도 활기를 띠기 시작했다. 이에 따라 '홍제 고가도로 철거'사업은 서대문구민 대상 구정만족도 실시 결과, 도시

홍제고가 철거 전 도심의 흉물로 전락한 고가도로는 사람중심으로의 도시변화에 따라 철거가 결정되었다.

홍제고가 철거 후 중앙버스전용차로가 개통되고 안산과 인왕산 등 홍제권역을 둘러싸고 있는 자연경관의 조망권이 확보되었다.

환경정책 중 가장 만족하는 사업 1위로 선정될 정도였다.

아현 고가도로

아현 고가도로는 1960년대 이후 산업
화와 경제발전에 따라 늘어나는 인구,
자동차, 교통량을 해소하고자 1968년
에 건설되었다. 우리나라 최초의 고가
도로로서 역사적 의미가 매우 깊다. 그
러나 40년이 넘게 사용되다 보니 안전
성에 문제가 발생할 뿐만 아니라 변해

**1968년 아현 고가도로가 생길 당시 신촌,
대현동 방면의 주변 풍경**

가는 도심 속 경관을 해치게 되었다. 실제로 노후화된 다리를 보수하느
라 연간 유지비용만 4억여 원이 소요되는 등 골칫거리로 전락하고 말았
다. 게다가 2011년 정밀안전진단에서는 보수, 보강에 80억 원의 비용이
든다는 결과가 나올 정도였다.

결국 아현 고가도로는 46년 동안 제 역할을 다하고 대한민국에서 16
번째로 철거되는 고가도로가 되었다. 고가 노후화로 인한 막대한 유지
보수비용, 주변 지역의 발전 저해, 환경과 도시미관의 부조화 등 오래 묵
혀 있던 문제들을 해결하고자 했던 주민 숙원 사업이기도 했다.

아현고가의 마지막 날인 2014년 2월 8일에는 아침부터 눈발이 흩날렸
다. 아현고가와 함께 청춘을 보낸 시민들, 그리고 그들의 가족들까지 모
두 고가 위에 모여 지난 세월을 함께 떠나보내며 아쉬움을 표했다. 지금
은 고가도로로 인해 단절되었던 '신촌로~충정로' 구간에 2.2km에 달하
는 버스중앙차로가 설치되어 상습적인 교통체증이 해소되었다.

아현고가 철거 전

아현고가 철거 후

아현고가 철거 기념 걷기행사

서대문 고가도로

1971년에 설치되어 충정로와 광화문을 이어주던 서대문 고가도로는 5호선 서대문역을 동서로 가로지르는 외관 때문에 서울 도심의 환경을 저해한다는 민원이 많았다. 이용차량도 점점 줄어 효용성에 대한 문제제기도 있었다. 오랜 고심 끝에 서대문 고가도로는 44년 만에 철거가 결정되었다.

고가도로가 철거되자 2개 차로가 늘어난 왕복 8차로의 보행자 중심 평면 교차로가 개통되었다. 서대문역 사거리 앞 횡단보도는 사람들이 걷기 편하도록 사거리와 좀 더 가깝게 설치했다. 고가도로가 철거되고 나니 막힌 하늘이 뻥 뚫려 마음까지 시원해지는 것 같았다. 하부공간도 개방됨에 따라 침체되어 있던 상권에도 활기가 띠기 시작했다.

'개발'보다는 '안전'과 '행복'이라는 가치를 향하여

서대문구의 하늘을 가렸던 3개의 고가도로는 민선5, 6기에 걸쳐 2012년, 2014년, 2015년 차례로 철거되었다. 한 때는 서울의 경제성장을 대변하는 상징물이었지만 도시의 발전에 장애물이 되었기에 시대의 흐름에 맞는 서대문구의 도시재생과 지역개발을 위해서 철거가 반드시 필요했다. 도심의 진정한 기능과 가치를 재조명하는 중요한 시대적 상징성도 가지고 있었다. 아울러 구민의 숙원을 함께 실현한 것이기도 했다.

고가도로가 사라진 자리에는 새로운 기대와 희망이 보인다. 버스중앙차로제가 시행되면서 버스정류소가 개선되고 쾌적한 보행자 거리가 확보되었다. 사람을 중심으로 걷기 좋은 길을 시민의 품으로 되돌려 줄 수 있어 기뻤다. 뿐만 아니라 비스니스호텔인 신라스테이를 서대문역 인근

서대문고가 철거 행사

서대문고가 철거 전

서대문고가 철거 후 왕복 8차로의 평면 교차로가 개
통되었다.

에 유치하는 부가적인 성과 또한 있었다.

고가 철거 후 만들어 갈 수 있는 도시의 가능성은 계속해서 진행 중이
다. 홍제 지하보행네트워크 조성을 통해 홍제역세권을 개발할 큰 그림
을 그리고 있다. 무조건적인 개발이 아니라 주민들의 의견을 모아 원하
는 시설을 조성하고, 주민들이 직접 참여하여 '살기 좋은 동네'를 만들어

갈수 있도록 적극 지원할 계획이다.

오래 전 고가도로가 서울시내의 주요 길목이 되며 근대화의 상징이 되었듯이, 역사 속으로 사라진 고가도로의 자리가 이제는 서울의 새 길, 새 시대를 열어 주리라 기대한다.

안전과 교통 편의성! 두 마리 토끼를 잡을 수는 없을까?

주민의 숙원! 홍은사거리 유턴차로 설치

행정에서 찾은 중용, 꼭 양자택일일 필요는 없다

홍은사거리는 서대문구 교통 흐름이 집중되는 곳이다. 과거에는 이곳에서 유턴이 허용되었으나, 중앙버스전용차로가 시행되면서부터는 유턴이 금지되었다. 중앙버스차로로 진행하는 버스와 유턴하는 차량 간의 충돌사고를 막기 위해서였다. 중앙버스차로냐 유턴이냐 양자택일의 두 가지 답안만을 가지고 추진한 결과, 중앙버스차로를 도입하는 대신 유턴을 금지시킨 것이다.

유턴이 금지되자 홍제동 일대 주민들은 약 1km가 넘는 거리를 우회해야만 했다. 새롭게 경험하는 불편이 보통이 아니었고, 불만 섞인 목소리가 나오기 시작했다. 이곳에 다시 유턴차로를 설치해 달라는 주민들의 아우성이 계속되었다. 차량이 멀리 우회하지 않도록 해달라는 지역주민들과 상인들의 바람이 절실했다.

그러나 결코 쉬운 일이 아니었다. 수많은 행정절차가 겹겹이 쌓여 있었고 협의해야 할 기관 또한 많았기 때문이었다. 유턴차로 설치 협의를 처음 시작한 시점부터 무려 3년 9개월이라는 시간이 흐르고 난 뒤에야 간신히 유턴차로 공사를 시작할 수 있었고, 마침내 2015년 11월에 유턴 허용을 이루어냈다. 그리고 4년 뒤 2019년 7월에는 홍은사거리 북측도 유턴을 시행하게 되면서 홍은사거리 교통정체 구간으로 인한 주민들의 불편을 완전히 해소할 수 있었다.

불필요한 규제완화를 위한 '첫 시도', 4년간의 노력

2011년 말에 통일로에서 중앙버스전용차로 제도가 시행되면서 기존의 유턴차로가 없어졌다. 대중교통 이용자들 입장에서는 교통편의성이 증가하였으나, 차량운전자들 입장에서는 유턴이 금지됨에 따라 오히려 더 큰 불편을 감수해야 하는 처지가 되었다. 녹번동 방향 산골고개까지 가서 유턴을 하거나 서대문구청 방향으로 좌회전한 후 1.5km 정도의 먼

홍은사거리 북측 외곽방향 유턴 허용 지점도

거리를 돌아와야 했기 때문이다. 시민들의 안전을 위한 결정이었지만, 안전과 교통 편의성 두 마리 토끼를 잡을 수는 없을까 의문이 들었다. 불필요한 규제라면 바꿔야한다고 생각했다.

2012년부터 변화를 이끌어 내기 위해 서울시와 서울경찰청 등에 유턴 허용을 지속적으로 촉구했

「홍은사거리 인근 우회 불편 끝」,
– 「서울신문」, 2015년 7월 30일

다. 하지만 계속해서 반대에 부딪혔다. 그때까지 서울시에서 중앙버스전용차로 내 유턴을 허용한 경우가 없었다는 이유에서였다. 서울시 중앙버스전용차로 전 구간에 대한 운영진단 용역이 진행 중이었을 뿐만 아니라, 유턴 허용 시 사고발생 위험이 높다는 이유도 곁들여졌다. 반박할 수 있는 논리가 필요했다.

안전성을 보장하면서 유턴을 허용할 수 있는 방법을 신중히 고민했다. 우선 정지선을 후퇴시키는 방법이 있었다. 더불어 유턴차로를 설치할 경우 줄어드는 직진차로는 유진상가 쪽 보도 축소를 통해 차로를 추가 확보할 수 있었다. 우리가 강구한 방안을 들고 직접 서울시장을 찾아가 건의했다. 서울경찰청과 합동 점검에도 나섰다.

소통으로 이룬 주민들의 숙원, 선례를 남긴 성과

4년간 주민의견을 청취하고 서울시, 서울지방경찰청과의 적극적 협의 결과, 2015년 11월 드디어 홍은사거리 통일로 남측 시내방향 유턴이 허

홍은사거리 남측방향 유턴

용됐다. 서울시에서는 중앙분리대가 설치된 경우에만 중앙버스 전용차로 안 유턴을 허용해왔다. 그렇지 않은 경우는 홍은사거리 유턴이 서울시에서 처음이었다.

이후 반대편 홍은사거리 북측 외곽방향도 유턴이 시행될 수 있도록 노력한 결과 2019년 7월에는 홍은사거리 남·북측 양방향 유턴이 가능하게 되었다. 두 군데 모두 버스 전용차로의 정지선을 사거리 뒤로 이동시키고 버스전용차로 정지선 사이를 유턴 공간으로 만들어 일반차로의 유턴이 가능하게 했다.

현장의 목소리가 가장 잘 들리는 곳

지난한 날들이었다. 양쪽 유턴 시행을 가능케 하는 데에 8년의 시간이 흘렀다. 더 빨리 가능할 수는 없었을까? 현장에서의 문제가 경시된 탁상

공론적인 규정과 절차를 더 일찌감
치 고칠 수 없었을까? 무엇보다도
현장의 목소리를 듣고 훨씬 효율적
으로 반영할 수 있는 지방정부에
더 많은 권한이 있었다면 어땠을
까 하는 아쉬움이 제일 컸다. 지방
정부가 더 큰 권한을 가지고 있었
다면 더 빠르게 합리적으로 해결할
수 있었을 것이란 생각을 떨칠 수
없었다.

「이 남자의 뚝심행정 4년 주민숙원 풀었다」
– 『서울신문』, 2015년 11월 12일

지금도 그 생각에는 변함이 없
다. 가장 작은 단위인 기초지방정
부는 오히려 단위가 작기 때문에 지역사회의 요구를 빠르게 반영할 수
있다고 생각한다. 주민이 바라고 또 지역이 필요로 하는 변화를 가장 신
속하게 현실화시킬 수 있다고 믿는다. 물론 그러기 위해서는 지방정부
에 보다 많은 권한과 책임을 부여하는 제도적 개선이 필요하다. 자치분
권의 도입이 절실한 것이다.

홍은사거리 유턴 추진 과정에서 이러한 나의 믿음은 더욱 확고해졌다.
지방자치법 개정으로 자치경찰제가 도입되었지만 아직까지는 형식적인
것에 가깝다. 자치경찰제가 실질적으로 작동되도록 해야 한다. 특히 시
민생활과 밀접한 교통, 방범, 위생 등의 분야부터 조속히 기초지방정부
에 이양되어야 한다.

사거리 유턴 시행에 3년 9개월이 걸리는 행정 지체는 4차 산업혁명 시

대에 얼마나 뒤떨어진 것인가. 이제는 지방정부를 믿고 과감하게 권한을 넘겨주기를 바란다. 그래야만 주민에게 신속하고 효율적인 서비스를 제공할 수 있다.

즐비해 있는 수많은 간판, 이대로 괜찮을까?
간판이 아름다운 거리, 신촌!

도시의 브랜드 가치를 높이는 법

우리 주위에는 옥외광고물법에 맞지 않는 불법 간판이 많다. 거리의 미관을 저해할 뿐만 아니라 에너지 효율성이 떨어지는 간판들이 환경에도 좋지 않은 영향을 미치고 있다. 개개의 점포마다 개성을 살리는 것도 물론 필요하겠지만, 그보다 거리 전체를 종합적으로 디자인 개선하고 쾌적한 생활환경을 조성하기 위해서는 이러한 불법 간판들을 정비할 필요가 있었다.

그렇다고 한꺼번에 모든 것을 바꿀 수는 없었다. 한 해, 한 해 마다 새롭게 간판개선 정비구역을 지정해서 낡고 무분별하게 난립된 불법 간판을 지역 특성에 맞는 디자인으로 바꾸기 시작했다. 그렇게 시작한 간판개선 사업은 총 12년간 2,047개소의 간판을 개선하는 성과를 냈다.

연도	사업구간	개선실적(개소)
계	**13개 구간**	2,047
2010	신촌로(이대 전철역~신촌 전철역)	187
2011	연희로(구청앞~서대문소방서)	100
2012	독립문극동아파트 상가	58
2013	연세로(연대 전철역~신촌굴다리)	169
2014	명물거리(쉼터~삼거리)	171
2015	연세로 명물거리2차(창천공원길, 신촌기차역길)	146
2016	홍제역세권(통일로464~440, 통일로471~449)	94
2017	영천시장 주변 일대(독립문역사거리~서대문경찰서)	209
	통일로일대스마트조명시범단지(홍은사거리~무악재역)	353
2018	인왕시장길(통일로478~세무서5길39)	50
	연희로 일대(동신병원앞사거리~연희I.C)	135
2019	증가로 일대(홍남교~남가좌사거리)	162
2020~2021	세검정로 일대(홍제교 앞~문화촌제일교회)	213

간판개선 사업 실적

연희로 간판개선 시행 후

신촌의 부활을 꿈꾸다, 연세로 간판개선 사업

간판개선사업 중에서도 특히 신경을 기울인 곳은 바로 신촌 지역이었다. 신촌의 중심가인 연세로와 명물거리를 대상으로 2013년부터 2015년까지 3년 동안 꾸준하게 간판개선 사업을 시행하면서 이를 통해 신촌 전역을 새롭게 단장하고, 상권을 부활시키는 계기로 삼고자 했다. 2010년대 초 홍대와 이태원 등으로 젊은 층이 이동하면서 신촌상권이 침체되어 있었는데, 간판개선사업이 새로운 변화를 선도하였으면 하는 바람이었다. 특히 연세로 대중교통전용지구 사업과 함께 연계함으로써 거리의 경관을 획기적으로 바꾸는 데 시너지를 낼 수 있다는 확신이 들었다.

2014년 1월, 연세대학교 앞부터 신촌역까지의 구간을 대상으로 서울시 최초로 대중교통전용지구를 조성하면서 여러 가지 변화를 꾀했다. 전신주, 분전함 등을 지하에 매설하고 동시에 난립한 간판을 통일성 있고 깔끔하게 바꿨다. 난립해 있던 간판을 규격과 디자인에 맞는 1업소 1간판으로 개선하고, 고층빌딩에 난립해 있던 돌출 간판 대신 연립형 간판을 설치했다. 시민들 통행에 지장을 주는 지주 간판을 모두 철거하고 오래되고 낡은 건물의 경우 건물주를 설득해서 새롭게 도장과 도색을 한 후 간판을 설치했다.

신촌지역의 간판 디자인 콘셉트는 '비움'과 '개성'이었다. 지저분한 것들은 모두 제거하고, 업종의 개성을 살리되 깔끔한 이미지의 간판을 설치했다. 특징적인 조형물을 활용하기도 하고 전국 최초로 야간경관을 고려한 경관조명을 설치하기도 했다. 디자인의 질을 높이기 위해 이화여자대학교와 인제대학교의 디자인 관련 학과 교수님께도 자문을 구했다.

3년간의 간판개선사업을 통해 업소 당 평균 4.5개, 심지어는 최대 16

신촌역 앞 간판개선 전과 후 오래된 건물의 건물주를 설득해서 새롭게 도장과 도색을 한 후 간판을 설치했다.

개까지 간판을 설치하고 있었던 신촌 지역에 '1업소 1간판'을 실현시켰다. 이를 계기로 신촌 전 지역 점포주들의 광고물법에 대한 인지도가 높아졌고, 자연스레 신규 점포의 경우에도 법규에 맞는 간판을 제작하게 되었다.

간판개선을 통해 거리 전체를 개선하다

나는 간판개선사업을 단순히 경관을 개선하는 차원으로만 국한시키지 않았다. 그보다는 도시경관 개선을 통해 또 다른 시너지 효과를 이끌어내는 데 집중했다. 연세로의 경우, 간판개선사업의 성공으로 인해 도로의 이미지가 개선됨에 따라 불법 노점을 정비하여 스마트 로드샵으로 개편할 수 있는 동력도 함께 생겼다. 또 불법 간판이 사라짐으로써 한층 더 여유로워진 보행공간에 쉼터를 만들어 일상에서 공연과 문화를 쉽게 접할 수 있도록 했다. 이에 따라 신촌 일대 유동 인구가 점차 늘어났고 활기를 띠는 효과가 생겨났다.

그 과정에서 상가 점포주들의 협조가 최우선적으로 필요하다는 사실도 깨달았다. 가로변의 상가 전체가 동의하고 바뀌어야만 거리 전체의

스마트 로드샵이 있는 연세로 신촌은 간판개선과 함께 불법 노점도 정비했다.

디자인도 개선될 수 있기 때문이다. 하지만 그 동의를 받는 사전 협의 과정이 생각보다 오래 걸려, 실제로 공사하는 기간보다 더 많은 시간이 소요되기 일쑤였다. 그렇기에 주민협의회를 구성하고 주민들이 자발적으로 참여할 수 있도록 하는 동기부여 과정과 지원이 필요하다.

또한 디자인의 중요성도 짚고 넘어가지 않을 수 없다. 개별 상인들은 거리 전체의 경관보다 자신의 간판이 눈에 띄는 것을 우선시할 수밖에 없기에, 상인들에게 디자인을 맡겨 시행하면 그 결과가 흡족하지 못한 경우가 많았다. 그래서 반드시 사업 추진 과정에서 디자인 심의가 필요하다.

혼돈 이론에 따르면 나비의 작은 날갯짓이 마침내 거대한 태풍을 불러올 수도 있다고 한다. 간판개선사업이 바로 그러한 날갯짓의 역할을 해냈다. 이는 간판개선을 단순한 단위 사업으로만 한정하여 바라보지 않고, 다른 사업과의 연계를 통해 시너지 효과를 내게 함으로써 이루어 낼 수 있었던 성과였다. 조직간 칸막이를 뛰어넘은 정책적인 사업 연계가 그만큼 중요하다는 사실을 나는 간판개선사업을 통해 깨달을 수 있었다.

깨끗하고 아름다운 거리가 되기 위해 필요한 것은?
불법 현수막 제로 시대

우리 생활 속에서 쉽게 마주하는 현수막은 해당 지자체에 허가받거나 혹은 신고한 게시시설에만 걸 수 있다. 지정 게시된 현수막을 제외하면 전부 불법이므로, 우리가 길거리에서 흔히 볼 수 있는 대부분의 현수막은 불법이라고 볼 수 있다. 이런 불법 현수막은 때때로 우리를 위협하는 흉기로 돌변해 사고를 일으키기도 한다.

외국에 가보면 거리에 현수막이 거의 없다. 미국이나 유럽의 어느 도시에도 우리나라처럼 이렇게 현수막이 많이 걸려 있는 곳은 없다. 단순한 광고목적으로 도시의 경관을 해치면서 공간을 불법으로 차지하도록 내버려두는 것은 옳지 않다고 생각했다. 불법 현수막은 더 이상 안 된다는 문화를 만들고 싶었다.

불법 현수막과의 전쟁을 선포하다

2015년부터 서대문구 전 지역에서 매월 넷째 주마다 '불법 현수막 없는 거리'를 추진했다. 도시미관과 시민안전을 해치는 불법 현수막을 근절하기 위한 첫걸음이었다. 관내 20여 곳의 지정게시대 외에 내걸린 것은 모두 철거하기 시작한 것이다. 이전까지는 자진철거를 요청해왔지만 효율성을 높이기 위해 과태료를 부과하는 등 보다 강력한 조치를 취하기로 했다. 그렇다고 무작정 모든 현수막을 철거한 것은 물론 아니었다. 옥외광고물 등 관리법 제8조 규정에 따라 시설물 보호관리, 안전사고 예방, 미아찾기, 교통사고 목격자 찾기 등을 위해 설치된 현수막은 철거대상에서 제외했다.

아울러 현수막 외에 각종 입간판, 에어라이트(풍선광고), 벽보, 전단 등의 불법 광고물에 대해서도 간선도로와 상가밀집지역, 유흥업소 주변 등을 중심으로 주말과 공휴일을 포함해 상시 정비 체계를 유지했다.

사업을 추진하는 과정에서 많은 어려움이 있었다. 불법 홍보물 근절을 위해 사전에 관내 공공기관 100여 곳에 협조공문을 발송하고 각 정당 지역사무소를 방문해 '불법 현수막 제로화' 취지를 안내하고 협력하겠다는 약속도 받아냈음에도 불구하고 정당관계자들이 거세게 반발하여 구청 앞에서 집회를 개최하고 담당자를 검찰에 고발하기까지 했다.

그러나 불법과 탈법이 용인되는 사회가 되선 안 된다는 신념은 굽힐 수 없었다. 나는 철저하게 법과 원칙에 따라 일을 처리해 나갔다. 결국 민과 관의 끊임없는 노력 덕분에 이제 서대문구에서는 불법 현수막을 보기 어렵게 됐다.

지금도 전국의 거리 곳곳에는 정당 관련 현수막이 많이 걸려있다. 심

2015 대한민국 환경문화 대상에서 '올바른 광고문화' 대상을 수상했다.

지어 불법 현수막이면서도 정당법에 따라 설치했으니 철거하면 안 된다는 문구를 표시한 현수막도 종종 보이곤 한다. 하지만 정당법에 의한 현수막은 정당이 집회를 하는 경우에 해당 장소에서만 게시할 수 있도록 되어 있다. 각 지방정부는 불법 현수막을 과감하게 철거하여 시민에게 쾌적한 도시공간을 돌려주어야 한다. 모든 여야 정치인들도 이제 현수막 정치는 중단하시기를 요청드리는 마음이다.

이러한 서대문구의 노력은 외부에서도 인정받았다. 그 해 사단법인 환경과사람들과 한국환경단체협의회가 주최하고 국회환경노동위원회와 환경부가 후원한 2015 대한민국 환경문화대상에서 '올바른 광고문화 대상'을 수상한 것이다. 불법 현수막 없는 거리를 적극 추진하여 바람직한 광고문화 정착을 위해 기여한 공을 인정받은 결과였다.

지속적으로, 주변 자치구와도 함께

지금 서대문구에는 불법 현수막이 거의 없다. 하지만 여전히 안심할 수는 없다. 조금만 방심하면 또다시 불법 현수막이 내걸리기 일쑤기 때문이다. 서대문구는 주말(토.일) 및 공휴일 특별단속, 옥외광고물 사전경유제 시행, 불법 유동광고물 수거보상제 등 불법 현수막 근절을 위한 다양한 정책을 실시하여 불법 현수막이 없는 깨끗한 거리를 유지하기 위해 지속적인 노력을 하고 있다.

2019년 11월에는 은평·서대문·마포 서북3구의 불법 현수막 공동대응 협약식을 개최하였다. 이날 협약을 통해 3개구는 상호 자원과 역량을 최대한 활용해 도시미관을 저해하는 상업용 현수막은 물론 정당용 등 모든 불법 현수막을 함께 근절해 나가기로 했다. 불법 현수막 정비에 관한 정보 공유, 합동단속을 위한 인적·물적 교류, 과태료 부과, 고발 등의 행정처분, 기타 현안 해결 등을 위해 상호협력하게 된 것이다.

서대문구는 이 협약을 통해 5년 이상 불법 현수막을 퇴치하기 위해 쌓아온 노하우를 아낌없이 전파하고 있다. 서북3구의 사례가 서울시, 나아가 전국으로 확대되어 전국의 모든 거리가 불법 현수막이 없는 깨끗하고 아름다운 거리가 되기를 희망한다.

수상실적 ▶ **2015년 대한민국 환경문화 대상 대상 수상**[(사)환경과사람들 주관]

지저분한 교각 하부를 어떻게 개선할 수 있을까?
홍제천 미술관 명화의 거리

서대문구를 관통하여 흐르는 홍제천은 주민들이 즐겨 찾는 대표적인 산책로다. 하지만 과거 급격한 도시화 과정에서 건설한 내부순환로의 콘크리트 교각이 홍제천을 따라 우뚝 솟아 있어서, 막상 산책로에서 바라보는 풍경은 그다지 아름답지 않았다. 구청장에 당선되기 전부터 그 점이 무척이나 아쉬웠기에 나는 처음 취임하자마자 홍제천 산책로를 개선할 아이디어를 꺼내 놓았다. 바로 명화의 거리 조성이었다.

살풍경한 교각도 문화공간으로 탈바꿈할 수 있다

2010년은 해외 미술관이나 박물관 등과 연계한 국내 미술 전시회가 점차 늘어나는 시기였다. 자연스레 사람들의 미술에 대한 관심도가 높아져 있는 상황에서, 나는 교각 하부의 공간에 아름다운 명화들을 걸어 놓자는 발상을 했다. 그것도 가능하면 일관성 있고 예술적인 격조가 높은

교각이 이어지는 홍제천

작품들을 택하고 싶었다.

물론 진품을 걸자는 건 아니었다. 게다가 홍제천 한가운데 세워진 교각과 산책로 사이의 10m가 넘는 거리를 감안하면 진품보다 훨씬 큰 크기가 필요했다. 다행스럽게도 진품 못지않게 우수한 재현품을 걸 수 있는 방법이 있었다. Art Poster, 혹은 Art Print라고 불리는 이 방식은 원작에 가장 가까운 색감과 질감으로 작품을 촬영한 후 재현해 내는 기술이었다.

하지만 단지 기술이 있다고 해서 가능한 일은 아니었다. 대부분의 명화들은 그 소유권자가 명확했고, 그에 따라 복제품이나 재현품을 제작하는 데도 저작권에 관계된 문제가 있었다. 그 문제를 해결하는 데 도움을 준 곳이 바로 프랑스 대사관이었다. 내 아이디어의 취지를 들은 프랑스 대사관은 저작권 관련 문제를 해결하는 데 흔쾌히 나서 주었고, 그 결과 프랑스의 대표적인 화가이자 인상파의 거두인 클로드 모네의 그림 스무 점을 홍제천 교각에 걸 수 있었다.

240㎝×180㎝ 크기로 원작을 재현한 그림 스무 점을 교각 아래에 전시하자 각양각색의 반응이 쏟아졌다. 물론 책에서만 볼 수 있던 명화를 야외에서 보게 되어 문화적인 기쁨을 누리게 되었다는 긍정적인 의견이 대다수였다. 모네뿐만 아니라 다른 화가의 그림도 걸어 달라는 요청도 많았다.

하지만 일부 부정적인 의견 또한 있었다. 뜻밖에도 크기에 대한 이의 제기도 있었다. 원작의 크기를 멋대로 바꾸는 것은 원작 훼손이 아니냐는 의견이었다.

그런 의견들을 수렴하고 반영하여, 이듬해인 2011년 봄에는 2차로 르누아르 전(展)을 열었다. 밝은 빛과 감성으로 가득한 르누아르의 그림은 홍제천 산책로의 풍경을 한결 더 아름답게 해 주었다. 제막식에는 프랑스 대사관의 관계자들도 함께하여 자리를 빛내 주었다. 〈스프링부케〉, 〈장미와 쟈스민〉, 〈해변에서〉 등 르누아르의 대표적인 작품들과 〈인상 해돋이〉, 〈산 조르리오 성당〉, 〈아르장퇴유의 다리〉 등 기존에 걸려 있었던 모네의 그림들이 한데 어우러지니 홍제천이 더욱 풍성하고 아름다워진 느낌이었다.

삭막한 공간이 문화의 공간으로 재탄생하다

이후로도 홍제천 미술관에 걸린 그림들은 꾸준히 늘어갔다. 들라크루아

▲ 명화와 홍제천

▼ 르누아르전 행사 개막

와 드가 등의 그림이 추가로 전시되면서 그림의 수는 도합 80개가 되었고, 2018년에 방영된 드라마 〈남자친구〉의 촬영지로 홍제천이 섭외되기도 했다. 홍제천은 과거의 삭막한 이미지를 벗고 그림과 함께 풍요로운 문화를 제공하는 공간으로 재탄생했다.

홍제천 미술관은 사소한 발상에서 시작됐다. 하지만 그 결과는 결코 사소하지 않았다. 도시 속 산책로의 풍경은 개선되었고, 주민들은 미술과 문화를 향유할 수 있었다. 프랑스 대사관과 우리 서대문구 사이에 좋은 관계가 형성된 것도 부가적인 소득이었다. 그렇기에 홍제천 미술관은 내가 자랑스럽게 여기는 성과 중 하나다.

사계절을 느끼며 사는 당신은 자신을 사랑하고 있는 것이다

홍제천은 북한산에서 발원하여 종로구, 서대문구를 관통하여 한강으로 흘러드는 지방하천으로 그 길이는 약 11km이다. 그 중 서대문구를 지나는 6.12km의 하천은 홍은1동과 홍은2동, 홍제1동과 홍제3동, 남가좌1동과 남가좌2동, 연희동 등 총 7개 동을 지나는 산책로로서 서대문구민들로부터 많은 사랑을 받고 있다.

하천에는 초지, 어류, 조류의 서식지가 있어 자연과 가까이 있는 느낌이 든다. 또한 안산 끝자락에 다다르면 홍제천 폭포와 음악분수, 물레방아까지 감상할 수 있다.

자연의 변화에 민감한 사람은 자기 자신을 사랑하는 사람이라고 한다. 홍제천만 거닐더라도 사계절을 온몸으로 느낄 수 있는 이 환경이 서대문구민들의 행복지수를 높이는 데 톡톡히 한 몫을 하고 있다는 생각이 든

홍제천을 즐기는 주민들

홍제천에 서식하는 조류

산책과 자전거를 즐기는 구민들

홍제천 폭포와 음악분수

홍제천변 물레방아

다. 빽빽하게 건물이 들어선 도심 속에서 이런 자연을 누릴 수 있다니 홍제천은 가히 서대문구뿐 아니라 서울시 전체의 보물이라고 할 수 있을 것이다.

유진상가와 통일로.
이 아래에 홍제천의 단절된 구간이 있었다.

하지만 안타깝게도 홍제천 산책로 일부는 오랜 시간 단절되어 있었다. 북한군의 남하에 대비해 폭격에도 견딜 수 있는 튼튼한 콘크리트 구조로 1970년에 지어진 군사용 방어시설이자 서울의 첫 번째 주상복합 건물인 유진상가가 50여 년간 하천을 덮고 있어 홍제천 일부 구간이 막혀 있었기 때문이다. 때문에 홍은1동과 홍제3동에서 약 700m를 우회하고, 횡단보도를 무려 3번이나 건너야만 계속해서 홍제

단절되었던 홍제천 구간

천을 따라 걸어갈 수 있었다. 약 500m에 달하는 하부공간은 그동안 버려진 듯 방치되어 범죄발생의 우려가 있었고, 쓰레기 무단투기가 빈번하게 발생하기도 했다.

죽은 공간을 살리는 생각의 전환

활용가치가 없는 장소로 방치해두었던 곳이지만 생각의 전환으로 서대문구의 또 다른 명소를 만들 수 있을 것이라 생각했다. 홍제1구역 도시환경정비사업이 해제되면서 어려움도 있었지만 여러 고심과 논의 끝에 2017년 2월 '지역개발 사업'과 '단절된 홍제천 구간 연결 사업'을 분리

다시 연결된 홍제천 구간

하고 본격적으로 사업을 추진하기 시작했다. 국비와 시비 21억원을 확보하면서 예산상의 문제를 해결하고 나니 사업에 더욱 속도감이 붙었다.

서대문구 협치분과 위원, 민간전문가, 정책자문관 등도 힘을 보탰다. 자문회의를 수차례 실시하고 여섯 번에 걸쳐 현장설명회도 개최하여 주민들의 의견을 들었다. 그리고 주민참여감독관과 공사현장을 찾아 합동점검도 실시했다. 2018년 6월부터 공사를 시작해 2019년 3월 23일, 드디어 유진상가 하부의 단절되었던 홍제천 산책로가 50년 만에 이어졌다. '열린 홍제천길'이 개방되면서, 냉전시대의 아픔으로 대변되던 유진상가 또한 남북 간 평화·소통의 흐름을 상징하는 건물로 자리매김하게 되었다.

열린 홍제천 출입구

이 사업을 추진하면서 가장 걱정했던 부분은 하부구조물 양쪽에 위치한 하수시설로부터 발생하는 악취 문제였다. '완전 밀폐식 악취차단 기술'을 적용하여 문제를 최소화할 수 있었다. 장마철 폭우에 대비해 탈출구 없이 길게 이어지는 구간에 대한 안전문제도 해결해야 했다. 수위감지기와 차단시설 설치를 통해 폭우 시 사전 진출입을 통제할 수 있도록 하고, 감시카메라와 비상벨도 설치했다. 더불어, 지역상권을 살리는 효

열린 홍제천길 내부

과도 기대하며 인왕시장, 유진상가에 가까운 진출입로를 설치했다.

열린 홍제천길에 들어서면 이곳이 건물의 하부란 것을 느끼기 힘들다. 보행로에는 LED 조명을 밝게 설치해서 걷는 데 불편함이 없을 뿐 아니라 하천과의 경계를 아크릴 벽으로 해서 물이 흐르는 것을 볼 수도 있다. 아울러, 복개도로를 떠받치는 기둥에 조명시설을 설치해 예술작품의 느낌을 자아낸다.

문화와 예술을 더하다

열린 홍제천길은 이제 방치된 공간에서 문화예술 공간으로 거듭나고 있다. 이 공간의 독특함을 살려 2019년 서울시의 '서울은 미술관' 사업에 응모했고, 유진상가 하부 구간이 서울 25개 자치구 가운데 유일하게 사업 대상지로 선정되었다.

지역 발전의 장애물로 여겨진 장소를 문화 예술을 통해 치유하고 지역

홍제천 생태 환경을 관찰하며
미래에 함께 살아갈
동식물의 모습을 상상한 벽화 작품

'나의 빛은 ＿＿＿＿ 이다.'
시민들의 메시지를 모아
모듈에 새긴 벽면 작품

시민 참여 작품

활성화의 계기로 삼는 프로젝트로서 콘크리트 기둥을 예술적 소재로 승화하여 공공미술 작업을 진행했다.

200m에 이르는 긴 터널형 산책로를 빛과 소리의 비물질 예술 작품으로 구성했다. 작가 작품 7점과 주민참여 작품 2점도 설치했다. '열린 홍제천길'을 산책하면서 문화도 함께 누릴 수 있게 된 것이다. 하지만 이것으로 끝은 아니었다.

맞은편 길 홍제유연 조성

2019년에 유진상가 지하 한쪽 편에 열린 홍제천길을 만든 후, 뒤이어 2020년에는 맞은편에 있는 250m구간을 문화예술 전시장으로 꾸몄다. 50년간 땅 속에 숨겨져 있던 구간이 서울시 공공미술 프로젝트를 통해 새롭게 탈바꿈한 것이다. "사람의 발길이 닿지 않은 곳에 물과 사람의 인연이 흘러 문화예술로 화합한다"는 뜻으로 '홍제유연'이라는 이름이 붙여졌다.

역사성을 보존하기 위해 공간의 원형을 그대로 보존한 채 빛과 소리, 색을 활용했다. 유진상가와 상부 도로를 떠받치는 기둥 사이사이로 화려한 조명과 음악이 흐른다. 잔잔한 물 위에서 흔들리는 불빛이 인상적이다. 공공미술 최초로 3차원의 홀로그램도 시도했다. 홍제천 생태를 입체적인 풍경으로 연출한 것이다. 시민들의 참여로 만들어진 작품도 있다. 홍제천 인근에 있는 인왕초등학교와 홍제초등학교 학생 20명이 완성한 야광벽화와 시민들이 직접 적어낸 메시지를 새겨 만든 회전 목판 등이다. 이곳에서 개최된 주민참여형 패션쇼 역시 매우 호평을 받았다.

길게 지속된 코로나로 인해 사람들의 우울감이 높아졌다는 연구 결과

홍제유연 내부

가 나타나고 있다. 전문가들은 방역수칙을 준수하면서도 산책이나 운동 등을 통해 심신을 관리해야 한다고 조언한다. 그러한 상황에서 서대문 구의 단절된 홍제천 산책로를 연결했을 뿐만 아니라 그와 연계하여 야외 에 예술공간을 설치하여 구민들에게 큰 위로를 줄 수 있었다. 앞으로도 이 공간이 예술적, 문화적 가치를 지니는 서대문구의 대표 명소로 오랫 동안 아름답게 유지되기를 바란다.

단절되어 있는 산과 산을 잇는다면?
무악재 하늘다리

서대문구 안산 자락길을 이용하는 시민이 증가함에 따라 인왕산 한양도성길 연결을 요청하는 주민들의 요구도 함께 증가했다. 안산과 인왕산은 통일로로 인해 45년간 단절되어 있었다. 가까우면서도 먼 곳이었다. 이 두 산이 연결되어 자연과 사람이 자유롭게 왕래할 수 있다면 얼마나 좋을까. 인왕산이 함께 소재하고 있는 종로구에 우리의 의견과 취지를 전달했다. 종로구도 이에 적극 공감하였다.

무악재 하늘다리 개통

1972년 3월 통일로가 생기며 도로로 단절됐던 구간이 45년 만에 드디어 다리로 이어졌다. 2017년 12월 안산과 인왕산을 녹지로 연결하는 '무악재 하늘다리'를 개통한 것이다. 무악재 하늘다리는 슬림한 형태로 시각적 중압감이 적고 구조 안정성이 우수한 '강아치교'로 세워졌다. 폭

무악재 하늘다리

11.7m, 길이 80m, 높이 22m의 이 다리는 '서대문구 현저동 1-404'와 '종로구 무악동 산3-10'사이 일명 무악재고개를 잇는다.

무악재 하늘다리는 2014년 10월 사업계획 수립 후 서울시 투자심사, 공원조성계획 변경, 서울시 전문가 자문, 서울시 도시공원위원회 및 기술심의위원회 심의 등을 거쳐 착공에 들어갔다. 서대문구와 종로구 간의 보고회를 개최하고 사업지역 내 수목이식, 시설물 종류, 방법 등에 대한 사전협의와 주민설명회 등을 거쳐 원만하게 추진할 수 있었다.

전문가(토목구조, 토질 및 기초, 교통 등) 자문회의를 수차례 개최하여 제반 문제점 및 해결 방안을 사전에 강구하고 매주 공정회의(20여 회)를 실시하여 문제점도 사전에 차단했다. 덕분에 계획한 시일 내 성공적으로 사업을 완료할 수 있었다.

안산 자락길은 2013년 전국 최초의 순환형으로 조성된 무장애 자락길로 연간 이용객이 200만 명 정도로 추정되고, 무악재 하늘다리가 준공됨에 따라 종로구의 인왕산 한양도성길과 자연스럽게 연결되어 안산과 인왕산을 보다 쉽게 탐방할 수 있게 되었다. 그동안 끊겼던 서울의 자연 지형인 산과 산을 원래대로 자연스럽게 연결해 주는 것만으로도 큰 의미가 있다. 백두대간 한북정맥에 해당하는 북한산에서 서울 주산으로 북악, 우백호에 해당하는 인왕산을 연결해 역사적 맥을 잇고, 동식물의 자연스런 이동도 가능해졌으며, 안산 자락길 및 주변의 산책로를 이용하는 시민들에게도 한 층 높은 편의를 제공할 수 있게 되었다.

서대문구뿐 아니라 서울의 명소가 된 안산 자락길과 함께 무악재 하늘다리 역시 시민들로부터 사랑받기를 바란다. 더불어, 도심 속 각박한 생활 속에서도 자연과 함께 할 수 있는 서대문에 살고 있어 나 역시 매우 만족스럽다. 주민들께도 풍요롭고 여유로운 시간을 선사할 수 있기를 바란다.

우리나라도 야외 에스컬레이터를 설치할 수 없을까?

신촌동 자치회관 진입 계단 야외 에스컬레이터

신촌동 자치회관 주변에는 신촌문화발전소, 창천데이케어센터, 신촌어린이집 등 각종 문화·편의 시설이 밀집되어 있다. 하지만 신촌동 자치회관을 방문해본 경험이 있는 사람들은 다들 한번쯤 생각했을 것이다. '올라가는 길이 왜 이렇게 가팔라. 계단은 또 왜 이렇게 많아.' 하고 말이다. 특히, 어르신들이나 거동이 불편하신 장애인들이 올라가기에는 여간 어려운 것이 아니었다. 새롭게 조성한 신촌문화발전소가 활발하게 이용될 수 있기 위해서라도 방문객들의 불편을 해결해야 했다.

물론 주민들을 위한 공간이자 주민들이 가장 많이 찾는 자치회관이 애초부터 접근성 좋은 평지에 지어졌더라면 좋았을 것이다. 하지만 수십 년 전에 정해진 일을 탓하고 있을 수만은 없었다. 접근성을 높일 수 있는 다른 방안을 고민하기 시작했다. 전문가와 합동으로 현장을 점검하고 에스컬레이터, 박스형 엘리베이터, 무빙워크 등 다각적 설치 방안을 검

에스컬레이터 설치 전 모습

토한 결과 지형적 특성과 이동의 편리성을 고려할 때 에스컬레이터 설치가 가장 적합한 대안으로 판정되었다.

공간상의 어려움을 극복하다

인접한 주택의 출입구를 고려하여 60cm 규격의 양방향 2단 에스컬레이터를 설치하기로 결정하였으나, 공간 폭이 좁다보니 설계가 쉽지 않았다. 계단 기초공사부터 하부 하수관로 및 지장전주 이설도 필요했고, 일부 사유지에 관해 사전 협의 및 협조 요청이 선행될 필요도 있었다. 게다가 또다른 문제가 대두되었다. 신촌동 주민센터 복합화사업 추진 기간 동안 주민센터가 자치회관으로 임시 이전하기 때문에 그 전까지 설치를 완료해야만 했던 것이다.

짧은 시간 내 여러 사안을 검토하고 사업 계획을 수립하느라 일정이 빠듯했다. 사업의 신속한 추진을 위해서 추경예산에 즉각 편성하여 예산을 확보했다. 그런 과정을 거쳐 2019년 8월까지 기본 및 실시설계를 완료하고 10월부터는 본격적인 공사를 시작할 수 있었다. 눈이나 비 등을 피할 수 있도록 덮개 설계를 일부 보완하면서, 약 6개월간의 공사를 거쳐 마침내 4월에 공사가 완료되었다.

실내가 아닌 실외 공도 상에 에스컬레이터를 설치한 국내 최초 사례였다. 홍콩 관광객들이 빼놓지 않고 들르는 명소인 '미드레벨 에스컬레이터'의 한국 버전이라는 자부심이 들었다. 물론 800m에 달하는 홍콩 미드레벨 에스컬레이터 보다는 훨씬 짧은, 20m 길이의 작은 에스컬레이터였지만 주민의 편의를 위해 건설했다는 그 본질만큼은 동등했다.

물론 그 과정에서 난관도 많았다. 짧고 좁은 실외 공간에 에스컬레이터를 설치하다 보니 설계와 공사에 많은 어려움이 따랐다. 특히 국내 최초로 시도한 실외 공도 위 에스컬레이터였기에 난관에 부딪혔을 때도 조언을 구할 곳을 찾기 어려웠다. 하지만 동시에 관련 기술과 경험을 축적할 수 있었던 소중한 기회이기도 했다. 계단 철거가 한창이던 공사 현장의 철골 구조를 보니 그 계단의 경사가 얼마나 가팔랐는지 새삼 놀라웠고, 무엇보다도 노약자, 어린이 등 교통약자의 통행불편 해소에 큰 도움이 될 것이라 생각하니 내심 자랑스러웠다.

에스컬레이터 개통식

일부 주민들은 계단이 있는데 군이 에스컬레이터를 왜 설치하느냐고 의문을 제기할 수도 있겠다. 하지만 교통약자들의 입장이 되어보지 않고는 그 가파른 길을 오르기가 얼마나 고되고 힘들었는지 모를 것이다. 특히나, 겨울철 눈이 많이 오는 날에는 낙상사고 위험도 컸다. 그렇기에 이 공사는 반드시 필요한 것이었다.

2020년 4월 28일, 드디어 에스컬레이터가 개통되었다. 국회의원, 시의원, 구의원, 지역주민들과 함께 축하하고 기쁨을 나누는 자리를 가졌다. 개통식에서 테이프를 끊으면서 새삼스레 이 사업이 어르신이나 몸이 불편한 장애인, 어린 아이나 임신부 등 교통약자들을 위한 복지사업의 일환이기도 하다는 생각이 들었다. 마치 교통약자도 똑같이 즐길 수 있도록 만든 안산 자락길처럼 말이다.

교통약자들도 각종 문화편의시설을 동일하게 이용할 수 있어야 한다는 명제에 반대할 사람은 없을 것이다. 그러나 막상 현실에서는 수많은 어려움이 있기 마련이다. 그렇기에 이러한 에스컬레이터 설치 사업은 교통약자에 대한 이해와 배려의 문제에서도 중요한 것이었다. 아울러 이 사업이 교통약자의 권리를 되찾아 주는 사회적 분위기를 형성하는 데 일조할 수 있다면 더 이상 바랄 나위가 없겠다.

서대문구는 2022년에 북아현동에도 마찬가지로 경사형 엘리베이터를 설치할 예정이다. 아울러 앞으로도 고지대에 위치한 시설의 접근성 향상을 위해 다양한 이동편의시설 도입을 확대해 나갈 것이다.

평생교육의 패러다임을 전환한다면?

배움과 나눔 사이 : 세로골목

학창 시절 입시를 위한 공부를 할 때는 배우는 것이 즐겁다고 생각한 순간이 많지 않았다. 그런데 의무적으로 공부를 하지 않아도 되는 나이가 되고 나니, 청개구리처럼 어느 날 문득 무언가를 배우고 싶은 것들이 생기기도 한다. 하지만 이런 저런 여건들, 즉 시간이나 장소 등을 따지다 보면 새로운 공부를 시작하는 것이 말처럼 쉽지가 않다. 구민들 중에도 이런 생각과 느낌을 경험한 분들이 많을 것이란 생각이 든다.

평생학습이라는 것이 바로 이런 경우에 필요한 것이 아닐까. 그렇다면 주민들의 이 같은 평생학습 욕구를 충족시켜주기 위해, 우리 서대문 지방정부가 제공할 수 있는 것은 무엇일까?

지역 공동체와 함께하는 평생학습

무엇을 배우느냐에 따라 세상을 보는 눈이 변하고, 보는 눈이 변하면 생각이 변하며, 생각이 변하면 인생이 변하는 법이라고들 한다. 우리 세대 문구민들이 배우고 싶을 때 배우면서 삶이 변화해 가는 기쁨을 가질 수 있다면 얼마나 좋을까. 더군다나 나이에 관계없이, 익숙한 우리 동네에서, 내가 함께 하고자 하는 사람들과 배움의 기쁨을 느낄 수 있다면 그것이야말로 지방정부가 추구할 만한 평생학습일 것이라는 생각이 들었다.

평생에 걸쳐 새로운 것을 학습하고 배우는 '평생학습'이 언제든지 쉽게 접할 수 있는 친근한 개념으로 구민들의 일상 속에 자연스레 자리 잡도록 하고 싶었다. 비록 작더라도 자발적인 학습 공동체가 동네 곳곳에서 만들어지기를 바랐다. 이웃끼리 서로서로 강사로서, 학생으로서, 운영진으로서 주도적인 학습을 해나갈 수 있는 기반을 마련해야만 진정한 평생학습이 이루어질 수 있겠다고 생각했다. 우리네 공동체 문화를 되살리는 동시에 평생학습을 우리의 실생활 속에서 실현하기 위함이었다.

사람 냄새 나는 그때 그 골목

하지만 현대 대도시의 거주 형태는 과거와 완전히 다르다. 대부분의 주민이 아파트에 거주하면서 서로간의 접촉이 줄어들었다. 땅값이 올라가면서 더 많은 사람들을 더 좁은 면적에 수용하기 위해 아파트는 더욱더 높고 빽빽하게 들어섰다. 사람들 사이의 거리가 물리적으로는 가까워졌지만, 실제로는 콘크리트 벽으로 나누어진 건물 안에서 구획되어 서로의 얼굴조차 알 수 없게 되었다. 이런 사회적 분위기 속에서 공동체 의식을 형성하기란 무척이나 힘든 일일 수밖에 없었다.

그럼에도 불구하고 이웃 간에 서로 마주칠 수 있는 공간이 존재했다. 바로 엘리베이터였다. 높은 아파트를 세로 방향으로 오르내리며 쉬지 않고 주민들을 이동시키는 공동주택 엘리베이터가 과거 우리가 알던 사람 냄새 나는 골목길의 역할을 하고 있었다. 그러한 점에 주목하여 엘리베이터를 중심으로 한 소규모 도시형 학습공동체 운영을 기획하고 '세로골목'이란 이름을 붙였다.

주민의 참여를 유도하는 것이 쉽지는 않았다. 초반에는 3명 이상으로만 구성되어도 학습 공동체로서 인정하여 참여율을 높이고자 했다. 또 주민이 할 수 있는 역할을 학습자로만 제한하지 않고, 전문 강사가 아닌 주민이 직접 자신이 아는 경험이나 지식을 나누도록 함으로써 다양한 주민 참여 통로를 만들었다. 또 주민이 강사의 역할을 제대로 할 수 있도록 서대문여성인력개발센터에서 강사 양성 교육을 실시함으로써 역량을 보강했다.

이렇게 세로골목을 통해 만들어진 학습 공동체가 장기적으로는 학습형 일자리를 창출하는 계기가 되기를 바랐다. 아울러 평생학습의 장을 통해 알던 이웃들과는 더욱 친해지고, 모르던 이웃들과도 정이 들어 공동체를 회복시키는 장이 됨으로써 두 마리 토끼를 한꺼번에 잡는 성과를 내고자 했다.

스스로 성장하는 시민들

세로골목 활성화 사업은 2013년에 처음 문을 열었다. 세로골목 안에서 손바느질, 요가, 글쓰기 지도, 미술치료, 생활경제 등 무척 다양한 주제의 강좌들이 열렸다. 재능 있는 사람들이 너무 많이 모여들어 오히려 놀라울 정도였다.

세로골목 사업을 자발적으로 주도하는 골목지기들이 전문 강사보다

세로골목 활동 모습

더 열정을 가지고 교육에 참여하며 모임을 이끌어 나갔다. 그들이 보여준 놀라운 힘 덕분이었을까. 그 해 연말 우리 구는 평생학습도시로 지정되는 눈부신 성과를 거두었다.

그 이후로 매년 세로골목은 문전성시를 이루었다. 개개인의 욕구에 맞춘 소규모 강의는 학습자 중심의 교육으로서 높은 만족도를 보였다. 골목지기 강사들 또한 보람을 느낀다며 흡족해 했다. 매년 새로운 시도와 꾸준한 성찰로 더욱 좋은 프로그램으로 거듭나기 위해 최선을 다한 결과였기에 더욱 기뻤다.

매년 꾸준히 골목지기 역량 강화 교육을 실시하면서 일자리 창출과 학습 요구에 맞춰 평생교육 프로그램을 제공했다. 2015년에는 '세로골목 플러스'를 운영하면서 재능기부로 운영되는 강좌를 추가 발굴하였고, 2016년에는 국가직무능력표준(NCS) 기반 강의계획서 표준안을 활용해 강의의 체계를 세웠다. 골목 길잡이라는 이름의 모니터링 요원을 활용하여 부족한 점은 꾸준히 보완해 나갔다.

이러한 노력을 인정받아 2017년 대한민국 평생학습대전에서는 교육부장관상을 수상하는 큰 성과가 있었다. 그러나 내가 꿈꾸는 목표는 그보다 더 높은 곳에 있었다. 우리 서대문구의 우수한 평생학습 사례를 전 세계에 전파하여, 학습도시의 지평을 전 세계로 넓히고자 하는 것이었다.

4차 산업혁명 시대 대비를 위해 지방정부는 무엇을 할 수 있는가?

서대문구평생학습관 · 융복합인재교육센터

정보통신기술의 융합을 중심으로 하는 4차 산업혁명 시대가 급격하게 도래하고 있음에도 불구하고 대한민국의 교육은 여전히 과거의 획일화되고 경직된 시스템에 머물러 있다. 인공지능(AI)과 로봇이 발달하면서 지능화·자동화 기술에 의해 기존의 일자리가 빠른 속도로 사라지고 있는데도 현장의 대처는 너무 늦다는 생각이 든다. 이제는 교육 현장도 신기술에 기반을 둔 지식정보산업에 미리 대비해야만 살아남을 수 있다.

이에 서대문 지방정부는 4차 산업혁명 시대를 대비할 뿐만 아니라, 한 발 더 나아가 미래형 핵심인재를 양성하고자 하는 목표를 수립하고 평생학습과 융복합 인재교육을 동시에 진행하는 시설을 건립하고자 했다. 하지만 서대문구의 입장에서도 이러한 획기적인 시설을 만드는 건 처음이었다. 그렇기에 내부 구성에 더욱 공을 들였고 전문가와 사용자의 의견도 적극 수렴하였다. 위치는 새로 건립한 구의회 건물의 1층과 지하층

서대문구평생학습관·융복합인재교육센터

일부를 활용했는데, 이로써 구의회와 주민이 더 가까워지게 되는 부수
적인 의미도 있었다.

　마침내 2020년 6월에 서대문구평생학습관·융복합인재교육센터가 개
소되었다. 명지전문대 학생들의 드론쇼로 시작된 온라인 개관식은 약
45분 동안 화상회의 플랫폼을 통해 진행되었는데, 학교와 평생교육기
관 관계자뿐만 아니라 학습동아리 회원과 학부모 등이 함께 접속했다.
데이비드 아초아레나(David Atchoarena) 유네스코 평생학습연구소(UIL,
UNESCO Institute for Lifelong Learning) 소장도 축하 메시지를 보내 우리의
평생학습관·융복합인재교육센터 개소를 진심으로 축하해 주었다.

　완성된 센터 내부는 AR/VR체험실, 3D메이킹실, 디지털미디어실, 드
론 및 자율주행 체험실 등으로 구성되었다. 전문적이고 효율적인 센터
운영을 위해 해당 분야를 전공한 교수와 진로교육 및 평생교육 전문가

1인 방송 체험　　　　　　　　　　　**웹툰 그리기**

등으로 구성된 운영협의회를 구성했으며, 대학, 연구기관, 기업 등과도 네트워크를 형성하여 멘토단을 구성했다.

　서대문구는 평생학습관·융복합인재교육센터를 통해 관내 초·중·고 등학교 학생과 지역주민들을 대상으로, 정보통신기기 융복합 확산에 따른 IT 및 SW 등 4차 산업혁명 시대에 필요한 과학기술 분야 전문지식 교육의 장을 마련했다. 학생들은 물론이고 교사 및 주민들을 위한 코딩, 로봇, 드론, 사물인터넷, 크리에이터 등 관련 대학, 기업체와 함께 학교 연계 1일 과정 Tech-tech, 소그룹과정 Buzz, 성인을 위한 미래인, 주민 강사 교육 S-uper, 학습소외 대상 기획과정, 방학특강 꿈클라우드 학교, 방과후 과정 After S, 300인의 미래캠프, 공모전 상상 Bomb 등 다양한 프로그램을 함께 준비했다. 특히 초등학교 창의체험활동과 중학교 자유 학년제 시간 등을 활용해 일선 학교와 연계한 다양한 교육프로그램을 진 행했으며, 4차 산업혁명 시대의 새로운 변화를 체험할 수 있도록 50여 가지의 다채로운 교육과정을 만들어 운영했다. 물론 성인을 위한 일반 교육 과정도 함께 운영한다.

　다양한 미래교육을 선도하는 서대문구평생학습관·융복합인재교육센터에 대한 타 지역의 벤치마킹도 활발하게 이루어지고 있다. 2020년 7월 한 달에만 양천구청, 은평구립도서관, 서울시교육청, 서초구청, 금천구청, 구로구청 등 무려 16개 기관의 관계자 136명이 벤치마킹을 위해 방문했다. 8월에는 은평구청, 동작관악교육지원청 등 4곳에서 방문하였고, 10월에는 동대문구청, 구청장 협의회 등 방문자가 끊이지 않았다. 그만큼 4차 산업혁명 시대에 대응하는 일이 우리 앞에 놓인 절박한 시대적 과제이기 때문이 아닐까.

앞으로도 서대문구는 가상현실, 인공지능, 빅데이터 등 4차 산업혁명 교육 콘텐츠를 지속적으로 확대하고, 4차 산업혁명과 관련된 청소년 및 성인 학습동아리 활동을 지원하고 자원봉사활동도 확대할 예정이다. 아울러 관내 학생 및 구민들이 4차 산업혁명 시대에 대비해 융복합 기반의 미래 역량을 함양하고 성장할 수 있도록 평생학습 인프라 확충에 적극 투자할 예정이다. 서대문구 평생학습관·융복합인재교육센터는 그러한 지방정부 차원의 노력의 상징으로 오래도록 기능할 것이다.

양천구청 벤치마킹 방문 구청장협의회 벤치마킹 방문

지구 반대편의 도시와 평생학습으로 연대할 수 있을까?

유네스코 글로벌 학습도시 네트워크(GNLC),
아시아태평양학습도시연맹(APLC)

서대문은 2016년 6월 서울시 자치구 중에는 처음으로 유네스코 학습도시 네트워크(UNESCO GNLC, UNESCO Global Network of Learning Cities) 가입 승인을 받았다. 그리고 2019년 9월 30일, 나는 서대문 지방정부의 수장으로서 지구 반대편인 콜롬비아 메데진에 있었다. 전 세계 51개국 223개 유네스코 학습도시들이 2년에 한 번 모여 평생학습도시 공통의 비전을 세우고, 평생학습의 정책 방향을 논의하고 선포하는 제4차 세계학습도시 국제회의(ICLC, The Fourth International Conference on Learning Cities)에 참석한 것이다. 한국에서는 서대문구, 고양시 등 7개 도시가 컨퍼런스에 참여했다.

지구의 반대편 도시와 만나다!

지구 반대편을 향한 여정은 아르헨티나의 부에노스아이레스시에서 시작되었다. 부에노스아이레스시 교육혁신부, 이베로 아메리카 교육과학문화기구(OEI)의 관계자들과 함께 4차 산업혁명, 시대의 변화를 반영한 교육과정 개발, 교사의 훈련 등을 위해 교육이 어떻게 변화해야 하는지 등에 대해 아르헨티나의 교육에 관한 고민, 대한민국의 교육에 관한 고민을 나누는 시간을 가졌다. 또한 아르헨티나의 국회의사당에 방문하여 국가 단위 평생교육 지원체계 마련에 관한 고민을 함께하기도 했다.

두 번째로 방문한 도시는 빌라마리아였다. 아르헨티나는 국가 면적이 우리나라 남북한을 합한 면적의 12배가 넘는 큰 나라임에도 학습도시는 빌라마리아 단 한 곳이었다. 평생학습에 열정적인 마틴 로드리고 시장을 만나 빌라마리아의 평생학습에 대해 설명을 듣고, 한국의 학습도시의 사례를 소개하는 시간을 가졌다. 어린이 의회와 곡물 창고를 개조하여 4차 산업혁명 교육을 위한 공간으로 만든 '테크노테카'가 기억에 남는다.

세 번째 도시는 바로 제4차 세계학습도시 국제회의가 열리는 콜롬비아의 메데진이었다. 메데진은 빈민촌인 '시에라' 지역에 케이블카를 설치하여 안데스산맥의 높은 고도에 위치해 있는 빈민가 주민을 대상으로 일터와 학교와 집의 거리를 좁혀 학습에의 접근도를 높인 도시이다. 페데리코 쿠띠아르 메데진 시장의 열정적인 안내로 '시에라' 지역을 방문했다. 꽃이 많은 도시 메데진에서는 역설적으로 마약과 총으로 무장한 어른들로부터 아이들을 보호하는 것이 교육의 역할 중 하나라는 이야기를 들으며 배움의 기회와 포용성, 교육의 역할에 대해 다시 생각하는 시간을 가졌다. 600여 명의 각 국의 학습도시 관계자들과 함께 평생학습이 가진 포용성, 모든 이를 위한 학습의 중요성에 대해 공감하는 시간이었다.

유네스코 학습도시상 수상 관련 발표

유네스코 평생학습원장과 함께

2019 유네스코 학습도시상 수상!

메데진에서 서대문은 유네스코 학습도시상(the UNESCO Learning City Award)을 서울시 자치구 중 최초로 수상하는 쾌거를 거두었다. 유네스코 학습도시상은 유네스코에서 2년에 한 번 전 세계 학습도시 중 대륙별 예선을 거쳐 평생학습 분야 성과를 평가하여 10개의 도시를 선정한다. 2019년에는 한국의 서대문구, 이집트 아스완, 중국의 청두, 그리스 이라클리온, 나이지리아 이바단, 콜롬비아 메데인, 우크라이나 멜리토폴, 말레이시아 페탈링자야, 멕시코 산티아고, 덴마크 쉐네르보르가 수상했다.

물론 수상 자체도 무척이나 영광스러운 일이었지만, 내게는 십 수 시간이나 비행기를 타고 콜롬비아 메데인까지 날아가 세계의 학습도시 관계자들 앞에서 서대문 지방정부의 새로운 평생학습 모델을 설명한 것이야말로 그 무엇과도 비교할 수 없는 기쁜 추억으로 남아 있다. 서대문구 평생학습의 대표 사업으로 도시형 소규모 학습공동체 '세로골목 활성화 사업'과 삶 밀착형 평생학습 '찜질방 인문학', 동(洞) 단위 학습센터 '동네 배움터' 등 대한민국의 대표 학습도시로서 주민의 학습 지원체제가 어떻게 갖춰져 있는지, 서대문 학습도시의 중요 가치는 무엇인지 세계의 학습도시에 알리는 시간이었다.

또한 제4차 세계학습도시 국제회의에서는 전체 회의를 총정리, 발표하는 제너럴 리포터 역할을 맡아 유네스코 학습도시 시장들이 합의한 '포용성' 있는 학습도시에 대해 발표하는 기회를 갖기도 했다. 컨퍼런스 동안에 세계 학습도시의 시장들과 함께한 포럼, 여러 언론 인터뷰를 통해 서대문의 정책을 널리 알리는 시간이었음에 의미를 두고 싶다.

세계학습도시 국제회의, 대한민국에서 열리다!

대한민국의 학습도시들의 열정은 대단하다. 2019년 콜롬비아 메데진의 학습도시 국제 회의에 이어 2021년 제5차 세계학습도시 국제회의는 10월 대한민국 인천 연수구에서 열렸다. 전국평생학습도시협의회의 임원들과 회의를 유치하기 위해 함께 노력한 결과였다. 코로나19의 급격한 확산 중에서도 중단 없는 교육을 위해, 건강한 도시의 지속을 위해 세계의 학습도시와 함께 고민을 나누는 기회가 되었다.

글로벌 학습도시 서대문구는 팬데믹 상황에서 비대면 세미나를 통해 세계의 학습도시와 함께 고민하고 대응하는 시간을 가졌다. 유엔은 10월 31일을 '세계 도시의 날'로 지정했다. 이 날은 세계 도시화에 대한 국제 사회의 관심을 크게 높이고, 기회를 충족하고 도시화 문제를 해결하는 데 있어 국가 간 협력을 추진하며, 전 세계의 지속 가능한 도시 개발에 기여할 것으로 기대하며 합의한 날인데 2020년 세계 도시의 날을 맞아 약 1,500개 도시의 연합인 UNESCO Cities Platform이 주최한 웨비나에 참여하여 서대문의 이야기를 들려주기도 했다. 이 외에도 GNLC의 주제별 클러스터 활동에 적극적으로 참여하여 서대문의 평생학습, 교육의 사례를 전 세계에 알리는 시간을 가졌다. 시차가 있어 유럽중앙시간에 맞춰 저녁 시간에 진행되곤 했는데 세계 각국의 코로나로 인한 어려움과 극복 사례를 상호 학습할 수 있는 귀중한 시간이었다.

대한민국 학습도시의 대표, 아시아-태평양의 중심

2019년 1월부터 2년간 서대문구는 전국 183개 시군구와 75개 교육지원청이 회원으로 구성된 교육부 학습도시들의 연합인 전국평생학습도시협의회 회장을 맡았다. 우리 구의 우수 사례를 국내외에 알리는 것은 물론 국제 평생학습 네트워크를 더욱 공고히 하면서 의미 있는 시간을 보냈다. 이를 계기로 2019년 11월에는 동유럽 국가 15개 도시 고위공직자 25명이 평생학습 정책 벤치마킹을 위해 서대문구를 방문했다. 2020년 11월 인천 연수구에서 열린 2020 아시아-태평양 GNLC 컨퍼런스에서는 전국평생학습도시협의회 회장으로서 또 서대문구청장으로서 우리의 평생학습을 알리는 컨퍼런스에 참여했다.

특별히 2021년 9월에는 아시아태평양지역 12개국 61개 도시로 구성된 아시아-태평양 학습도시 연맹(APLC, Alliance for Asia-Pacific Learning Cities) 창립총회 의장을 맡는 영광스러운 일도 있었다. 우리나라는 GNLC에 가입한 도시가 50곳이 넘고 국내 학습도시 활동도 열정적이다. 이제는 아시아-태평양 지역에 기여하는 국가로서 역할을 해야한다는 생각에 국내 학습도시들이 아시아-태평양 학습도시 연맹 창립에 뜻을 모은 것이다. 이후 10월에는 인천 송도에서 개최되는 제5차 세계학습도시 국제회의에도 발표자로 참여하면서 평생학습도시 서대문의 역량을 거듭 전 세계에 알리게 되었다.

평생학습으로 함께하는 도시들

평생학습의 중요성은 아무리 강조해도 지나침이 없다. 특히 코로나19 팬데믹이 전세계를 휩쓸면서, 여러 나라와 도시들이 코로나에 대응하기 위한 다양한 대책을 수립하고 실천하고 있다. 아시아-태평양 학습도시

아시아-태평양 학습도시 연맹 의장 선출

연맹이 그러한 노하우를 공유하여 전 세계적인 공동 발전을 이끌어 내는 계기가 되기를 바란다. 아울러 이 지면을 빌어, 전국의 모든 지방정부에 평생학습으로 함께 연대하고 발전해 나가자는 제안을 드린다. 그것이 작게는 우리 대한민국을, 그리고 크게는 전 세계를 보다 살기 좋은 곳으로 만들어 가는 밑거름이 될 것이라고 확신한다.

수상실적
▶ **2016년 유네스코 글로벌 학습도시 지정**(유네스코평생학습원 주관)
▶ **2019년 UNESCO 학습도시상 수상**(유네스코평생학습원 주관)

상생

4장

노점상 정비, 철거만이 길일까?

연세로 노점상 정비(스마트 로드샵)

부활이 필요했던 연세로

연세로는 유동 인구가 많다. 신촌 지하철역에서 연세대학교 정문을 직선으로 연결하는 거리라는 특성 상 젊은이들이 이곳을 많이 찾는다. 내가 젊은이들의 문화나 관심사를 알아보려 하거나 혹은 청년들을 위해 필요한 정책이 무엇일까 고민스러울 때마다 찾는 현장이기도 하다.

그런데 활기 넘치는 연세로를 거닐 때마다 늘 고민스러운 부분이 두가지 있었다. 좁은 보도 위에 길게 늘어선 노점상과, 엉망인 교통 체계로인해 꽉 막혀버린 도로였다. 보도를 벗어나 차도를 걸어야만 하는 학생들과 그 곁으로 쏜살같이 지나가는 자동차들이 아슬아슬해 보인 적이 한두 번이 아니었다.

그런 모습을 볼 때마다 나는 안전한 보행환경을 만들고 싶었다. 하지만 보도 위 노점상을 정리하는 것도, 도로의 교통체계를 바꾸는 것도 결코 쉽지 않은 일이었다. 그렇다 해서 무작정 그런 현실을 보고만 있을 수는 없었다. 오랜 고민 끝에 신촌의 중심이라 할 수 있는 연세로를 탈바꿈시키기로 결심했다. 구체적인 실천 방안도 구상했다. 연세로 차도를 버스만 다닐 수 있는 대중교통전용지구로 운영하고, 동시에 보도상의 거리가게를 함께 정비하는 것이었다. 결코 쉽지 않은 과정일 것이라고 생각했지만 의연히 대처할 생각이었다. 무엇보다도 안전한 보행환경이 우선이기 때문이었다.

불법 노점을 지역과 상생하는 거리가게로 개선하다

우선 4차선이었던 연세로의 차도를 절반으로 줄이고 그만큼 보도를 넓혔다. 관련 부서와 지역 상인들과의 거듭된 논의 끝에 2014년 1월부터 연세로 내 대중교통전용지구를 시행하게 되었다. 하지만 끝이 아닌 시작일 뿐이었다. 신촌 전철역부터 연대 정문 앞까지 있었던 42개의 불법 노점에 대한 정리가 반드시 이루어져야만 했다. 그뿐만이 아니었다. 학생과 상인 및 지역주민들의 보행로 확보 요구, 점포상인과 주민들 사이의 갈등, 노상의 LPG 가스통 안전과 위생문제 등 해결해야 할 문제가 산적해 있었다.

현장에서의 반발 또한 예상 이상이었다. 연세로 공사를 위해 차량 통행을 중단시키자 전국 노점상 연합회를 주축으로 한 집단이 연세로를 점거하고 일주일간 농성을 벌였다. 생존권을 보장해 달라는 노점상들의 집회 시위로 인해 공사 첫 삽도 뜨기 전에 경찰과 대치하는 상황까지 발생했다.

그러나 강제로 밀어붙일 생각은 일절 없었다. 나는 처음 구청장이 될 때부터 반드시 모든 일을 현장 중심으로 처리하겠다고 다짐한 바 있었

주민간담회 모습   상생협의회 회의 모습

다. 대면 대화를 원칙으로 삼고 모든 사람의 의견을 직접 들었다. 노점
협의체를 구성해서 연세로를 정비하는데 협조를 구했고 거리가게를 개
선할 수 있는 방안 등에 대해서 당사자들과 40여 차례의 간담회를 가졌
다. 그 자리에서 나는 수십 차례나 강조했다. 노점상을 무조건 없애려고
한 것이 아니라고. 노점은 정비 대상이 아니라 함께 풀어나가야 할 시대
적인 과제라 생각한다고.

　처음에는 헛된 노력 같았지만 마침내 성과가 나타나기 시작했다. 지역
주민과 상인, 노점과 구청이 참여하는 상설 협의기구인 연세로 상생협
의회가 구성된 것이었다. 이 협의회를 통해 활발한 논의가 이루어졌고,
마침내 마지막 타협이 이루어졌다. 농성중인 노점상들을 경찰이 강제
진압하기로 성한 D-DAY 바로 전날 밤 심야의 일이었다. 양보할 수 있
는 모든 것을 다 제시한 후, 파국으로 끝맺을 게 아니라 타협으로 서로 상
생하자고 설득한 결과였다.

　이러한 노력 끝에 상생적인 합의안이 도출되었고 뒤이어 〈연세로 상
생운영 관리규정〉도 제정했다. 현장에서 사람을 만나고 문제를 해결하
고자 했던 사람중심, 현장중심, 실천중심의 구정방침을 따른 성과였다.

조성 전   조성 후

42개의 노점이 27개의 스마트 로드샵으로 재탄생한 연세로 모습

　이후 진행은 일사천리로 이루어졌다. 신촌의 불법 노점 42개소가 27개의 스마트 로드샵으로 재탄생했다. 보기 싫게 흩어져 있던 노점이 통일된 규격과 깔끔한 디자인의 키오스크형 판매대로 바뀌면서 거리의 모습 또한 한결 밝고 깔끔해졌다. 판매대는 구청에서 직접 제작해서 대여하는 방식이었다.

　상인들은 도로점용료를 내기로 했다. 대신 더 이상 불법 노점상이 아닌 자영업자로서 합법적으로 장사를 할 수 있게 되었다. 이들은 서울시 최초의 거리가게 협동조합인 "연세로 스마트 로드샵 협동조합"을 결성하기도 했다. 매일 포장마차를 옮겨 다녀야하는 불편함은 사라지고, 대신 일에 대한 자부심과 긍정적인 사고가 생겨났다. 협동조합을 운영하면서는 지역사회 봉사에 대한 의식도 갖추게 되었다. 한때 지나가는 이들의 눈살을 찌푸리게 했던 불법 노점상들이 이제는 세련되고 위생적인 거리가게의 자영업자로 자리 잡게 되었다

거리가 깨끗해지고 보행자들이 안전하게 다닐 수 있게 되자 이제 새로운 문화가 그 자리에 들어오기 시작했다. 청년들이 자유롭게 즐길 수 있는 버스킹 무대가 열리고, 연세로 전체를 활용한 다양한 거리축제 역시 활성화되었다. 특히 맥주축제와 물총축제 같은 연세로의 대표 축제는 많은 외국인들에게도 큰 호응을 얻으면서 어느새 서대문의 관광명소로 자리 잡게 되었다.

지속적인 대화와 협상으로 악순환을 끊다

노점상 정비는 대개 물리적 방법을 동원한다. 그러나 생존권 문제가 있기에 정비 후 얼마 지나지 않아 다시 원상복귀되는 악순환이 계속되기 마련이다. 나는 그러한 악순환을 끊고 싶었다. 경제적 보장을 제공함으로써 노점상을 합법적인 사업자로 양성화시키고, 도로점용료를 내도록 하는 대신 키오스크 제작 및 관리를 구청이 도맡는 방식으로 부담을 덜어주며 문제를 풀어나갔다. 연세로의 포장마차 노점상 전체를 합법적인 거리가게 사업자로 바꾼 것이다.

이해관계자가 많은 상황에서 문제해결의 핵심은 바로 '상생'에 있다.

신촌 물총축제

각종 문화행사 개최

어느 한쪽으로 치우치지 않고 시민과 지역상인, 거리가게 상점 모두에
게 도움이 되는 방향으로 추진했기에 이 힘들었던 과정을 완수할 수 있
었다고 생각한다. 이렇게 서대문구는 노점상 정비의 새로운 패러다임을
제시했다. 그 사실에 나는 자못 뿌듯함을 느낀다.

노점상 정비에 혁신을 더한다면?

신촌 박스퀘어

공중화장실 쉼터가 스마트한 매장 공간으로

서울특별시 서대문구 신촌역로 22-5. 경의중앙선을 타고 신촌 기차역에서 내려 1번 출구로 나오면 단번에 눈길을 사로잡는 위치에 신촌 박스퀘어가 있다. 과거에는 공중화장실 쉼터로 사용될 뿐 사람들이 지나치던 길목에 불과한 공터였다. 하지만 지금은 대학생들이 수업 사이 비어 있는 시간에 잠깐 들러 간단하게 요기를 하고, 아기자기한 악세사리와 잡화도 구경하며, 저녁에는 시원한 수제 맥주 한 잔 하며 이야기 꽃 피울 수 있는 복합적인 쉼터로 재탄생했다.

박스퀘어가 생겨난 길을 따라 시간을 거슬러 오르다 보면, 1980년대 패션과 뷰티의 메카였던 이화여대 앞 젊음의 거리를 만나게 된다. 그 당시 이화여대 앞은 젊은이들이 모여드는 개성 넘치는 곳이었다. 유동인구가 많아지면서 각종 먹거리를 판매하는 노점 상인들이 자연스레 모여

신촌 박스퀘어

들었고, 각종 노점과 사람들이 엉킨 복작복작한 이대 앞 거리 풍경은 그 시절의 낭만이었다.

하지만 모두가 그 풍경에 만족하는 것은 아니었다. 보행로를 확보해 달라는 민원과 도로 환경을 개선해 달라는 요구가 지속적으로 제기되었다. 노상에 방치되어 있는 LPG 가스통이 혹시 모를 안전사고를 걱정케 했고, 조리 과정에서 나오는 부산물과 조리도구와 식기 세척으로 흘러나오는 물 따위가 깔끔하게 처리되지 못해 거리의 위생이 우려되는 상황이었다.

특히 제도권 안에서 정당하게 가게를 운영하는 임차상인들이 많은 불만을 토로하였다. 그런 문제를 해결하기 위해 서대문구는 많은 예산을 들여 인도 확장과 일방통행로 공사를 시행하기도 했다. 내가 구청장으로 취임하기 전에 있었던 일이었다. 그러나 잠시 보도가 넓어졌을 뿐, 그렇게 넓어진 보행로를 또다시 노점상이 점거하는 바람에 결국 아무런 변화가 없게 되었다. 보행자는 여전히 통행에 큰 불편을 겪었고 차량들 또한 이동에 어려움이 많았다. 복잡한 노점상이 줄지어 선 골목은 이제 더 이상 낭만으로 여겨지지 않게 되었다. 민원과 단속만이 쳇바퀴 돌듯 반복되고 있었다. 근본적인 변화와 획기적인 시도가 필요했다.

2010년, 처음 구청장으로 당선된 후 민선 5기에 돌입하면서 각 부서의 업무를 파악하는 자리에서 나는 이화여대 앞 불법 노점상 문제를 해결할 것이라고 분명히 선언했다. 단순히 시간제나 규격화 같은 미봉책으로 해결할 것이 아니라 근본적인 문제를 해결해야 한다는 점을 강조했다. 아울러 담당 부서에는 노점상을 다른 곳으로 유도하거나 상가 입주를 지원하는 등 다양한 대처 방안을 연구하라고 주문했다.

깨끗한 거리, 안전한 거리, 상생하는 거리를 조성할 수 있는 정책은 무엇일까. 세 가지 목표를 함께 달성할 수 있는 정책은 없을까 고민을 거듭한 끝에 사업 추진을 위한 팀을 신설했다. 이 사업을 위한 확고한 의지의 표현이자 실질적인 정책 실현의 첫걸음이었다. 이후 본격적인 추진 방안이 마련되기 시작했다.

일거삼득(一擧三得)을 위하여

새로운 정책 추진에 있어 무엇보다도 우선시했던 것은 생계형 영세 노점에 대한 보호 방안이었다. 노점 상인들이 행정 사각지대에 놓여 피해를 입는 일이 없도록 하려 했다. 그렇기에 그들을 합법적인 제도권 안으로 편입시키는 것이 첫 번째 목표였다. 단순히 불법이라고 규정짓고 강제적인 철거를 통해 땜질식으로 해결하는 것은 결코 능사가 아니었다. 사회적 빈곤과 위기를 고려하여 소득 보전적인 대안을 찾아가야 할 문제라고 생각했다.

그러던 중 2014년부터 신촌 연세로를 대중교통전용지구로 조성하고

이화여대길　　　　　신촌 박스퀘어 부지

신촌 박스퀘어 부지 전경

주말에 차 없는 거리로 운영하기 시작했다. 이에 따라 길가에 즐비하던 노점상들도 규격화된 '거리가게'로 변신하게 되었고, 연세로는 새로운 활기를 띠기 시작했다. 한결 깔끔하고 보행에 편리한 거리 환경이 조성되면서 각종 문화행사 곁들여진 쾌적하고 편리한 공간으로 거듭나자 공간 이용자들의 만족도가 무척 높아졌다.

　이화여대 앞도 연세로의 변화 방향을 벤치마킹하여 나아가는 것이 적절하다고 판단했다. 그러나 연세로와는 상황이 달랐다. 이미 일방통행 도로로 조성되어 더 이상의 공간을 확보하기 힘든 이화여대 길의 특성상, 연세로처럼 거리가게 규격을 동일하게 적용하기는 불가능했다. 방법은 하나뿐이었다. 나는 거리 가게들의 새로운 보금자리가 될 대체 공간을 물색하기 시작했다.

　눈에 확 들어오는 공간이 있었다. 바로 신촌역 건너편 광장이었다. 이화여대 길은 물론이고 이화여대 전체 상권과도 거리가 밀접해 있어 접근성이 좋았다. 회전 교차로 바로 앞이라 시야를 가리는 건축물도 없었다. 입지는 최상이었다. 여러 가지 상황을 다각도로 검토한 결과, 이곳이 가장 적합하다는 결론을 내렸다. 물론 끝은 아니었다. 시작일 뿐이었다.

컨테이너 몰의 탄생 과정

2015년 여름부터 언제 끝날지 모르는 기나긴 과정이 시작되었다. 건축학 전문가들에게 자문을 구하며 거리가게를 어떤 모양으로 만들지, 어디에 배치할지에 대한 논의를 계속 이어갔다. 거리가게 상인들을 대상으로는 우리 구청에서 시도하는 사업을 설명하는 소통의 기회를 만들었다. 사업설명회를 개최하고, 서로의 입장을 진솔하게 터놓기 위한 간담회와 면담 자리도 수차례 가지며 가장 중요한 현장의 소리를 들으려 노력했다.

결코 쉽지 않은 일이었다. 시간만 야속하게 흘러갈 뿐 진척이 없었다. 갈등이 점점 더 심화되었고 해결의 기미는 전혀 보이지 않았다. 상인들의 생계가 달려 있는 문제였기에 그들의 불안감이 클 수밖에 없었다. 충돌의 양상은 격렬했다. 양 측의 입장이 모두 팽팽한 상황에서 담당 부서도 거리 상인들도 조금씩 지쳐갔다. 그러나 노점상 정비는 이화여대길을 이용하는 모든 사람들을 위해 반드시 해결되어야 할 과제였기에 나는 노력을 멈추지 않았다.

그러던 중 자문을 의뢰했던 건축학 전문가인 류창수 교수에게 신선한 아이디어 하나를 듣게 되었다. 영국 런던에는 '박스파크 쇼디치(Box Park Shoerditch)'라는 이름의 세계 최초의 팝업형 컨테이너 쇼핑몰이 있는데, 이를 벤치마킹하여 거리가게 상인들이 입점할 수 있는 컨테이너 몰을 조

런던 박스파크 쇼디치 전경

박스퀘어 조감도

성하여 제대로 된 활동 기반을 마련해주는 것이 어떻겠냐는 의견이었다.

눈이 번쩍 뜨이는 기분이었다. 거리가게를 단순히 규격화하여 재배치하는 것보다 상인들의 불안감이 훨씬 줄어들 것이란 생각에 희망이 보였다. 한 발짝 더 나아가, 거리가게 상인뿐 아니라 지역 내 창업자들에게 기회의 장을 열어줄 수 있을 것이라는 기분 좋은 예감도 들었다.

보다 구체적이고 현장감 있는 정보를 얻기 위해 당시 부구청장과 관련 부서의 담당 실무진을 영국으로 급파했다. 다녀온 직원들은 긍정적인 의견을 냈다. 마침 현지의 상황도 우리 구와 비슷한 면이 많았다. 소매 유통업자들이 주로 입점해있고, 안정적인 계약 기간으로 운영되었기에 상인들의 위험 부담이 적었다. 컨테이너 몰이기 때문에 비용도 예상보다 적게 소요되었다. 예산 부담은 낮추면서도 지역 경제 활성화 효과를 충분히 낼 수 있을 것 같아 매력적으로 느껴졌다. 벤치마킹하기로 결정하고 즉시 디자인 기본 설계안을 마련하기 위한 용역을 실시했다.

속도감 있는 논의 결과 총 3층으로 구성된 매력적인 설계 시안이 완성되었다. 1층은 거리가게 상인들을 입점시키기로 했고, 아울러 주민들이 제안한 공중화장실도 함께 배치했다. 2층과 3층에는 거리가게 상인들과 더불어 청년 창업 공간도 마련하였다. 청년들을 위한 공간을 조성한다고 하니 서울시에서도 건립에 필요한 예산 지원을 선뜻 약속했다.

Box+Square

컨테이너 몰은 그렇게 점점 더 구체적인 틀을 잡아갔다. 건축 설계와 같은 하드웨어 측면의 작업과 내실을 기하기 위한 소프트웨어 부분도 충실하게 준비해 나갔다. 특히 독특하고 개성 있는 외형만큼이나 귀에 쏙 들어오는 이름을 붙여주기 위해 명칭 공모전을 열었다. 3주가 채 안 되는 짧은 기간이었음에도 많은 관심 속에 다양한 의견들을 모을 수 있었다.

선정위원회의 토의 결과 컨테이너의 모양새를 의미하는 박스(box)와 사람들이 모이는 광장(square)을 합친 '박스퀘어(boxquare)'가 가장 참신하면서도 부르기 쉬운 이름이란 결론을 얻었다. 그리고 '신촌'이라는 이름을 더해 위치한 지역까지 확실히 알릴 수 있는 '신촌 박스퀘어(boxquare)'라는 이름을 최종적으로 결정했다.

거리가게 상인들과의 간담회도 꾸준히 이어졌다. 개별 면담은 물론 단체 간담회를 통해 박스퀘어를 조성하고자 하는 서대문구의 가치와 기대 효과를 이야기하고 적극적으로 이해시키고 설득하려 노력했다. 아울러 청년몰을 먼저 입주시켜 박스퀘어를 활성화하기 위한 방안도 연구했다.

박스퀘어 전경

청년 창업가들 뿐 아니라 거리가게 상인들에게도 전문가 컨설팅을 추진하여 안정적인 일자리 확보와 소득 증대를 위한 실질적인 도움을 드리고자 다양한 프로그램을 제공했다. 청년 상인과 거리가게 상인을 1:1로 연계하여 메뉴 발굴부터 마케팅 전략까지 구체화할 수 있도록 지원하며 상호간에 시너지 효과가 나도록 심혈을 기울였다.

2018년 1월에 드디어 박스퀘어가 착공되었다. 그리고 그해 9월의 아직은 더운 기운이 만연했던 어느 가을 날, 많은 사람들의 성원 속에 마침내 박스퀘어가 문을 열었다. 젊음과 낭만을, 청년과 문화를, 노점상과 상생을 어우러지게 담아내고자 오랜 기간 공을 들였던 결과물인 박스퀘어가 젊음과 문화의 상징인 신촌에 둥지를 든 순간이었다.

건축면적 641.9㎡에 세워진 지상 3층, 높이 8.6m 규모의 반영구적 컨테이너형 시설은 위에서 내려다보면 삼각형 모양이다. 출입문은 테이크아웃이 가능한 창문형 폴딩 도어 등으로 다양하게 디자인했으며 투명 엘리베이터도 설치했다. 특히 3층은 루프탑 형태로 수제맥주와 공연, 음악 등을 동시에 즐길 수 있는 문화공간으로 꾸몄다.

공공임대상가에 노점상이 입점한 것은 신촌 박스퀘어가 전국 최초 사례였다. 또 기존에 공중화장실이 있었던 부지를 정비하고 노점에 대한 시민들의 인식을 새롭게 한 점을 높이 평가받아 2018년 대한민국 공공디자인대상을 수상하는 성과를 거두었다. 이듬해인 2019년 3월에는 이낙연 당시 국무

문화로 가득한 신촌박스퀘어

총리가 방문해 민생현장 탐방 차원에서 상인들과의 만남을 가지기도 했다. 또 그해 8월에는 박스퀘어 1주년 기념 행사를 통해 대학, 청년, 상인, 주민 등이 모두 함께 모여 서로를 축하하면서 화합하는 장을 마련하기도 했다.

코로나 위기, 그리고 극복

2020년 초에 찾아온 코로나19 팬더믹은 소상공인과 자영업자들에게 막심한 피해를 입혔다. 박스퀘어 또한 예외가 아니었다. 유동 인구 자체가 대폭 줄어들었고, 특히 외국인 관광객과 인근 대학교의 학생들이 완전히 사라지고 말았다. 자칫하면 힘들게 구축한 성과가 무위로 돌아갈 위기였다.

그대로 넋 놓고 있을 수는 없었다. 대처법을 찾아야 했다. 우선 매장 운영의 품질을 높이기 위해 필요한 친절교육, 위생교육, 세무교육을 진행했다. 아울러 언택트 시대의 대안으로 떠오른 배달매장으로의 전환을 독려했다. 스마트기기에 익숙하지 않은 상인들을 대상으로 온라인 판매

플랫폼 컨설팅을 진행하고, 5성급 호텔 셰프와 외식 전문가를 초청하여 배달에 적합한 메뉴를 개발했다.

적극적인 노력 끝에 드디어 성과가 나타나기 시작했다. 박스퀘어에 입점한 상인들의 매출이 다시 조금씩 올라가기 시작했다. 유난히 눈에 띄는 성공 사례도 나왔다. 돈가스 메뉴를 주로 판매하는 한 매장의 2019년도 대비 2020년 매출이 약 5배나 증가하는 놀라운 성과를 거둔 것이었다. 코로나19 위기도 극복할 수 있겠다는 자신감이 생겼고, 뒤이어 다른 상인들을 대상으로 교육과 컨설팅을 병행하면서 업종 전환 등 다양한 대안을 지속적으로 모색해 나갔다.

노점상 문제는 어느 지방정부라 해도 해결이 쉽지 않다. 태생적으로 불법이기 때문에 강제로 정비하려 하는 경우가 많지만, 노점상의 생존권 문제가 걸려 있기에 물리적 해결은 어렵다. 그래서 경제적인 측면에서 접근할 필요가 있다. 신촌과 이대 앞 노점상을 정비할 때도 노점상 영업으로 인한 이득보다 더 많은 경제적 이익을 제공할 수 있는 방안을 강구했다. 연대 앞 노점상은 키오스크 방식의 거리 가게 조성을 통해 개별 입점시키는 방식을 취했고, 이대 앞 노점상은 박스퀘어라는 공공임대상가에 단체로 입점시켜 상가 전체를 지원하는 방식을 선택했는데, 모두 정상적인 사업자로 전환하여 제도권 내에 편입하기 위함이었다. 실제로 어렵게 살아가는 노점상들에게 기초지방정부가 정책적 지원을 하면서 정상적인 사업자로 전환하도록 유도해야만 근본적인 문제 해결이 가능하기 때문이다.

우리나라는 중앙정부의 정책금융과 각종 투자정책을 통해 대기업을 지원함으로써 지금의 세계적 기업들로 키워냈다. 불균형 성장론을 바탕으로, 마치 가난한 집안이 첫째에게 모든 자원을 몰아주어 집안을 일으키게 하는 것과 흡사한 방식이었다. 하지만 시대적 변화에 따라 이제는 낙수효과가 미치지 못하는 저소득계층을 대상으로 한 투자가 필요하다. 지방정부는 노점상 문제를 경제적 이익 관점에서 바라봐야 하며, 단순한 거리 정비 개념이 아니라 성장을 위한 투자 차원에서 문제를 풀어가야 한다. 그래야만 박스퀘어와 같은 효과가 나올 수 있다. 비록 각 지방정부마다 처한 환경이 다르지만, 연세대학교와 이화여자대학교 앞 노점상 문제를 해결한 서대문 지방정부의 방식이 분명 참고가 되리라 믿는다.

박스퀘어를 떠올릴 때마다 서대문구의 미래와 발전 가능성을 본다. 이제는 제도권 안으로 들어와 자영업자로서 새로운 삶을 시작한 거리상인들, 또 전문적인 컨설팅을 통해 자립할 수 있는 능력을 갖추고 자기만의 영역을 구축해 나가는 청년들이 박스퀘어에 있다. 외형만 그럴 듯하게 꾸며 놓은 쇼핑몰이 아니라 희망찬 미래를 꿈꾸는 사람들의 열정을 담아낼 수 있는 인큐베이터인 박스퀘어. 이곳에서 늘 뜨거운 열정이 피어오르길 바란다.

수상실적

▶ 2018년 자치구 행정 우수사례 최우수상 수상(서울특별시 주관)
▶ 2019년 지방정부 정책대상 대상 수상[(사)한국지방정부학회 주관]
▶ 2019년 전국 지방자치단체 일자리 대상 우수상 수상(고용노동부 주관)
▶ 2019년 대한민국 공공건축상 장관상 수상(국토교통부 주관)
▶ 2019년 기초단체장 매니페스토 우수사례 경진대회 최우수상 수상
　(한국매니페스토실천본부 주관)
▶ 2021년 제17회 지방자치경영대전 국무총리상 수상(행정안전부 주관)

젠트리피케이션, 민관이 함께 해결할 수 없을까?
신촌 임대료 안정화 협약

홍대에서 상수로, 상수에서 망원으로⋯⋯. 한 때 '핫'했던 중심지에 위치했던 가게들이 비싼 임대료를 감당하지 못하고 자꾸만 옆 동네로 밀려나고 있다는 뉴스를 한 번쯤은 들어봤을 것이다. 이를 이른바 '젠트리피케이션'이라고 하는데, 본래는 도심이 몸집을 불려 외곽의 낙후 지역을 흡수하여 고급 상업 및 주거 지역을 형성하면서, 원래 그 곳에 살고 있던 저소득층 원주민들의 주거 공간을 대체하는 현상을 가리키는 말이다.

우리 신촌은 어쩌면 다른 지역보다 앞서서 젠트리피케이션 문제에 직면했다. 신촌하면 떠오르던 젊음의 거리가 인근 홍대 지역으로 옮겨감에 따라 문화 상권에서 프랜차이즈만이 가득한 소비 상권으로 변화했고, 임대료 상승으로 인해 소규모 문화 시설이 사라진 데에 그 원인이 있었다. 높은 임대료로 인해 점포의 공실률은 늘어만 갔다. 청년들이 새로 창업을 하기에도 예산 부담이 커 여건이 만만치 않았다. 상권은 점점 더 침체되었다.

상생을 위한 약속

침체되어 있는 신촌 상권을 되살려야 한다는 절박한 목표 아래, 도시재생 전담 부서를 신설하고 관련 조례를 제정하였다. 신촌의 전반에 대한 도시재생을 기획하며 연중 문화와 관광 사업이 활발하게 진행되는 신촌의 부흥을 준비했다. 무엇보다 특색 있는 소비를 할 수 있도록 상권의 다양성을 갖추고자 했다.

하지만 높은 임대료가 유지되는 상황에서 상권 내에 새로운 콘텐츠를 유치하는 것은 쉽지 않았다. 비단 신촌만의 문제가 아니었다. 경제적인 관점만 놓고 본다면 높은 임대료를 내는 임차인들은 잘 나가는 업종으로 몰릴 수밖에 없다. 그리고 임대인의 입장에서는 잘 나가는 가게일수록 임대료를 올리기 마련이다. 그런 과정에서 젠트리피케이션 현상이 일어나면서, 홍대를 비롯한 개성 있던 동네들은 점차 각자의 특색을 잃고 평범한 대형 프랜차이즈 중심 상권으로 변모해 버리기 일쑤였다.

상황이 이렇다 보니 서울시에서 먼저 나섰다. 2016년에 '장기안심상가'라는 제도를 마련하여 임차인이 장기간 안정적으로 영업할 수 있는 환경을 조성한 건물주에게 리모델링비를 지원하기로 한 것이다. 서대문구도 적극 협조하기로 했다. 관심 있는 상가들을 물색하고 설득에 나섰다. 참여 의사가 있는 상가는 임대인과 임차인간

신촌 임대료 안정화를 위한 협약식

에 상생협약을 체결하고 5년 이상 임대계약 조건을 유지하게 되었다. 전세금을 올리더라도 5% 이내에서 소폭 조정할 수 있도록 했다. 내 마음이 간절했던 만큼 많은 건물주분들이 큰 결단을 내려주셨다. 그 해 7월, 22명의 건물주가 참여했다. 이어서 10월에는 61명, 12월에는 5명, 2017년 5월에는 85명이 상생 협약에 참여하는 쾌거를 이루었다. 신촌번영회 임원들도 사명감을 가지고 신촌 상권 활성화를 위해 한 마음으로 뜻을 같이 해주셨다.

약속의 전파, 이화 공방문화골목

이러한 선례가 생기자 이대 상권에서도 착한 약속이 이어졌다. 2015년 9월, 이화 공방문화골목 임대료 안정화 업무 협약을 체결했다. 신촌동 주민센터에서 이화여대 정문까지 이어진 유휴 점포 지역을 '문화체험형 공방 골목'으로 조성하기 위한 협약이었다. 이대 상권이 패션과 뷰티의 선도 지역이었던 만큼, 그 특색을 되살려 보기로 한 의지가 모인 결과였다.

2015년 가을날, 세 주인공이 서대문구청에 모였다. 유휴 점포 지역의 건물주 18명이 모인 이대골목 주민연합이 그 첫 번째 주인공이었다. 이분들은 향후 5년 간 차임과 보증금을 올리지 않기로 약속해 주었다. 이대 골목 상권을 어떻게 다시 살릴 수 있을지 머리를 맞대고 고민한 끝에 내린 결단이었다.

예술기획단체인 '문화활력생산기지'가 두 번째 주인공이었다. 이들은 이대 앞 골목을 문화 관광형 거점 공간으로 발전시키는 데에 힘을 보태 주었다. 마지막으로 우리 서대문구청이 이화 공방문화골목 활성화를 위한 적극적인 행정 지원을 약속했다.

이러한 착한 약속이 이어지는 가운데, 서대문구에는 젠트리피케이션 방지 및 상권의 지속성장 지원 조례가 의원 발의로 제정되었다. 나와 공무원들이 발로 뛰어 일구어낸 사례가 긍정적인 변화를 이끌어 내게 되어 매우 기뻤다.

차가운 경제논리를 극복하는 따뜻한 마음

물론 젠트리피케이션을 방지하기 위한 완벽한 해결법은 아직 없다. 경제의 원리를 따라 움직이는 인간의 본능을 억제시킬 수 있는 방법은 존재하지 않는다. 서대문구나 혹은 다른 행정기관도 젠트리피케이션 현상의 완전한 종식을 가져오지는 못할 것이다. 그럼에도 불구하고 상생협력상가 조성 및 지원, 상생협력상가협의체 구성, 상가협의체 지원 등 우리가 지속한 노력들은 분명 그 성과를 거두었다. 차가운 경제논리를 따뜻한 마음으로 극복해낸 것이다.

앞으로도 서대문구는 가능한 모든 수단을 동원해, 지역 상권을 살려냈던 임차인들의 노력이 헛되지 않도록 발로 뛰고 또 뛸 것이다. 언젠가 서대문구가 건강한 상권을 만들고 지켜나가는 전국적 상생 모델이 되기를 바란다.

적법한 건축물에 대한 주민들의 반대,
어떻게 해결할 수 있을까?

대현동 스타트업 청년주택

2019년 5월, 지역주민 집단민원이 발생했다. 건축허가가 승인된 관광숙박시설에 대한 인근 주택가 주민들의 반대 민원이었다. 바로 인접해 있는 종교시설 측의 반대도 극심했다. 결국 건축주와 교회 측의 쌍방 소송이 제기되면서 갈등이 극으로 치달았다. 갈등의 원인이 된 건축물은 서대문구 지구단위계획에 부합하고 중앙부처의 관광숙박시설사업시행인가도 득한 상황이었다. 즉, 법적으로 아무런 하자가 없는 건축물에 대한 허가였다. 지역주민들의 반발만을 이유로 정당한 허가를 취소하기는 어려워 우리 구의 입장이 매우 난처했다.

우리가 할 수 있는 것은 지속적인 소통과 설득이었다. 약 6개월 간 30여 차례에 걸쳐 건축주와 교회 측과의 만남을 가졌다. 주택가가 접하는 지역 특성상 주민들의 반대 이유를 건축주에게 지속적으로 설명하였으나, 쌍방 행정심판이 제기된 상황에서 중재안이 나오기는 결코 쉽지 않았다. 그러던 중 작은 실마리를 하나 찾았다. 과거 쌍방이 서로의 토지를 매입하고자 시도했다는 사실관계를 파악했다. 서로간의 갈등이 이 문제가 촉발된 원인이었다.

갈등 해결을 위한 대안

이 문제를 해결하기 위해 제3의 아이디어를 내놓았다. 젊은이들의 도시 신촌의 특성에 맞게, 스타트업 청년들을 위한 맞춤형 임대주택을 건립하자는 제안이었다. 당초의 건축허가 부지는 청년주택규모로 부족했지만 교회 소유의 부지까지 합병한다면 SH에서 추진하는 청년주택사업에 부합하는 규모를 확보할 수 있었다.

당연히 양측 모두 쉽게 동의하지 않았다. 건축주는 관광숙박시설을 짓고 싶어 했고, 교회는 극렬히 반대했다. 양쪽을 동시에 설득에 나섰다. 사업에 대한 공감대 형성과 서로간의 신뢰 구축이 무엇보다도 중요하다고 생각했다. 건축주에게는 모텔촌이 자리 잡고 있는 신촌을 건전한 젊음의 도시로 탈바꿈시키고자 하는 서대문구의 정책 방향을 끊임없이 설명하면서 동참을 호소했다. 더불어 사회공헌적인 사업 추진에 따른 이미지 개선 효과를 강조했다. 교회측에는 공익과 지역발전에 기여하는 역할을 요청하며 사명감을 부여하고자 노력했다.

갈등을 해결하려는 우리 구의 지속적인 노력과 의지로 어느 정도 신뢰가 구축되자 마침내 사업에 대한 공감대 형성이 이루어졌다. 하지만 또 다른 고비가 남아 있었다. 청년주택 건립을 위한 토지 가격과 사업주체 설정을 두고 이견을 조율해야 했다. 해당 교회의 특성상 의사결정의 과정이 복잡하였기에 사업추진이 어려울 수 있었다. 의사 결정에 참여하는 10여명

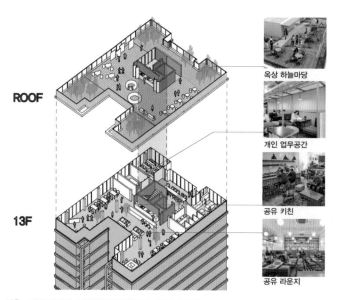

ROOF

옥상 하늘마당

개인 업무공간

공유 키친

13F

공유 라운지

신촌-이대 역세권 스타트업 인큐베이터 커뮤니티 공간

스타트업 청년주택 투사도

의 장로를 개별적으로, 또는 단체로 지속 접촉하며 설득한 결과, 건축주를 사업주체로 하도록 하고 대신 교회측 토지를 건축주에게 매매하는 방안에 대해 장로회의 승인을 이끌어 냈다. 인근 토지 가격과 거래 가격을 고려하여 합당한 가격을 설정함에 따라 협의가 본격 추진될 수 있었다.

약 6개월의 조정과 중재 끝에 2020년 2월, 쌍방이 제기한 행정심판이 모두 취하되었다. 대신 구청 입회하에 토지매매계약이 성사되었다. 행정에 대한 쌍방의 신뢰 유지를 위해 SH와의 협력관계 구축 및 사업추진 과정을 숨김없이 공개했다. 뒤이어 2020년 4월에는 SH 청년주택 매입 계약도 성사되었다.

스타트업 청년주택의 탄생

기존에 지하2층/지상10층 규모로 계획되었던 관광숙박시설은 지하1층/지상11층 규모의 스타트업 청년주택으로 변경되었다. 주거 공간뿐만 아니라 청년들의 커뮤니티 활동을 위한 공간도 별도로 마련했다. 주거만을 위한 청년주택이 아닌 스타트업 청년들의 커뮤니티 활동을 지원하고, 창업생태계의 거점이 될 수 있도록 했다.

스타트업 청년주택은 청년들의 안정적인 주거 마련과 스타트업 지원에 기여했을 뿐만 아니라, 지역갈등을 합리적인 방안으로 원활하게 해결하면서 주민들의 숙원과제를 해결한 모범사례가 되었다. 더불어 지역 내 문제 해결과 지역의 장기적 발전에 주민들의 의견이 반영되고, 함께 문제를 풀어나감으로써 지역주민들의 자부심도 훨씬 커졌으리라 생각한다. 소통과 화합을 통한 민관협치를 통해 발전적인 정책을 추진한 이와 같은 사례가 더욱 확산되어 더 많은 사례가 만들어지길 바란다.

보호시설 퇴소 이후의 아이들은
더 이상 지원 없이 자립 가능한가?
보호종료아동 자립 지원

우리 서대문구에는 송죽원과 구세군서울후생원이라는 두 시설이 자리하고 있다. 이곳에서 약 100여 명의 아동이 보호를 받고 있는데 미취학아동이 거의 50%를 차지한다. 그래서인지 사람들은 아동보호시설 하면 엄마와 아빠를 찾으며 우는 어린 아이들을 떠올린다. 어릴 때 읽은 동화에서 부모님이 자신을 찾으러 오길 손꼽아 기다리는 주인공 때문인지도 모른다.

하지만 현실은 그러한 고정관념과 다소 다르다. 미취학아동뿐 아니라 초·중·고등학교 학생들도 여럿 있다. 아이들은 매년 나이를 먹기 마련이니 당연한 일이다. 그렇게 나이가 들어 성인이 된 아이들은 시설을 퇴소하게 된다. 보건복지부에 따르면 그런 청소년이 매년 2,500명 이상이나 된다.

2020년 기준으로 서대문구에도 23명의 고등학생이 생활하고 있다.

최근 3년 동안 25명의 아이들이 연령 초과로 퇴소하였다. 그동안 보살핌 속에 거주하던 보호시설에서 벗어나 자립의 길을 시작해야 하는 것이다. 그러니 성인이 되어가는 아이들에 대한 자립교육과 준비가 무척이나 중요할 텐데 그것이 그리 쉽지는 않은 듯하다.

보호시설 퇴소아동의 현실

최근 3년 퇴소아동 현황   (단위 : 명)

연도 시설종류	총계			2018			2019			2020		
	계	남	여	계	남	여	계	남	여	계	남	여
계	25	13	12	11	6	5	7	4	3	7	3	4
송죽원	10	-	10	4	-	4	3	-	3	3	-	3
구세군서울후생원	15	13	2	7	6	1	4	4	-	4	3	1

최근 3년간 보호시설을 퇴소한 아동 중 20명의 현황을 분석해 보았다. 이중 13명(65%)이 진학보다는 취업을 선택하였는데, 취업한 아동의 월평균 임금은 156만 원으로 2020년 최저임금기준인 179만 원에도 못 미치는 낮은 수준의 임금을 받는 것으로 나타났다. 대학에 진학한 아동 역시 개인 적립금 이외에는 일정한 수입이 없는 터라 학교생활 유지에 대한 경제적 부담이 매우 큰 것으로 드러났다. 그런데도 퇴소 예정 아동들이 대학 진학이나 취업 등 진로에 대해 상담을 할 수 있는 기회나 환경이 조성되어 있지 않았다.

퇴소 예정 아동의 취업 경로는 대부분 학교 추천 등을 통해 임의적으로 결정된다고 한다. 맞춤형 상담이 이루어지지 않다 보니 퇴소아동이 선택한 직업군은 대부분 단순 노무직이나 서비스직이고, 1년 이내 퇴사하는 사례가 빈번하게 발생하는 것 또한 당연한 결과일 수밖에 없다. 또한 경제적 활동에 대한 지식이나 사회 경험이 부족하여 퇴소 이후에도 시설에 도움을 요청하는 사례가 다수 발생하고 있는 실정이다.

이와 같이 안타까운 실정을 개선하기 위해서는 보호종료아동의 자립 준비 교육이 반드시 필요했다. 교육뿐 아니라 실질적인 경제적 지원을 강화하여 보호종료 이후 자산형성의 기반을 마련해주고, 주거에 대한 부담을 경감시켜줌으로써 신속한 사회 안착이 가능하도록 도울 수 있는 정책을 고민할 필요가 있었다.

최근 3년 퇴소아동 주거 현황 (단위 : 명)

구분	총계	2018					2019		2020		
		LH지원	자립지원시설	월세	친인척	기타	LH지원	자립지원시설	LH지원	자립지원시설	기타
계	25	1	6	2	1	1	4	3	2	3	2
송죽원	10	1	1	1	-	1	2	1	1	1	1
구세군 서울후생원	15	-	5	1	1	-	2	2	1	2	1

우선, 시설보호아동 및 보호종료아동 자립 지원 강화를 위해 〈서대문구 아동복지시설 퇴소아동 지원 등에 관한 조례〉를 제정하여 지원의 근거를 만들었다. 아울러 보건복지부에서 지원하는 보호종료아동 자립수당 30만 원 이외에도 '서대문구 보호종료아동 자립지원 수당' 20만 원을 지원하기로 하였다. 단, 신청일 기준으로 6개월 이상 서대문구에 거주한 아동으로 지원 대상을 제한했다.

디자인 교육, 기획, 제작 등 과정에 참여시켜 가방, 양말, 의류, 카드 등 다양한 상품을 만든다.

주거에 대한 부담 경감을 위해서는 우리 구 청년들을 위해 마련한 청년 미래 공동체 주택에 우선 입주할 자격을 부여하고, 임대보증금 공공대출 지원에서 제외되는 주택에 대해서도 임대보증금 융자를 지원하기로 했다. 1인 1억 원에 한해 최초 융자기간은 2년으로 하고, 1회에 한해 연장 가능하도록 하는 방식이었다. 구청 담당부서가 임대인과 보증금 이체 등에 직접 관여하기 때문에 부동산 계약 등에 관한 지식이 미비한 보호종료아동들에게 유리한 방식이었다.

경제적인 지원과 함께 자립준비에 도움을 주고 지속적인 지지망을 형성해주기 위해 1:1멘토링 사업도 운영했다. 일대 다수보다는 1:1 멘토, 멘티 프로그램을 통해 퇴소 이후까지 아동에게 도움을 줄 수 있는 실질적인 조언자를 매칭해 주는 것이 도움이 될 것이라 생각했다. 멘토링 활동은 교육보다는 일상생활 속에서의 자립을 도울 수 있는 기술(돈 관리, 음식 만들기, 이력서 작성 등)위주로 진행하고, 상호 관계 형성에 초점을 두도록 지도했다. 또 그런 멘토를 양성하기 위한 교육도 병행하여 실시했다.

2019년 9월 가좌역에 조성한 '소셜벤처 허브센터'에는 (주)소이프 (SOYF:Stand On Your Feet)라는 보호종료아동들의 자립을 돕기 위해 설립된 디자인 회사가 들어섰다. 아동 양육시설에서 봉사활동을 하던 대표가 청소년들의 어려움을 지켜보며 자립을 돕기 위해 설립한 회사였다. '스스로 딛고 일어서라'는 뜻을 담은 이름에서부터 회사 설립의 취지가 드러난다.

소이프에서는 특히 만 18세가 되어 보육시설에서 퇴소해야 하는 보호종료아동들을 주 대상으로 디자인 중심의 직업 교육과 일자리를 제공했다. 디자인에 관심이 있는 아이들에게 포토샵, 일러스트레이터 등의 프로그램을 교육하고, 여러 제품 기획 및 제작 과정에 참여하도록 지원했다. 취업으로 연결되지 않더라도 자신이 좋아하는 것, 잘 하는 것이 무엇인지 되돌아보는 기회가 된다는 점에서 여러 모로 도움이 되는 계기였다. 뿐만 아니라 직접 제작한 제품들을 온라인을 통해 판매하고 판매 목표금액 달성 후 수익의 일부를 기부함으로써 스스로 돈을 벌고 기부까지 하는 값진 경험을 안겨주기도 했다.

서대문구는 지역의 상황을 살뜰히 살피는 지방정부로서 어려운 처지에 놓인 이웃을 돕는 든든한 지원자가 되기 위해 노력해 왔다. 보호종료아동 역시 마찬가지다. 또한 서대문구가 청년주거 지원에 힘쓰고 있는 만큼 청년임대주택 조성이 이들에게도 큰 도움이 될 것으로 기대한다.

이들에게는 경제적, 물질적 도움만이 아니라 본인들이 새로 속하게 된 커뮤니티 속에서 서로 소통하고 관계를 형성하면서 사회구성원으로 정착하게끔 하는 지원이 가장 필요하기 때문이다. 지역사회와 다양한 민간 단체들이 서대문 지방정부와 함께 이들의 안정적인 자립을 돕고 미래를 응원해 주길 바란다.

교통약자의 공원 접근성을 개선할 수 있을까?
바람산 공원 엘리베이터

젊음의 거리로 익히 알려진 신촌. 하지만 그 한가운데에 공원이 있다는 사실은 의외로 알려져 있지 않다. 신촌 거리 뒷골목에 우뚝 솟은 바람산 위에는 창천근린공원이 위치해 있고, 좁은 골목길을 사이에 둔 맞은편 아래쪽에는 바람산 어린이공원이 있다. 둘을 묶어서 흔히 바람산 공원이라고 부르는 이곳은 신촌지역에 거주하는 주민들에게 소중한 휴식처를 제공하는 녹지 공간이다.

하지만 공원이 산에 위치한 탓에 아무래도 주민의 접근성이 떨어질 수밖에 없었다. 그러다 보니 도시의 공간 활용이라는 측면에서 취약한 점이 있었고, 수풀이 우거져서 야간에는 우범지대가 될까 우려된다는 주민의 의견도 있었다. 그래서 이 공간을 어떻게 개선해야 할지를 고민한 끝에 실마리를 찾을 수 있었다.

청년문화와 함께하는 중심지, 바람산 일대

연세대학교 및 이화여자대학교와 인접한 신촌은 예로부터 청년문화의 중심지였다. 그간 신촌 도시재생사업을 비롯한 여러 지역 사업들 또한 일관되게 청년의 문화와 창업을 중심으로 추진되었다. 그러한 지리적 특성을 고려할 때, 바람산 공원 또한 청년문화의 중심지로 발돋움할 수 있겠다는 생각이 들었다.

때마침 바로 인근에 청년의 문화활동공간인 신촌문화발전소가 건립되어 2018년부터 운영을 시작한 상황이었다. 또 창천노인복지센터 또한 연세대학교와 협력 하에 청년의 창업을 지원하는 공간인 캠퍼스타운 에스큐브로 리모델링을 추진하고 있었다. 바람산 공원을 이러한 시설과 하나로 묶어 지역문화의 거점 공간으로 활용하면 좋겠다는 발상이 떠오른 것은 자연스러운 일이었다. 그렇게 하여 장기적으로는 바람산 일대를 문화의 중심지이자 명소로 재탄생시키자는 것이 나의 구상이었다.

하지만 그러기 위해서는 우선적으로 해결해야 할 과제가 있었다. 바로 바람산 공원으로의 접근성을 개선하는 것이었다. 아무리 취지가 좋고 의미가 있는 곳이라도 사람들이 방문하지 않는다면 이른바 죽은 공간이 될 수밖에 없다는 것을 나는 다년간의 경험을 통해 알고 있었다. 사람들이 쉽게 방문할 수 있어야만 공간에 활기가 돌고 주변에도 긍정적인 영향을 끼칠 수 있는 법이었다.

그 문제를 해결하기 위해 떠올린 발상이 바로 산 위에 조성된 공원과 지상을 잇는 엘리베이터를 설치하는 것이었다. 예산의 일부를 특교세로 확보하고 나머지는 구비로 충당하여, 2020년 8월부터 총 사업비 19억 5천만 원 규모의 바람산 일대 이동편의시설 개선작업을 시작했다.

바람산에서 바라본 신촌

바람산 어린이공원

바람산 공원 전경

'내 마음을 엮어주오' 전시물

물론 단순히 엘리베이터만 설치한 것은 아니었다. 공원 안팎의 노후되고 위험한 시설물도 함께 정비하고, 수목 식재를 통해 보다 깔끔한 분위기를 조성했다.

처음에는 인근 캠퍼스타운에 있는 기존 엘리베이터를 증축하는 방안도 검토해 보았다. 하지만 구조 검토를 해보니 증축은 어렵다는 결과가 나와서 아예 독립된 새로운 수직 엘리베이터를 신축하는 것으로 결정했다. 아울러 상부 창천근린공원에는 전망대와 보행교를 설치하고 하부의 어린이공원에는 목재 계단을 설치하는 등 두 공원간의 연결성도 개선하기로 했다. 그 과정에서 현장을 직접 방문하고 주민들의 의견도 함께 수렴하여 최종적인 판단을 내렸다. 그렇게 하여 2021년 4월부터 본격적인 공사가 시작됐다.

부서 간의 협업으로 성과를 이루어내다

하지만 엘리베이터 공사 착공만으로 모든 것이 마무리된 것은 아니었다. 오히려 지금부터가 시작이라는 마음이었다. 나는 당초의 구상이었던 바람산 일대의 명소화 사업을 함께 진행하도록 했다. 엘리베이터 공사가 공원 담당 부서의 일이라면, 명소화 사업은 문화 담당 부서의 일이었다. 다행히도 두 부서 모두 나의 뜻을 십분 이해하고 상호 협력하여 업무를 잘 분담해 주었다.

2020년부터 내부적인 추진을 거쳐 2021년 초에 바람산을 대상으로 한 공공미술 프로젝트가 서울시 공공미술 대상지로 최종 선정되었다. 지역의 여러 주체들과 협력하여 도심 속에 공공미술공간을 구축하는 프로젝트로, 당초부터 지역의 문화 중심지로 구상했던 바람산 공원에 딱 맞는 사업이 아닐 수 없었다. 지역주민과 함께한다는 취지를 살려 사업명도 '바람산연립 아카데미'로 정했다. 공모를 시작하자 무려 53개 팀이 참여하는 등 열기를 띠었고, 최종적으로 10개 팀이 선정되어 그해 6월부터 '내 마음을 엮어주오' 라는 제목으로 전시를 시작했다.

이후로도 코로나19로 인해 활동이 위축된 청년 예술가들이 활동할 수 있도록 커뮤니티 예술프로그램을 운영했다. 또 인근의 문화예술 및 청년 관련 시설의 내외부를 활용하여 연계한 전시를 개최하는 등, 바람산 공원을 문화 중심지로 재탄생시키기 위한 활동이 활발하게 이루어지고 있으며 앞으로도 지속적으로 이어질 것이다. 그리고 그 과정에서 엘리베이터는 지속적으로 사람들을 태우고 오르내리면서 지역 주민들을 편리하고 안전하게 바람산 공원으로 안내할 것이다.

사람을
향해 다가가는
도시

3부

포용

5장

기부문화 확산을 복지사업으로 연계한다면?
100가정 보듬기 사업

우리는 법과 제도라는 사회적 기반 위에서 살아간다. 복지제도 또한 우리 사회를 지탱하고 있는 수많은 제도 중 하나이다. 복지(福祉)의 사전적인 풀이는 '행복한 삶'이라고 한다. 대한민국 국민 모두가 행복하게 살아갈 수 있도록 삶의 질을 높이기 위한 제도가 복지 제도인 것이다.

정부와 지방자치단체 모두 다양한 복지 수요를 만족시키기 위해 최선을 다해서 발로 뛰고 있다. 그럼에도 불구하고 예산과 인력 등의 한계로 인해 때때로 누군가는 도움이 필요한 순간에 제도 울타리 밖에 남겨지고 만다. 장애가 있는 아들이 수급을 받을 수 있게 도와달라며 목을 맨 아버지, 마지막 월세와 공과금을 남기고 생활고를 비관하여 스스로 눈을 감은 세 모녀……. 법적 요건을 충족하지 못해 복지 사각지대에서 제도의 보호를 받지 못한 채 스러져간 사람들이 있다. 알려지지는 못했어도 이와 같은 수많은 사연들이 각기 다른 안타까운 이름으로 존재했으리라 생각한다.

민선 5기가 출범하며 구청장으로서의 첫 걸음을 내딛던 시기, 가장 우선적으로 풀어나가고자 했던 서대문의 비전이 바로 '다함께 잘 사는 따뜻한 서대문 구현'이었다. 복지 공백으로 생겨나는 이런 안타까운 일들을 어떻게든 줄여 나가고 싶었다. 하지만 재원은 한정되어 있고, 도움을 필요로 하는 곳은 넘쳐 났기에 새로운 돌파구가 필요했다.

서대문구형 기부 프로젝트의 탄생

기본적인 복지 예산을 유지하면서도 기존의 복지 제도가 다 안고 가지 못하는 틈새 계층을 보듬어야 했다. 발상의 전환이 필요했다. 사회적 복지 연대의 틀을 강화하는 것이 답이라 생각했고, 이를 위해서 기부 문화를 정착시킬 필요가 있다고 판단했다. 그러나 구체적으로 어떤 방법을 써야 할지를 찾는 것이 큰 숙제였다. 잠깐 반짝하고 사라지는 일회성 이벤트가 아닌, 온기가 오래오래 유지되는 생명력이 긴 사업을 위해 고민에 고민을 거듭했다.

그러던 중 우연히 테레사 수녀님의 말씀을 듣게 되었다. "나는 한꺼번에 대중을 구원하려 하지 않습니다. 단지 한 번에 한 사람씩 껴안을 수 있을 뿐입니다. 한 번에 한 사람씩……." 소박하고도 위대한 신념에 감탄하며 '한 번에 한 사람씩'이라는 말을 나도 모르게 곱씹었다. 그러다 문득 어쩌면 여기서 해답을 찾을 수 있을 것이라는 생각이 스쳤다. 불특정 다수를 위한 기부보다 실체가 분명한 단 한 사람만을 위한 기부를 한다면, 애정과 책임감을 갖고 오래 지속될 수 있지 않을까? 그렇게 되면 후원자의 부담도 보람과 자긍심으로 재탄생할 수 있을 것이라는 생각이 들었다.

기나긴 고민 끝에 마침내 '100가정 보듬기'가 탄생했다. 우선 후원자

100가정 보듬기 사업 포스터

와 수혜 대상 가정 발굴부터 시작했다. 개인, 단체, 기업체, 종교 단체를 가리지 않고 내가 함께 찾아가 적극적으로 협조를 구하며 후원자를 물색했다. 수혜 대상 가정을 발굴하기 위해 교회에 방문하여 100가정 보듬기 사업의 취지를 설명하고 광고시간을 요청했다. "교회의 사명이 무엇인가요, 한 생명을 구하는 것이 아닐까요. 한 번 돕는 것으로 끝나는 것이 아니라 자립할 수 있을 때까지 매월 꾸준히 도와주세요."라며 도움이 필요한 가정의 형편에 대해 구체적으로 설명해 드렸다. 그리고 정부가 기초수급자를 지원하듯 매월 지원해 주십사 다시 한 번 간곡히 요청했다. 또 교회를 하나하나 방문하여 사업의 취지를 소개하고 나면 교회 구성원 중에서 후원자가 자발적으로 나서 주었다. 기업하는 분들에게도, 개인들에게도 적극적으로 안내했다. 그런데 놀랍게도 지금껏 후원자가 없어서 지원하지 못한 경우는 단 한 번도 없었다. 마치 예정되어 있듯이 늘 후원자의 손길이 이어졌다.

수혜 대상 가정 발굴을 위해서는 관내 복지 기관, 학교와 어린이집과 같은 공적 자원의 도움을 받았다. 공적 지원 제도 밖에서 도움의 손길을 기다리고 있는 수혜 대상 가정을 찾아내기 위해서 구청과 동 주민센터, 복지관이 민관 연석회의를 열어 힘을 합쳤고, 동네 구석구석 누구보다 잘 아는 통·반장과 가가호호 방문 가능한 가스검침원, 우편배달원이 함께 힘을 보태주었다.

100가정 보듬기 사업을 통해 후원자는 희망하는 가정을 선택한 후 1 대1 결연을 통한 지원을 약속했다. 후원 기간은 수혜자가 자립할 때까지로 하여 평생 동반자의 관계를 형성할 수 있도록 도왔다. 후원금은 사회복지공동모금회의 지정 기탁을 통해 수혜자에게 직접 전달되도록 하여 신뢰와 투명성을 보장했다. 아울러 구청에서는 누리보듬사업단과 협약하여 지속적인 사례 관리를 통해 후원금뿐 아니라 후원 가정이 필요로 하는 물품과 긴급 주거지원, 의료와 교육지원 등 맞춤형 서비스까지 제공할 수 있도록 지원했다. 이렇게 수혜 가정이 스스로 설 수 있는 힘을 기르고 나면 우리 서대문에 또 다른 희망이 되어줄 것이라 믿었다.

100가정을 넘어서 '온' 가정으로

2011년을 '복지 증진의 해'로 만들겠다는 나의 의지를 담아 본격적인 사업이 시작되었다. 100가정 보듬기라는 명칭처럼 첫 해의 목표는 100명이었다. 100명의 후원자 발굴, 100개의 수혜자 가정 발굴이 목표였다. 시도하는 단계에서 어려운 목표일 수도 있었다. 그러나 놀랍게도 그 해가 가기 전, 종무식을 하는 날에 100호 결연식을 개최할 수 있었다. 참으로 벅찬 순간이었다.

2012년에는 숫자 '100'의 의미를 재정립하며 100가정 보듬기의 사업

대상을 복지사각지대에 위치한 모
든 구민으로 확장했다. 200호 가정,
300호 가정…… 온정의 손길이 계
속해서 이어졌다. 그러던 중 2016
년에는 그야말로 기적과 같은 일이

100가정 보듬기 사업 결연식

일어났다. 이 사업을 통해 지원받던 사람이 자립에 성공한 후, 이제는 후
원자로서 다시 한 번 100가정 보듬기 사업의 일원이 된 것이다. 배우자
의 사업부도와 수혜자 본인의 건강 악화로 공과금과 월세가 체납되어
2013년에 100가정 보듬기 사업의 대상으로 선정되었던 가정이었다. 이
가정은 후원금과 종합적인 사례관리를 통해 자립 기반을 마련하는 데에
성공한 후 안정을 찾자 자신보다 더 어려운 모자 가정에 후원을 시작했
다. 한 사람에게 희망의 싹을 틔우면 그 사람이 또 다른 사람에게 희망
이 되어줄 것이라는 선순환에 대한 믿음이 빛을 발하는 순간이었다.

사업 초반에는 주로 종교 단체나 기업체 위주로 소외계층 후원이 이루
어졌다. 그러나 시간이 흐르면서 점차 개인 단위의 참여도 증가하였다.
그 결과 2021년 말 기준으로 총 734가정에 40억 원이 넘는 금액이 지원
되었다.

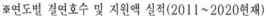

※연도별 결연호수 및 지원액 실적(2011~2020현재)

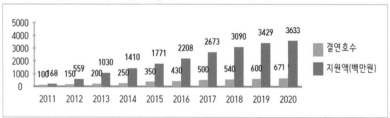

최근에는 북아현동에 거주하는 가족을 통해 100가정 보듬기 사업에 대한 얘기를 듣고 1년간 매월 640만원을 25가구에 나눠 후원하기로 한 익명의 기부자가 나타나기도 했다. 이를 통해 독거노인 4가구, 한부모 13가구, 저소득 8가구 등이 후원받게 되었다. 법적 요건이 결여돼 공적 지원 대상이 되지 못함에도 만성질환 등으로 일을 할 수 없어 자녀 교육 비나 병원 진료비 등이 필요한 주민들이었다. 이 사업을 시작한 보람을 새삼스레 한 번 더 느낄 수 있었던 일이었다.

희망의 씨앗은 무럭무럭

올해는 100가정 보듬기 1호 가정이 탄생한 지 10주년을 맞이하는 뜻깊은 해이다. 짧다면 짧지만 길다면 긴 기간 동안 사업을 지탱하기 위해 여러 각도에서 연구하고 고민했다. 무엇보다 후원자로서 참여해주시는 분들이 보람과 자부심을 느끼게 해드리고 싶었다. 자긍심을 갖고 지속적으로 참여하실 수 있도록 수혜자가 직접 쓴 감사 편지도 전달하고, 명예의 전당을 마련하여 성함을 올려드렸다. 또한, 후원자들과 수혜자들이 직접 만나 소감을 교환하고 후원자들 간에도 담소를 나누며 공감대를 형성할 수 있도록 후원자의 밤 행사를 개최하기도 했다. 그 모든 순간이 지금의 서대문 장수 사업을 만들어낸 원동력이 되어 주었다고 생각한다.

서대문의 100가정 보듬기 사업은 한국사회에서 기부문화 확산이 가능하다는 것을 보여주는 사례다. 서대문구뿐만이 아니라 전국의 모든 지방정부에서도 가능하다. 전국의 시장, 군수, 구청장이 이 사업을 다 함께 해보자고 제안하고 싶다.

이 사업을 처음 시작하면서 10가정 정도를 직접 방문하여 가정의 상황을 파악했고, 후원자를 모으기 위해 교회, 성당, 사찰, 기업체 등을 하나하나 찾아다니면서 취지를 알렸다. 그러나 이것이 나만의 노력으로 이루어진 성과는 결코 아니다. 1호부터 734호에 이르는 수많은 가정의 후원자를 발굴하고 모집한 공로는 전적으로 서대문구의 직원들과 통장 및 여러 관계자들에게 돌아가야 한다. 나는 아이디어를 내고 시스템을 만들었으며 그 안에서 직원들은 뛰어난 성과를 내 주었다.

100가정 보듬기 사업의 가장 우선적 목표는 저소득 주민의 복지 문제 해결일 것이다. 그러나 사업을 통해 어려움과 기쁨을 함께 나눠 가지면서 자연스레 함께 얻게 된 수확이 있었다. '너와 나'가 아닌 '우리'로서 함께 위기를 극복해 나가는 공동체 의식이었다. 또 도봉구에서는 100가정 보듬기를 벤치마킹하여 '희망꽃 피는 300가정 결연사업'의 문을 열었다는 소식이 들려왔다. 우리 서대문이 추구하는 가치와 방향이 또 다른 곳에 길잡이가 된 것이었다. 함께 함으로써, 나눔으로써, 희망은 이렇게 자꾸만 지평을 넓혀 간다.

1호 결연 가정의 이야기 : '그믐밤 길에서 만난 빛'

○○씨는 출생 후 바로 시각1급 장애 판정을 받았다. 장애인 특수학교에서 고등학교 과정까지 별 어려움 없이 성장한 ○○씨에게 세상은 시력의 어두움보다 더 짙은 어두움이 되었다. 기대감에 부풀어 홀로서기

를 준비했지만 어렵사리 취직한 제빵회사에서 장애로 인해 그만두게 되었고, 집안 형편도 기울어져 점점 절망하는 일이 이어졌다. 가족들의 도움으로 인연이 닿아 베트남 여성과 결혼하여 ○○씨는 다시금 희망을 안게 되었다. 북아현동 재개발지역의 반 지하 단칸방에서 시작한 살림이었지만 ○○씨에게 삶의 빛을 가져다 주었고 꽃다운 19살의 아내는 1년 후 아이를 낳아 가족이 완성되었다.

　그러나 아이는 출생 직후 시각4급 장애 판정을 받았고, 둘째 아이마저 심한 시각 장애를 가진 채 태어났다. 어려운 살림에 주저앉을 수 없던 부부는 가슴에 절망을 안은 상태로 아이들을 희망 삼아 힘을 내었다. ○○씨는 안마기술을 갖고 안마방에서, 아내는 낮에는 식당에서 일을 하고 밤에는 다문화 교실에서 검정고시 공부를 하며 생활했지만 4인 가구가 생활하기에는 턱없이 부족했다. ○○씨 부모님의 부양능력 있음으로 인해 국민기초생활수급 신청도 어려웠다. ○○씨의 부모님은 이혼 상태로 경제적 지원은커녕 연락도 하지 않지만 어쩔 수가 없었다. 설상가상으로 재개발로 인해 살고 있던 집마저 이사를 가야만 하는 상황에 놓였고, 보증금이 부족하여 갈 곳이 없는 부부는 절망감으로 끝없는 낭떠러지 위에 서게 되었다.

　그믐밤 길에 등불 만난 듯 100가정 보듬기 사업 첫 주인공으로 ○○씨가 추천되었다. 연희동 성당에서 ○○씨의 힘든 사연을 듣고 몹시 안타까워하며 후원금 500만 원을 일시금으로 선뜻 지원해 주셨다. 가뭄의 단비같은 500만 원을 지원받은 가족들은 보증금과 이주비를 합하여 평지에 있는 방 두 칸짜리 집으로 이사를 할 수 있게 되었다. 아이들의 방이 생기고, 베트남의 처가 부모님도 오셔서 따로 주무실 수 있는 공간도 생겼다. 장애인 복지관에서는 아이들 책상을 선물해 주었다. 아이들이 기쁨에 방안을 뛰었고 ○○씨 부부의 가슴에도 희망의 심장이 새로이 뛰게 되었다.

그러나, 행복의 순간도 잠시, ○○씨는 안마 협회의 주선으로 경로당 순회 안마를 하는 새로운 일자리를 갖게 되었고 아내도 식당에 취직이 되어 조금이나마 생활에 보탬이 되었지만 생활고와 장애 또 다문화 가정이라는 삼중고를 이겨내기는 쉽지 않은 일이었나 보다. 빛이 닿았던 ○○씨 가정에 온기가 잠시나마 자리 잡기도 전에 성격차이로 인해 가정불화를 겪던 ○○씨 부부는 이혼을 하게 되었다. ○○씨는 홀로 장애를 가진 두 자녀를 키워야만 했다. 안마 일도 줄어들었다.

하지만 ○○씨는 아이들과의 삶을 위해, 생활을 위해 막막함을 이겨내려 힘을 내었다. 기초생활을 해결하기 위해 공적제도 신청을 했고, 아이들 양육을 위해 한부모 자격도 얻었다. 2016년에는 임대아파트에도 입주하게 되었다. 다행히 아이들은 엄마 없이도 해맑게 지내 주고 있다. ○○씨는 ○○씨와 아이들에게 빛이 있음을 믿고 있다. 지역사회의 관심으로 일어선 ○○씨의 가족에게서 쉬지 않고 반짝이는 희망을, 그리고 미래를 기대한다.

<table>
<tr><td rowspan="2">수상실적</td><td>▶ 2016년 복지구청장상(서울사회복지사협의회 주관)</td></tr>
<tr><td>▶ 2019년 제10회 서울사회복지대상 수상(서울복지신문사 주관)</td></tr>
</table>

대학생들의 주거 문제,
개인 또는 대학에만 맡겨 놓아도 될까?

꿈꾸는 다락방 : 대학생 임대주택

서대문에는 연세대, 이화여대 등 9개 대학이 자리하고 있다. 전국에서 올라온 많은 학생들이 부모님이 보내주신 돈으로 하숙이나 자취를 하고 있다. 2010년 8월에 관내 대학 기숙사 현황을 조사한 결과 각 학교별로 학생 수 대비 지방출신 학생 수의 비율은 20~40%로 나타났다. 월 기숙사료는 16만원에서 25만원으로 그것마저 기숙사 시설이 학생 수에 비해 많이 부족한 실정이었다. 경기대, 명지전문대, 추계예술대, 간호대는 기숙사 시설이 전혀 없어 더욱 대책이 시급한 실정이었다. 이에 2011년 4월 〈서대문구 대학생 임대주택공급 및 지원 조례〉를 제정하고 대학생 임대주택 사업에 본격적으로 착수하였다.

공공건물을 개조해서 만든 홍제동 꿈꾸는 다락방 제1호
홍제동40-63에 위치한 꿈꾸는 다락방 제1호점은 원래 노인요양시설

(전(前)천사데이케어센터)이 자리했던 곳이다. 요양시설 이용자가 적어 시설을 폐쇄한 후 총 1억 5,984만 원을 들여 리모델링하여 대학생 임대주택으로 개조했다. 지상 2층 건물로 전용면적 $20 \sim 23 m^2$ 방 8개가 있다. 방마다 샤워실·주방·화장실과 2층 침대, 세탁기, 냉장고, 싱크대, 책상 등이 갖추어져 있다. 관내 저소득 대학생 12명에게 보증금 100만 원에

홍제동 꿈꾸는 다락방

2인실 기준 월 5만 원(1인실 월 10만 원)을 받고 제공했다.

천연동 꿈꾸는 다락방 제2호점

천연동 98-13호에 위치한 꿈꾸는 다락방 제2호점은 지하 1층, 지상 4층 건물로 총 27가구로 구성돼 있다. 전용면적 $20 m^2$ 2인실이 21가구, 16.5 m^2 1인실이 6가구이며 보증금

천연동 꿈꾸는 다락방

100만 원, 월 임대료는 2인실 기준 5만 원(1인실 10만 원)이다. 각 가구별로 주방, 화장실, 에어컨, 침대, 세탁기, 냉장고, 싱크대, 책상 등이 갖춰져 있는 풀옵션 원룸이다.

한국해비타트 서울지회와 협력해 건립한 건물로 서대문구가 11억 원, 한국해비타트가 6억 원을 들였으며 설계와 시공은 포스코 그룹 종합건

축서비스 계열사인 포스코A&C가 맡았다.

당초 이 대학생 임대주택 부지는 14면 규모의 공영주차장이었다. 임대주택 건립으로 주차장이 없어질 것을 우려한 주민들의 건의를 적극 받아들여 추가 예산을 확보한 후, 이 건물 지하에 20대를 주차할 수 있는 공영주차장 공간을 조성했다. 대학생 임대주택도 지으면서 주민을 위한 공영주차장도 오히려 넓힌 것이다. 첫 입주신청 때 총 118명이 입주신청을 했으며 〈서대문구 대학생 임대주택 공급 및 지원 조례 시행규칙〉상 평정기준에 따라 최종 48명이 선발되었다.

대학생 연합기숙사 1호 – 홍제동 행복(연합) 기숙사

홍제동 행복기숙사는 대학 캠퍼스 밖에 설립돼 여러 대학의 학생들이 사용할 수 있는 첫 공동 기숙사다. 이 기숙사는 교육부, 서대문구, 한국사학진흥재단 등 중앙정부와 지방자치

홍제동 행복(연합) 기숙사

단체가 공동 협업을 통해 설립·준공하였다. 교육부가 국유지(3,418㎡)를, 서대문구가 공유지(825㎡)를 무상으로 제공했고, 한국사학진흥재단이 자금(국민주택기금 84억 1,400만 원, 사학진흥기금 74억 5,800만 원)을 투자했다.

홍제동 행복기숙사는 연면적 7,811㎡ 규모, 지하 1층, 지상 7층으로 학생 516명을 수용할 수 있다. 교통이 편리한 지하철 3호선 홍제역 인근에 위치해 있어 서울 서북부권 33개 대학에 재학하고 있는 지방출신 학

생들이 함께 사용하는 데 큰 장점을 지니고 있다. 기숙사비는 기존 사립대 민자 기숙사 월 34만 원에 비해 40% 정도 저렴한 월 19만 원 수준이다.

천연동 꿈꾸는 다락방을 통해 대학생들에게 매우 저렴한 수준으로 주거복지혜택을 제공하는 대신 지역사회에 공헌할 수 있는 기회를 제공하고자 사업을 기획한 결과, 멘토링사업과의 연계를 시도했다. 이곳에 입주하여 생활하는 조건으로 매주 2회 2시간씩 지역의 초중고생들의 학습을 돌봐주는 1대1 멘토링을 의무 조건으로 제시한 것이다. 청년주거문제와 교육격차 및 사교육비의 문제를 지역공동체를 통해 해결할 수 있는 좋은 아이디어라고 생각했다. 이 사업을 통해 학습 환경이 적절히 뒷받침되지 못하는 학생들이 학습에 전념하고, 동시에 지역사회로부터 자신이 받은 혜택을 다시 공동체로 환원하는 선순환이 정착되기를 희망한다.

홍제동 대학생 연합기숙사 멘토링사업 오리엔테이션

청년 주거난(難) 우리가 직접 도울 수는 없을까?

이와일가, 청년누리, 스타트업 청년주택

청년들은 젊음의 풍요를 누리지만 현실은 팍팍하고, 물질적으로 빈곤할 수밖에 없다. 먹는 것, 입는 것도 마찬가지지만 무엇보다 주거 문제가 가장 심각한 고민거리일 것이다. 필연적으로 목돈이 들어갈 수밖에 없기 때문이다. 그러다보니 청년들에게 주거 환경 문제는 오히려 뒷전이 되고 만다.

집이란 외부 활동을 하고 돌아가 나 자신을 돌보는 소중한 공간이며 다음날 다시 사회로 나가기 위한 에너지를 충전하는 중요한 공간이다. 하지만 현실은 우리의 생각이나 기대와는 너무나 거리가 멀다. 서울이라는 이유로 비좁은 공간조차 그 값을 감당하기 쉽지 않다. 청년들은 안정감을 얻을 수 있는 내 공간을 원하지만 비용 문제 때문에 불안정한 환경에 노출될 수밖에 없다. 그래서인지 첫 임기를 시작할 때부터 대학생 임대주택은 늘 나의 관심사였다.

뿐만 아니라 서대문구의 1인 청년가구가 지속적으로 늘어나고 있는 상황에서, 전국적으로 청년실업률이 상승하고 있다. 주거뿐만 아니라 구직을 동시에 해결해야 하는 상황이었다. 이 둘을 연계하기 위해서는 공동체 조성이 필요하다는 생각이 들었다. 아울러 청년층을 시작으로 저소득층과 독거 어르신까지 대상 계층을 확대해 더 많은 구민들에게 양질의 주거 환경을 조성해 주어야 한다는 데까지 생각이 미쳤다.

사람답게, 다 같이

2016년을 맞이해 임대주택 사업을 본격적으로 추진하고자 '서대문구형 맞춤 공공임대주택 추진 기본계획'을 수립했다. 주거기본법에 근거해 쾌적하고 살기 좋은 생활을 영위하기 위한 최저 기준보다 열악한 환경에 노출되어 있는 가구를 우선적으로 지원하기로 했다. 사람답게 살 수 있는 기본적인 공간 마련은 물론이고 사람간의 관계를 맺을 수 있는 환경을 함께 제공하여 심신의 안정을 동시에 얻으며 삶의 질을 향상시킬 수 있도록 세부적으로 기획하기 시작했다.

본격적으로 조사를 진행해 보니 한부모나 독거 어르신 가구 중 218가구가 지층이나 반지층에 거주하는 것으로 드러났다. 또한, 서울시 전체적으로 볼 때 취업난으로 인해 학업과 구직 기간이 늘어남에 따라 전체 인구는 감소하면서 동시에 1·2인 가구, 특히 청년 1인 가구의 비율은 점점 늘어나는 것으로 나타났다. 가구 구성의 급속한 변화를 뒷받침할 사회적인 제도가 필요한 실정이었다.

안타깝게도 서대문구는 2014년 말을 기준으로 볼 때 서울시 자치구 중 임대주택 공급이 18위에 불과했다. 서대문구에서 독자적으로 추진하

는 임대주택사업은 예산의 한계로 어려움이 있었고, 임대주택에 입주를
원하는 대기자들은 점점 더 적체되고 있었다. 기존 임대주택마저도 1인
가구가 살기에는 주거비 부담이 컸고, 순위 경쟁에서 부양가족 수가 많
은 가구에 밀려 선정되기조차 결코 쉽지 않았다.

일단 예산상의 부담을 줄이기 위해 서울시와 SH공사에서 추진하는
주택 공급 사업과 협업할 수 있도록 대상지를 적극적으로 물색했다. 민
간이 건립한 주택을 매입하여 지역의 특성과 수요자의 욕구에 맞춘 임대
주택을 공급하는 사업이었기에 1인 가구에 적당한 맞춤형 주택이 필요
한 우리 구 사업 취지와 딱 들어맞았다. 다행스럽게도 SH공사로부터 맞
춤형 임대주택으로 사업 제의가 들어와 이미 주거복지사업 증진을 위한
양해각서(MOU)를 체결한 상황이어서 예상보다 순조롭게 사업을 진행
할 수 있었다. 기 체결한 협약을 활용해 하자보수 등 관리 비용을 분담하
는 방향으로 추진함으로써 사후 관리에 소요되는 예산부담 또한 줄일 수
있었다.

두 지붕 한 가족, 이와일가

주거복지사업 3개년 계획을 수립한 후 청년과 한부모, 독립·국가유공자
를 위한 임대주택을 가장 먼저 추진하기로 했다. 청년주택은 북가좌동
에 매물이 확보되어 1·2호점이 동시에 진행되었다. 저렴한 금액에 제공
하는 주거 공간은 물론이거니와 그 이상의 무언가를 얻어갈 수 있는 공
간이었으면 했다.

입주자들 간 서로 어울리고 이야기를 공유하는 커뮤니티 활동을 통
해 자신의 세계를 한 발짝이라도 넓혀갈 수 있는 의미 있는 공간으로 조

이와일가 개념도

성되길 바라는 마음에 북가좌동 청년주택은 '협동조합형'으로 추진하였다. 새롭게 시도하는 독특한 방식인 만큼 입주 설명회부터 교육, 면접 등 다소 철저한 과정을 통해 입주자를 선발했다. 입주 지원서를 통해 협동조합원으로서의 역할을 잘 인지하고 있는지, 의지를 갖고 있는지를 보았다.

면접은 그룹 면접으로 진행하고 함께 살고 싶은 입주자를 직접 선정하도록 하여 혹시 모를 불협화음을 최대한 줄이고자 노력했다. 입주자들의 적응을 돕기 위해서 서대문구와 SH공사, 서울시, 협동조합지원센터, 코디네이터가 힘을 합쳤다. 이렇게 2016년 겨울, 서울시 자치구 최초의 맞춤형 임대주택이 북가좌동에 문을 열었다. 이름은 '이와일가'로 정했다. '두 지붕 한 가족'이라는 뜻으로 그리 멀지 않은 거리에 떨어져 있는 2개

창립총회

공동체교육

이와일가 내부

의 주택에 더불어 사는 공동체 공간을 만들겠다는 취지를 한껏 살린 이름이었다. 조합원들이 스스로 논의하고 결정한 이름이어서 더욱더 의미가 있었다.

이와일가 가족들은 청년이라는 틀 안에서도 굉장히 다양한 사람들로 이루어졌다. 연령대가 20대 초반부터 30대 후반까지 폭 넓게 구성되었고, 언론인, 대학원생, 예술가 등 다양한 직업의 사람들이 서로의 이야기를 공유할 수 있었다.

설립 취지에 맞도록 다양한 소모임 운영과 공동체 활동도 이루어졌다. 천연 향초 만들기, 넷플릭스 소모임, 매실청 담그기 소모임 등이 진행되었다. 이와일가라는 이름 그대로, 외롭지 않게 더불어 살아가는 두 지붕한 가족의 의미를 실천하고 있는 것이다.

청년이 그리는 세상, 청년누리

이와일가의 오픈과 맞물려 또 다른 반가운 소식이 들려왔다. 포스코1% 나눔재단에서 사회공헌사업 차원에서 서대문구와 함께 청년들을 위한 쉐어하우스를 건립할 것을 제안해온 것이다. 포스코 재단에서는 에너지 절약형 설계와 태양광 설비를 갖춘 건물을 건축한 후 서대문구에 기부채납 하겠다고 했다. 신속하게 부지 물색에 나섰다.

부지 제공을 위한 지구 단위 계획 변경과 실질적인 지원책도 함께 검토했다. 여러 부지를 검토했지만 여의치 않았고, 결국 남가좌동의 단독

청년누리 사업 구조

주택 두 채를 매입하여 노후 건물을 철거한 후 추진하게 되었다.

쉐어하우스형 청년주택의 이름은 '청년누리'로 결정되었다. 이 쉐어하우스를 발판으로 청년들이 자신들이 꿈꾸는 세상을 만들어 나갔으면 하는 바람을 담은 이름이었다. 청년누리 운영은 민달팽이 협동조합이 맡았다. 청년누리 또한 거주를 위한 공간을 넘어서 지역 내 청년 네트워

청년누리 전경

청년누리 내부

크를 구성하고 이끌어가는 청년 활동의 거점으로 활용되길 바랐다. 그래서 입주한 청년들 간 친밀감 형성에 도움이 되도록 1인 1실을 기본으로 하면서도 남녀별로 화장실 겸 목욕탕과 거실 및 주방을 공유하는 구조로 구성했다.

이와일가와 청년누리가 추진된 지 4년여가 흐른 2020년, 청년의 날을 맞이하여 국회사무처 소관 사단법인 청년과미래가 주관한 '2020 청년친화 헌정대상'에서 종합대상을 수여했다. 청년 심사위원들이 직접 참여한 평가여서 더욱 의미 있게 다가왔다. 이 두 청년주택이 청년들의 눈높이에 맞는 정책으로 평가받았다는 사실이, 사업의 취지와 목적을 누군가 알아줬다는 것이 더 없이 감격스러웠다.

청년의 꿈을 일구는 주거와 창업벨트, 신촌 청년주택

서대문구의 청년주택은 여기서 끝이 아니다. 오히려 이제부터가 시작이다. 서대문구는 청년들이 창의력과 기발한 아이디어를 마음껏 발휘하여 창업에 도전할 수 있는 환경을 조성해 주고자 스타트업 청년들의 주거를 적극 지원하고 있다. 특히 청년 창업의 메카로 떠오르고 있는 신촌지역 일대를 거점공간과 입주시설로 연결하는 '신촌 벤처밸리 조성사업'을 중점적으로 추진하고 있다.

먼저 도전정신과 창의력이 넘치는 스타트업 청년들에게 안정적인 주거를 제공할 수 있도록 스타트업 청년 1인 가구 152세대가 입주할 수 있는 청년주택을 공급한다. 2호선 신촌역 인근에 지하 2층, 지상 13층 규모로 건립하며 2022년 하반기 준공을 목표로 추진하고 있다. 향후 금융권 창업재단 D-Camp에 입주한 스타트업 청년들이 입주할 예정으로 신촌의 다른 창업시설인 청년창업꿈터 1·2호점, 신촌박스퀘어, 신촌 파랑고래, 연대·이대 캠퍼스타운 등과 연계하여 신촌 지역 벤처밸리의 주요 입주시설이 될 것으로 기대하고 있다.

또, 2020년 7월 국토교통부 '창업지원 주택' 건설 사업지로 최종 선정된 신촌동 주민센터 일원 복합화 사업도 차질 없이 진행되고 있다. 노후화된 신촌동 주민센터를 청년창업지원주택과 공공시설(동 주민센터)로 복합 재건축하여 청년의 주거 안정뿐 아니라 창업·융합 서비스 제공의 기틀을 마련한다는 계획이다.

앞으로도 서대문구는 청년들의 안전한 보금자리를 제공할 수 있도록 계속해서 청년주택을 조성해 나갈 것이다. 청년들에게 바라는 것은 단 하나뿐이다. 더불어 머물다 간 자리에서 소중한 인연과 소중한 기회를 만들어 가기를 바라는 마음이다. 하나 더 욕심을 부린다면, 안정된 주거와 창업기반을 바탕으로 멈추지 않고 마음껏 도전해 보기를 바란다. 그런 기회를 제공하기 위해 노력과 응원을 아끼지 않을 것이다.

수상실적
▶ **2020년 청년친화 헌정대상 종합 대상 수상**[(사)청년과미래 주관]
▶ **2020년 기초단체장 매니페스토 경진대회 우수상 수상**(한국매니페스토실천본부 주관)

주거복지사업 대상을 확대한다면?

나라사랑채, 청년미래공동체주택

우리나라의 역사를 되돌아보면 가슴 아프면서도 분노가 치미는 일이 있다. 역사 바로 세우기에 실패한 결과, 해방 이후에도 친일파 후손이 우리 사회의 기득권을 잡아 현재까지도 기세등등하게 살고 있는 반면 정작 이 나라의 독립을 위해 헌신한 독립운동가 후손들은 극심한 생활고를 겪으며 힘들게 살아가고 있는 현실이 바로 그것이다.

서대문구는 서대문형무소역사관과 독립공원이 위치해 있고 또 6·10 민주항쟁의 기폭제가 되었던 연세대학교가 자리하고 있는 독립과 민주의 현장이다. 그러한 지역의 역사적 의미를 되새기기 위해, 또 나라를 위해 헌신하느라 가족과 후손을 돌보지 못했던 이들을 지원하기 위해 지방정부 차원에서 적극적인 지원 시스템을 마련해야겠다고 생각했다.

독립·민주유공자를 위한 공공임대주택 – 나라사랑채 1호

2017년, 독립·민주화운동의 역사를 담은 독립공원과 서대문형무소역사관 가까이에 전용 임대주택 건립을 기획했다. 그해 11월 서울주택도시공사(SH)에 이 사업을 제안했고 SH 역시 사업 취지에 흔쾌히 동의했다. 곧바로 대상 부지 물색에 팔을 걷고 나섰다.

임대주택 건축과 매입을 진행하는 동시에 입주자 모집계획도 수립하였다. 등록된 독립·국가유공자와 유가족뿐 아니라 민주화운동에 투신했던 유공자까지 대상을 확대하고, 담당직원 및 팀장이 신청이 접수된 30세대를 직접 방문하여 생활환경을 살폈다. 구체적인 공훈을 심의에 반영하고, 지방보훈청 관계자와 민주화운동보상위원 경험이 있는 전문가도 선정위원으로 참여토록 하는 등 최대한 공정한 선정을 위해 노력을 기울인 결과 총 14가구가 최종 선정되었다. 이 분들이 시세보다 절반 정

독립·민주유공자 및 유가족 입주

나라사랑채1호 건물 전경

도 저렴한 가격으로 입주한 후 최장 20년 동안 거주할 수 있도록 제도화
했다. 비록 크지 않은 작은 건물이지만 독립 및 민주화 유공자와 그 가족
분들에게는 특별한 기회이자 의미 있는 공간일 것이라고 생각했다.

선정자들 중 한 분이 "지금까지 고생하며 산 세월을 생각하면 참 서글
프고 그랬는데 그런 감정이 이번 기회에 다 없어졌다."며 남다른 감회를
나타내셨을 때, 이 사업에 대한 확신과 함께 더할 수 없는 보람을 느꼈다.

청년미래공동체주택 – 나라사랑채 2호

나라사랑채 1호(14세대)에 이어 서대문구가 지닌 역사성을 지속적으로
유지하고자 '나라사랑채 2호' 설립을 위해 지속적으로 노력을 기울였다.
그러던 중 2019년에 독립·민주유공자와 그 후손, 청년, 신혼부부를 위
한 맞춤형 공공임대주택 조성을 SH와 논의하게 되었다. 지상 5층에 대

지면적 4,021㎡, 연면적 7,103㎡ 도합 10개 동 80세대 규모로 조성하기로 협의하였다. SH공사가 신축건물을 매입하면 서대문구가 입주자 모집과 선정, 향후 관리, 공동체 유지 등을 맡는 방식이었다.

입주대상자는 독립·민주유공자와 후손, 그리고 청년과 신혼부부이다. 나라를 위해 희생한 분들에 대한 예우를 다하고 미래세대의 안정적인 정착을 지원하기 위한 시도였다. 나라사랑채 1호에서 한걸음 더 나아가 과거세대와 미래세대가 공동체를 형성해 함께 생활하는 공간을 조성했다는 것에 큰 의미가 있다. 도합 10개 동을 독립·민주유공자 및 후손 24세대에게 3개 동, 1인 청년가구 32세대에게 4개 동, 신혼부부 24세대에게 3개동으로 배정했다.

이번에도 역시 공정한 심사를 위해 노력했다. 독립·민주유공자의 경우 한 달 동안 신청 가구를 방문해 생활 실태를 살폈고, 독립·민주 관련 기관 전문가들로 구성된 입주자 선정심의위원회를 개최해 입주자를 선정했다. 신혼부부는 결혼한 지 7년 이내인 부부나 예비 신혼부부를 모집했다. 청년들 역시 월평균소득과 총 자산액 등을 고려하여 선정했다. 특히 청년주택 물량 가운데 10%는 지역 내 아동복지시설에서 퇴소하여 서대문에 거주하고 있는 청년에게 우선 공급했다. 구세군 서울후생원과 송죽원 등 아동시설에서 성년이 되어 퇴소한 청년들 중에 당장 주거 공간을 찾지 못해 어려움을 겪고 있는 이들이 많은 실정을 고려한 방안이었다. 이렇게 선정된 이들은 3·1운동과 대한민국임시정부 수립 100주년을 기념하여 2019년에 입주가 진행되었다.

이와일가와 같은 청년주거복지공간처럼, 청년미래공동체주택 역시 입주자들 간 공동체 활동과 소통을 활성화하기 위해 작은도서관 및 커

청년미래공동체주택 전경

생활공간

커뮤니티 공간

뮤니티 공간을 함께 조성했다. 독립·민주유공자, 청년가구, 신혼부부 각각 입주자 대표를 선발해 회의체를 구성하여 공동체관리규약을 제정하고, 주택 유지 관리는 물론 유대감을 높일 수 있는 활동 지원을 위해 공동체 코디네이터를 파견하였으며 커뮤니티 프로그램도 지원하고 있다.

나라를 위해 희생한 분들에 대한 예우는 국가의 당연한 의무다. 하지만 여전히 부족한 것 또한 사실이다. 서대문 지방정부의 나라사랑채 조성은

나라사랑채 입주민과 함께 맞춘 퍼즐

전국 지방자치단체 가운데 최초로 시행한 독립·민주 유공자를 위한 주
거 사업으로서 의미가 크다고 생각한다. 나라를 위해 헌신한 분들에 대한
보상을 정책으로 발전시킨 모범사례로 전국에 확산되길 바란다.

기존 복지사업과 차별화된 노인복지사업은 없을까?

행복타임머신

어르신 복지는 돌봄서비스와 요양급여지원과 같이 건강유지와 경제적지원에 초점이 맞춰진 경우가 많다. 물론 어르신들을 위한 각종 문화행사도 다양하게 진행되고는 있지만 어딘가 부족한 듯한 느낌이 많다. 6·25전쟁과 경제성장, 민주화 등 반세기 동안의 세월 속에 대한민국의 성장을 이뤄낸 역사의 산 증인인 어르신들께 미처 돌보지 못했던 자신의 삶을, 개인의 역사를 되짚어 볼 수 있도록 기회를 만들어 드려야 하지 않을까. 이런 취지에서 구상한 사업이 행복타임머신이다.

행복타임머신 사업

행복타임머신은 크게 4가지 사업으로 구성했다. 캐리커처 그려 드리기, 추억의 액자 만들기, 자서전 쓰기, 인생 노트 쓰기이다. 사업추진을 위해 관내 대학생들에게 재능기부를 요청했다. 경기대 애니메이션영상

캐리커처 그려 드리기　　　　　　　추억의 액자 만들기

학과, 명지전문대 문예창작과, 이화여대 캐리커처 동아리, 한국 예술원, 한국예술실용학교 학생들이 기꺼이 재능기부에 동참하였다. 그리고 관내 65세 이상 저소득 어르신들과 서대문 노인복지 증진에 기여한 어르신들을 모집했다.

사업은 대성공이었다. 2015년부터 매년 300여 명의 어르신들이 사업에 참여했다. 작품 완성 후에 개최되는 전시회와 전달식에서는 눈물과 감동이 함께했다. 자신의 인생을 한 번도 기록으로 남겨 본 적이 없던 어르신들은 보잘 것 없이 보이던 자신의 삶도 나름 멋진 인생이었다며 감동의 눈물을 흘리셨다. 난생처음 캐리커처에 참여하신 어르신들은 모델이 된다는 것에 소년소녀처럼 수줍어하면서도 그림을 선물받은 후에는 어린 아이들처럼 기뻐하셨다. 또한 젊은 시절의 모습과 현재의 모습이 함께 담긴 추억의 사진액자를 받아든 이르신들은 눈물과 웃음이 섞인 먹먹한 표정을 지으셔서 지켜보는 이들에게 많은 감동을 주었다.

서대문구의 행복타임머신은 지방정부와 대학이 협력하여 지역사회 내 재능기부와 봉사를 확산시키는 새로운 모델로 많은 언론으로부터 주목을 받았다. 하지만 5년 넘게 지속된 사업인 만큼 지속적인 변화 또한 필요했다. 어르신들의 욕구 역시 점점 다양해지고 또 다변화되었다.

행복타임머신 사업 4주년을 맞은 2019년에는 결혼 50주년이 된 어르신 부부에게 기념 동영상을 제작해 전달했다. 이 역시 대학생들의 재능기부를 통해 영상을 제작할 수 있었다. 학생들은 수차례 어르신들이 사시는 집과 생활 현장을 방문해 일상의 모습을 촬영하고 지나온 삶의 여정을 동영상에 담았다. 동영상 제작과 함께 금혼식도 진행했다.

2020년에는 코로나19로 인해 비대면 프로그램을 새롭게 마련했다. 명지대학교 학생들의 재능기부를 통해 건강 증진 영상을 제작해 제공했다. 영상을 보며 어르신들이 재미있게 신체활동을 따라할 수 있도록 함으로써 건강 증진에 도움이 되도록 하는 프로그램이었다.

서대문구는 앞으로도 어르신들의 삶이 후손들에게 뜻깊게 기억되도록 세대 소통의 기회를 지속적으로 마련할 계획이다. 어르신들이 행복타임머신을 타고 아름다운 추억여행을 즐기시면서 여생도 행복하게 보내시기를 간절히 소망한다.

받은 만큼 돌려주는 복지환원을 사업화할 수 없을까?

노노(老老)케어

주민들께서 나를 복지구청장이라고 불러주신 지도 여러 해가 지나갔다. 그만큼 감사하는 마음과 함께 자부심도 생겨났다. 모든 분야가 그렇겠지만 특히 복지 분야는 얼마나 끊임없이 고민하느냐, 또 얼마나 적극적으로 구상을 실행하느냐에 따라 사업의 성과가 달라지곤 한다. 그렇기에 기발한 발상과 지속적인 추진력의 결합이 필요하다.

'노노케어'역시 복지수혜자와 복지제공자를 고정시켜 놓지 않고 누구든지 남을 도울 수 있다는 발상으로 추진한 아이디어 사업이었다. 수많은 주민들을 만나며 느낀 것이 바로 복지수혜자들도 사회의 일원으로 활동하고 싶어 한다는 것, 또 자신들이 받은 만큼 사회에 보답하고 싶어 한다는 사실이었다. 하지만 복지수혜자들이 취업의 문을 넘는 것 자체부터가 쉽지 않다.

노노(老老)케어 프로젝트는 복지수혜자인 장애인들을 복지제공자이

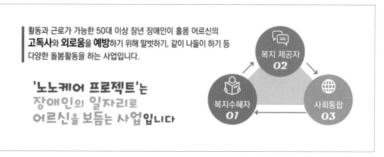

노노케어 사업 개념도

자 사회의 일꾼으로 만들자는 아이디어에서 출발했다. 활동 및 근로가 가능한 50대 이상 장년층 장애인이 전화와 방문으로 홀몸노인의 안부를 묻고 말벗이 되어 주는 사업으로, 장애인에게는 일자리를 제공하고 독거어르신들에게는 말벗이 새로 생김으로써 양쪽 모두를 만족시킬 수 있는 독창적인 사업이다. 돌봄이 역할을 하는 장애인 1명이 독거노인 5명을 맡아서 1일 3시간 월 19일 근무를 하는 방식으로 진행되었다.

노노케어 사업의 진행

돌봄이는 업무매뉴얼에 따라 하루 2명 이상의 독거노인과 통화하고 주 1회, 60분 이상 방문한다. 월 66만 원 상당의 급여와 함께 산재보험과 고용보험, 상해보험의 혜택도 받을 수 있다. 장애인 돌봄 활동가 20여 명이 독거어르신 100명을 돌보는 방식으로 운영했는데, 돌봄 활동가들은 외로운 어르신들을 도우면서 보람을 느끼는 동시에 손수 버는 급여가 자신의 생활에도 큰 보탬이 된다며 만족해했다.

예상치 못한 부가적인 성과도 있었다. 돌봄서비스를 통해 홀몸어르신들의 공동체가 형성된 것이다. 돌봄활동가가 연결해준 홀몸어르신 5분

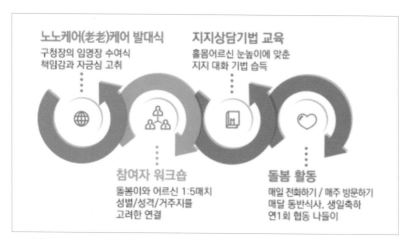

노노케어 사업 이행 체계

이 함께 식사를 하는 정기적인 모임이 이루어졌다. 이렇게 장애인과 노인을 아우르며 사회통합에 기여함은 물론 주로 복지수혜자로만 여겨지는 장애인들에게 복지 활동에 참여할 수 있는 기회를 제공했다는 점에서, 그리고 받은 만큼 돌려주는 사회 환원이라는 가치를 창출했다는 점에서 노노케어 사업은 큰 호평을 받았다.

제8회 지방자치단체 생산성 대상 지역 경제 부문에서 노노케어 사업은 전국 1위에 오르면서 행정안전부 장관상을 받았고, 행정안전부 주최 공공부분 일자리 우수사례 평가에서 대통령상을 받기도 했다. 이후 노

행정안전부장관상 수상

노케어 사업은 장애인의 노인돌봄사업이라는 사업취지를 충분히 살리기 위해 '장노돌봄서비스'로 명칭을 변경하여 지속 추진되었다.

아무리 기술이 진보한다고 하더라도 돌봄의 주체는 여전히 사람일 수밖에 없다. 그러나 코로나19로 인해 방문형 돌봄 서비스에 큰 위기가 닥쳐왔다. 그렇기에 이러한 비대면식 돌봄 서비스가 더욱 중요하다. 서대문구는 앞으로도 소외되는 이들이 없도록 포스트 코로나 시대에 모두를 아우를 수 있는 사업을 지속적으로 고안하고 추진해 나갈 예정이다.

수상실적

▶ **2017년 지방공공부문 일자리 우수사례 대통령상 수상**(행정안전부 주관)
▶ **2018년 제8회 지방자치단체 생산성 대상 장관상 수상**(행정안전부 주관)

다양한 복지서비스, 접근성을 높일 수 없을까?

내 손 안의 복지 : 스마트 복지 채널

한 때 이웃집에 숟가락이 몇 개 있는지 까지 알던 시절이 있었다. 농사가 주된 생계 수단이었던 그때 그 시절, 서로 품앗이하며 노동력을 나누어야 했기에 자연스레 서로의 사정을 속속들이 알 수밖에 없었다. 지금은 상상하기 어려운 모습일 것이다. 산업이 발달하고 도시화가 가속화됨에 따라 성냥갑같이 생긴 아파트에 사는 사람들이 많아지고 이웃집과의 친밀한 관계는 점점 더 먼 나라 이야기처럼 느껴진다. 1인 가구의 지속적인 증가 추세도 한 몫 하면서, 사회의 변화에 따라 복지 서비스 역시 변화의 과정을 겪고 있다.

서대문구는 2015년부터 동 주민센터의 기능을 전환하여 업무 구조를 개편한 동 복지 허브화를 시행했다. 행정업무보다 복지업무를 중심으로 주요 기능을 재편했고, 주민맞춤형 통합복지 서비스를 제공하면서 혁신을 거듭했다. 준비되어 있는 많은 복지 서비스를 구민에게 좀 더 적극적

동 주민센터 공간개선

으로 적용할 수 있도록 직접 다가가기도 했다. 그 결과 동 복지 허브화는 서울시의 '찾아가는 동 주민센터 사업(찾동)'의 원조 격인 모델이 되었다.

그 과정에서 구석구석 돌봄 대상을 찾으려 하다 보니, 복지 사각지대 발굴 방식에도 변화가 필요하다는 생각이 들었다. 발로 뛰어서 찾아가는 복지와 함께 온라인을 공략했다. 4차 산업혁명이 도래하고 있는 시대에 발맞춰 서대문구의 복지 생태계를 좀 더 똑똑하고 세밀하게 조직해야 한다고 생각했다. 장기적으로는 IT 기반의 스마트 시스템을 활용한 혁신적인 공공서비스 체계를 복지에 도입하고자 하는 바람이었다.

무엇이든 말씀하세요!

구민들의 생활환경을 세밀하게 살펴보니, 어려운 사정에도 불구하고 사람을 대면하는 것조차 힘겨워 도움을 요청하지 못하는 분들이 계셨다. 또 자신의 모습이 드러나는 것 자체를 부담스러워하는 분들도 계셨다.

맞춤복지 검색서비스, 복주머니

그분들에게도 마음을 터놓고 속내를 털어놓을 통로가 필요하리라 생각했다. 어디에 무엇을 문의해야 할지 몰라 도움의 손길을 내밀지 못하는 분들을 위해 무엇이든 대답해 주고, 무엇이든 해줄 수 있는 존재가 필요했다.

그래서 가장 먼저 시작한 것이 '행복1004콜센터'였다. 어려운 상황이 닥쳐와 도움이 필요하지만 어디로 전화해서 어떤 도움을 요청해야 하는지 몰라 막막할 때 '1004'라는 번호만 기억한다면 원스톱으로 안내받을 수 있도록 했다. 복잡다단한 복지분야의 담당 부서를 찾아 이리저리 전화가 연결되는 불편함과 수고로움을 방지하고자 하는 시도였다.

천사톡 기능 강화

스스로 정보를 찾아 나서는 분들의 편의를 증진시킬 수 있는 방안도 함께 마련했다. 민관 복지자원 정보를 한눈에 볼 수 있도록 웹페이지를 개설했다. '맞춤복지 검색서비스'라고 명명한 이곳에다 공공, 민간 복지서비스를 일목요연하게 등록하여 다양한 분야의 정보를 검색할 수 있도록 했다. 가구 유형과 소득 수준, 제공 기관, 지원 형태 등을 설정해 자신의 상황에 맞는 복지 서비스를 검색하는 것도 편리하게 만들었다. 오픈 4주년을 맞이한 2018년에 사이트를 개편하면서 '복주머니'라는 친근한 이름도 붙여 주었다. 사람들에게 복을 나누어 주는, 복지의 모든 것이 들어 있는 공간으로 만들자는 의미를 담았다.

친근함과 접근성을 살린 카카오톡 복지상담인 '천사톡'도 운영했다. 도움을 필요로 하는 이웃을 발굴하고 쉽게 연결해 줄 수 있는 시스템이다. 특히 직접 일대일 상담이 가능한 온라인 상담 창구의 기능까지 추가함으로써 천사톡을 명실상부한 양방향 소통 채널로 개선했다. 대면 상담이 부담스러우신 분들과 거동이 불편하신 분들도 집에서 편안하게 부담없이 상담과 도움을 요청할 수 있게 되었다.

똑똑, 안녕하십니까

신개념 ICT 기술을 활용한 똑똑한 서비스 도입도 추진했다. 가정 내 돌봐줄 가족이나 보호자가 없는 1인 가구의 안녕을 보장해 드리기 위한 서비스였다. 고독사와 같은 돌발적인 위기 상황에서 혼자라는 이유로 보호받지 못하는 일이 없도록 하려는 의도였다.

2018년 초, 통신사와 연계하여 모바일 망을 활용한 고독사 예방 시스템 '똑똑문안서비스'를 시작했다. 휴대전화의 통화기록 상태를 살펴 혹시 모를 사고에 대비하는 안전사고 예방 시스템이다. 일정 기간 통신 기록이 없을 경우, 담당 공무원에게 안부 확인을 요청하는 알림을 자동 전송하여 담당 공무원이 해당 가정을 방문해 상황을 살필 수 있도록 한다. 어르신들은 물론, 40~50대 중장년층 및 연령에 상관없이 고시원, 원룸 등에 홀로 사시는 분들까지 대상에 포함시켰다.

통신사에서는 천 원의 저렴한 비용으로 서비스를 제공했지만, 이마저도 부담이 되어 서비스를 거부하시는 분들이 있을까 하는 걱정에 구 자체 예산을 투입하여 이용하시는 분들이 무료로 서비스를 이용할 수 있도록 했다.

긴급 SOS 기능, 인공지능(AI)스피커

그 이듬해에는 한 단계 더 발전한 기술을 도입하게 되었다. SK텔레콤과 인공지능 스피커를 이용한 '행복커뮤니티' 돌봄서비스를 시작한 것이다. 스마트 스위치, 문열림 센서, AI 스피커를 독거 어르신들께 제공하고, 48시간 이상 센서가 작동하지 않거나 AI 스피커에 반응이 없는 경우 행복커뮤니티센터에서 현장 매니저를 즉시 파견하여 어르신의 건강

을 확인토록 하는 서비스이
다. 또한, 긴급SOS의 기능
이 가능해 사회안전망 역할
을 톡톡히 하고 있다. AI 스
피커의 명칭인 '아리아'를
외치면 AI 스피커가 이를 위

아리아 설치 모습

급 상황으로 인지하고 ICT케어센터와 현장 매니저에 자동으로 알려준
다. 이후 ICT케어센터는 일차적으로 상황 확인 후 신속 대처가 필요하
면 즉시 119로 연계한다.

　이 서비스는 위급 상황에서 간단히 음성만으로 도움을 받을 수 있어
취약계층을 보호하는데 일조하고 있다. 실제로도 서대문구의 홀몸 어르
신이 새벽녘에 극심한 복통으로 정신이 혼미하고 몸을 일으킬 수가 없었
을 때 '아리아! 살려줘!'라고 외쳐 119 구급대원의 도움을 받아 병원 응

아리아(인공지능 스피커)

급실로 옮겨져 위기를 모면한 사례도 있다. 아울러 '우울'이나 '죽음'과 같이 부정적인 단어의 사용 빈도가 올라갈 경우에도 이를 분석하여 심리상담사가 먼저 연락드리도록 함으로써 어르신들의 정신 건강을 돌봐드리고 있다.

이처럼 대상자의 이상 징후 감지 시 현장매니저와 동 주민센터가 상황을 신속히 파악·공유하여 사고를 조기에 예방하고 있다. 또한 인공지능 돌봄 특화서비스 사업 대상자를 확대하여 디지털 격차를 해소하는 등, 서대문구는 복지 생태계를 구축하고 취약계층의 사회 안전망을 강화하고 있다.

참신한 지방 정부를 향해

엄청난 속도로 새로운 정보와 신기술이 끊임없이 쏟아진다. 이에 따라 세상도 빠르게 변해간다. 새로운 신기술에 대한 소식을 접할 때마다 이 기술로 인해 어떤 세상이 펼쳐질까 궁금해지곤 한다. 하지만 한편으로는 변화의 흐름을 따라가지 못하면 어쩌나 두려운 마음이 들기도 한다. 솔직히 털어놓자면 개인적인 입장에서는 전자에 가깝고, 구청장으로서의 입장에서는 후자에 가깝다. 이 시대의 흐름을 부지런히 쫓아가고, 앞서가는 것이 우리 구민을 위하는 길이라고 생각하면 한 시라도 지체될까 마음이 자꾸만 조급해진다.

천사콜센터, 복주머니, 천사톡, 똑똑문안서비스, 행복커뮤니티 사업 모두 기술발전에 따라 접근성과 편의성을 높인 새로운 서비스이다. 끊임없이 발전하는 우리 구 복지서비스를 인정받아 '2019년도 복지행정상' 민관협력 및 자원연계 분야에서 대상을 차지하기도 했다. 하지만 멈

춰서는 안 된다고, 빠른 흐름 속에서 우리도 끊임없이 발전하고 나아가야 된다고 항상 다짐한다. 언제나 혁신적이고 창의적인 아이디어로 주민들을 위한 서비스를 발굴하도록 새로운 도전을 멈추지 않으리라고 오늘도 다짐한다.

수상실적
- ▶ 2013년~2020년 복지행정상 대상 및 최우수상 등 8년 연속 수상(보건복지부 주관)
- ▶ 2020년 거버넌스 지방정치대상 우수상 수상[(사)거버넌스센터 주관]
- ▶ 2021년 찾아가는 보건복지분야 우수사례 경진대회 장관상 수상(행정안전부 주관)

공존

6장

독립과 민주의 역사를 축제로 만들 수 없을까?
서대문형무소역사관과 독립민주축제

누구에게나 특별한 장소는 있다

독립과 민주의 역사를 간직한 서대문 독립공원은 나에게 있어 특별한 공간이 되어 지금까지도 초심을 떠올리는 장소이자 새로운 도전정신을 불러일으키는 기적 같은 장소이다. 서대문 독립공원은 내가 2010년 7월 1일, 서대문구청장으로서의 첫걸음을 시작한 의미있는 장소이기 때문이다.

서대문 독립공원의 모습

우리는 오늘을 살면서 과거의 역사를 통해 미래를 내다본다. 오늘의 대한민국을 있게 한 역사의 흐름 속에 우리가 있는 것이다. 또 우리는 미래의 후손들에게 이어질 새로운 역사를 매일 다시 쓰고 있기도 하다. 그렇게 생각하면 어느 한 순간도 소중하지 않은 때가 없다. 그런데 우리는 그 순간순간을 어떻게 기억에 담고 있을까. 너무나 빠르게 변하는 세상을 사는 우리에게 역사가 잊혀지고 있는 것이 아닌가 우려스러웠다. 그렇기에 서대문독립민주축제는 역사기록 프로젝트로 시작되었다.

기억 프로젝트의 시작, 역사 속으로

나라를 위해 헌신하고 목숨을 바친 독립민주지사들의 삶은 참으로 고단한 역경 속에 있었고, 그 후손들도 여전히 어려운 여건 속에 있다. 어떻게 하면 그 정신을 기릴 수 있을까 고민한 끝에 독립민주축제의 아이디어를 떠올렸다. 서대문형무소역사관과 독립문이 자리한 역사의 현장을 열린 공간으로 만들어 독립과 민주의 정신을 기리는 대한민국 최대의 독립민주축제를 매년 8월 광복절에 열기로 한 것이다. 그렇게 시작된 독립민주축제는 2010년 이후 매년 지속되고 있다.

서대문독립민주축제의 핵심은 서대문형무소를 거쳐 간 독립지사와 민주지사를 초청하여 족적을 남기는 풋 프린팅 행사이다. 이를 통해 서대문 지방정부가 당신의 역사를 영원히 기억하겠다는 의미이다.

서대문의 날인 2010년 11월 3일에 개최된 첫 번째 독립민주축제에서는 독립유공자 협회장인 이병호 지사, 북경 감옥에서 이육사 선생의 시신을 수습해 온 이병희 여사, '전환시대의 논리'의 저자인 리영희 지사, 전태일 열사의 어머니인 이소선 여사, 인권변호사인 이돈명 변호사, 민청학

풋프린팅 독립지사(노란색) · 민주지사(흰색)

2010년	2011년
이병희 (1918 ~ 2012.8.2.)	이 란 (1925 ~ 2011.11.9.)
이병호 (1926 ~ 2011.11.8.)	김영진 (1927) 94세
박형규 (1923 ~ 2016.8.18.)	문동환 (1921 ~ 2019.3.9.)
이소선 (1929 ~ 2011.9.3.)	이문영 (1927 ~ 2014.1.16.)
리영희 (1929 ~ 2010.12.5.)	조화순 (1934) 87세
이돈명 (1922 ~ 2011.1.11.)	

2012년	2013년
임우철 (1920) 101세	조성국 (1924~2018.8.11.)
김영근 (1923 ~ 2016.9.14.)	박찬규 (1928~2019.11.22.)
이봉양 (1924 ~ 2013.3.18.)	백기완 (1932~2021.2.15.)
이인술 (1925 ~ 2017.9.29.)	이규상 (1939) 82세
이해동 (1934) 87세	
한승헌 (1934) 87세	
김근태 (1947~2011.12.30.) 부조	
허 위 (1854~1908.10.21.) 부조	

2014년	2015년
서상교 (1923 ~ 2018.3.13.)	조성인(1922 ~ 2017.9.1.)
이태원 (1928) 93세	이윤장 (1923 ~ 2018.3.7.)
박중기 (1934) 87세	이창복(1938) 83세
오충일 (1940) 81세	함세웅(1942) 79세
	이부영(1942) 79세

2016년	2017년
오희옥 (1926) 95세	조영진 (1922) 99세
이윤철 (1925 ~ 2017.11.4.)	김영관 (1924) 97세
신인령 (1943) 78세	김낙중 (1931~2020.7.29.)
이해학 (1945) 76세	유해우 (1949) 72세

2018년	
이종열 (1924 ~ 2019.10.24.)	장윤환 (1936) 85세
승병일 (1926) 95세	권호경 (1942) 79세

2019년	
김우전(1922 ~ 2019.2.20.)	이일남(1925) 96세
김유길(1919) 102세	장병하(1928) 93세
노동훈(1927) 94세	정완진(1927) 94세
박기하(1928) 93세	이기환(1924 ~ 2020.2.13.)
배선두(1924) 97세	강태선(1924) 97세
한완상(1936) 85세	박종만(1943) 78세

련사건으로 구속된 박형규 지사 등을 모시고 풋 프린팅 행사를 진행했다.

특히 리영희 지사는 당시 거동이 불편하셔서 직접 댁으로 방문하여 족적을 남겼는데, 병상에 누워 계시다가 어렵게 일어나 앉으시어 족적을 남기신 그때가 생애 마지막으로 일어나 있으신 모습이었다. 또 현장을 직접 찾아 주신 이병호 지사는 우리 직원들이 일대일로 수행하여 댁까지 모셔다드렸는데, 당신 평생에 걸쳐 가장 후하게 대접받은 날이라고 하셔서 오히려 더 가슴이 아팠다. 우리가 독립운동과 민주화운동에 헌신하신 분들을 지금까지 잘 모시지 못했다는 안타까움이 너무나 크다.

이후 서대문독립민주축제가 해를 거듭해 가면서, 서대문형무소에 갇혀 있었던 분들뿐만 아니라 다른 곳에 투옥되었던 분들까지 대상으로 풋 프린팅 범위를 확대했다. 2020년에는 코로나19 팬데믹으로 인해 부득이하게 온라인 방식으로 개최했고, 2021년부터는 독립운동과 민주화운동 역사에 있어 의미 있는 사건들 중심으로 진행 방식을 바꾸기도 했다.

역사적 아픔을 축제로 승화하다

특히 서대문형무소역사관은 역경과 고난의 공간으로 기억되기 마련이다. '통곡의 미루나무' 앞에 마주서면 억울하게 희생당한 고통의 순간을 잠시나마 미루어 짐작해 볼 수 있다. 그러나 이제는 역동적이고 생생한 축제의 공간으로, 살아 있는 역사교육의 현장으로 다시 태어났다. 공연·전시·체험 등 모든 것에 역사적 의미가 담겨 있고, 이들을 통해 시민들은 역사적 공감대를 이루기 시작했다. 서대문 지방정부에서 시작된 '독립과 민주의 역사를 축제로 만들 수 없을까'라는 고민이 이렇게 대표성과 상징성을 가진 대한민국 최대의 독립민주축제를 탄생시킨 것이다.

통곡의 미루나무 이 미루나무는 1932년 사형장 건립 당시 식재되었다. 사형장으로 끌려가는 애국지사들이 마지막으로 이 나무를 붙잡고는 조국의 독립을 이루지 못한 채 생을 마감해야 하는 원통함을 토해냈다 하여 통곡의 미루나무라는 이름이 지어졌다. 사형장 안쪽에도 같은 시기 식재된 나무가 있으나, 억울한 한이 서려 잘 자라지 못한다는 일화가 전해지고 있다.

우리의 함성을 또다시 들을 수 있을까

유례없는 코로나 팬데믹으로 우리는 의도치 않게 급격한 변화를 맞았다. 지방정부로서는 감염확산을 막는 것이 가장 우선적인 임무이고, 이와 더불어 기존에 우리가 일구어 온 많은 노력의 산물들을 잘 보존하는 것은 물론, 보다 새로운 방식으로 한 단계 더 높이 나아가야만 했다. 2020년의 독립민주축제는 그런 의미에서 최초의 온라인 축제로 열렸다.

　현장의 열기와 생동감을 느낄 수 없어 아쉬움이 많았다. 하지만 여러 가지 역사적 기록과 장치들을 온라인 비대면 방식에 적합하게 가다듬어 정리하고, 현장 축제보다 더 긴 기간 동안 시민들과 온라인을 통해 호흡할 수 있었던 점에서는 뜻깊은 시도임이 분명했다. 2021년에도 독립민주축제는 여전히 온라인으로 개최되었지만, 다음 해에는 예전처럼 서대문형무소역사관에 모여 축제를 개최할 수 있으리라는 희망이 보이고 있다.

오늘도 새로운 역사를 쓴다

10년이면 강산이 변한다는 말은 옛말이 된 지 오래다. 오늘날 우리는 분 단위, 초 단위로 변화하는 시대에 살고 있다. 언제 어떻게 세상이 바뀔지 모른다. 그러나 이러한 순간들이 모여 거대한 역사의 흐름을 만든다.

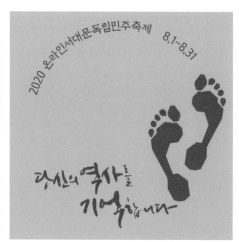

서대문독립민주축제 온라인 포스터

독립과 민주의 참된 뜻을 이어 가고자 하는 바람이 독립민주축제를 탄생시켰다. 서대문구는 독립운동가와 민주화운동가들의 역사를 기억하고 기념하기 위해 생존 독립운동가, 민주화운동가의 발자취를 남기고 그 기록을 이어나가고 있다. 2010년부터 2019년까지, 도합 열 차례의 현장 행사에서 총 56분이 발자취를 남겼으며 그 중 20명의 지사님께서는 영면에 드셨다. 조국을 위해 평생을 희생하신 분들의 역사를 우리는 영원히 기억할 것이다. 그리고 오늘을 사는 우리의 헌신과 노력을 통해 미래의 후손들에게 값진 역사를 남겨주어야 할 것이다.

지역사회 축제는 재미없다?
감동과 즐거움이 있는 4대 축제

서대문구에서는 매년 다양한 축제를 개최한다. 그 중 안산 자락길 벚꽃 음악회, 신촌 물총축제, 서대문독립민주축제, 신촌크리스마스 거리축제가 구에서 개최하는 대표적인 4대 축제이다. 서대문구의 역사적 자산인 서대문형무소, 환경적 자산인 안산, 문화 중심지인 신촌을 적극 활용해 시민 누구나 참여할 수 있는 축제가 사시사철 열려 이제는 서대문의 브랜드가 되었다. 도심 속 아름다운 숲 안산에서, 젊음과 변화의 아이콘 연세로에서, 독립과 민주의 상징 서대문형무소역사관에서 다양한 문화예술이 펼쳐지면서 소통과 만남의 장을 이룬다. 비록 코로나19로 인해 잠시 숨을 돌리고 있지만, 조만간 서대문구는 다시 한 번 축제로 물들 것이다.

안산 자락길 벚꽃음악회

4월 벚꽃 개화기가 다가오면 서대문 안산은 가족, 또는 연인들로 인산인 해를 이룬다. 남산보다 조금 높은 안산(296m)에 수령 40~50년의 수양 벚나무, 산벚나무, 왕벚나무 3,000여 그루가 장관을 이루기 때문이다. 이처럼 아름다운 경치에 더해 서대문구에서는 음악이 함께하는 벚꽃음 악회가 매년 개최된다. 클래식, 라틴음악, 국악, 사물놀이, 비보이 공연 등 장르 구분없이 훌륭한 공연들이 펼쳐지니 당연히 관람객도 많을 수 밖에 없다. 공연을 관람하기 위해 일부러 찾아온 시민들이 워낙 많은 탓에 자리도 부족하여 서서 관람해야만 하는 경우가 태반이다. 저녁까지 펼쳐지는 공연은 흐드러지게 핀 벚꽃, 은은하게 빛나는 청사초롱과 어우러져 낭만적인 시공간을 선사한다.

나 또한 시민들과 한데 어우러져 경치와 음악에 흠뻑 빠져있다 보면

벚꽃음악회

시간 가는 줄 모른다. 한 데 모여 공연과 자연을 감상하는 것만으로도 주민들과의 친밀함이 두터워지는 듯하다. 2020년과 2021년에는 코로나 19 때문에 벚꽃음악회를 취소해야 했지만, 사태가 진정되면 예전과 같이 아름다운 꽃 아래서 음악과 경관을 함께 감상할 수 있게 될 것이다.

신촌 물총축제

여름이 되면 차 없는 거리 연세로에서 여기가 도심인가 의심될 정도로 큰 물총축제가 열린다. '물총'을 매개로 진행하는 축제는 남녀노소 불문하고 누구나 참가하여 마음껏 누릴 수 있다. 도심 한복판에 3만 명 이상의 사람들이 모여 물총을 쏘는 모습을 상상이나 할 수 있었던가. 참가자들이 신나는 음악에 맞춰 차가운 물폭탄을 즐기는 모습은 한여름 도심의 무더위를 날려 버리기에 충분하다.

물총축제 메인무대 위 DJ들

신촌을 점령한 해적단, 외계인 침공, 왕국을 탈환하라 등 매년 다양한 컨셉으로 진행되기에 볼거리도 풍부하다. 연세로 중앙에 설치된 메인 무대에서 DJ들이 음악을 선곡하고 때로는 직접 물총을 쏘기도 한다. 거리댄스, 디제잉쇼, 공중 퍼포먼스, 버블파티 등 다이나믹한 이벤트도 곁들여진다. 어른들까지 동심으로 돌아간 듯 나이를 잊고 신나게 즐긴다. 물벼락을 맞아도 즐겁기만 한 표정들이다.

신촌 물총축제는 구청이나 축제 기획자의 일반적인 기획에 따른 이벤트성, 전시성 행사가 아니라 시민들의 직접적인 참여와 소통으로 이루어지는 축제이다. 그러다 보니 그만큼 인기가 많으며 서울시 10대 축제 중 하나로도 꼽혔다. 이 축제를 찾는 수많은 방문객들로 인해 지역상권도 살아나고 관광산업도 활기를 띠니 그야말로 일석이조라 하겠다.

서대문독립민주축제

독립민주축제는 자연환경도, 지역특산물도 아닌 서대문이 지닌 역사를 기반으로 기획된 축제이다. 2010년 1회를 개최한 이래 지금까지도 계속되고 있으며 서대문형무소역사관에서 시민들과 함께 광복을 기념하고, 독립과 민주화의 가치를 되새기는 의미 있는 시간이다.

독립·민주인사와 유가족들을 모시고 족적을 남기는 풋프린팅 행사 등을 함께 하며 감사를 표하고, 시민들이 직접 참여할 수 있도록 독립운동가 옷을 입어 볼 수 있는 기회를 제공하며, 페이스페인팅과 캐리커처, 우리손으로 피어나는 통곡의 미루나무, 도자기로

서대문독립민주축제의 다양한 프로그램

팔찌만들기 등 다양한 체험부스를 운영한다. 역사콘서트와 역사학자가 들려주는 독립운동이야기, 스토리텔링 콘서트 등 수준 높은 공연과 함께 독립운동과 민주화운동 과정의 수감자들의 고난 재연 등 다양한 퍼포먼스도 펼쳐진다.

"별로 오래되지 않은 역사인데 잊혀지는 것 같아요. 현장교육을 통해서 우리 후세들이 이런 걸 잊지 않고 영원히 기억했으면 좋겠습니다.", "아이들이 독립과 민주를 직접 겪어본 적도 없고 책에서만 봤기 때문에 어떤 의미인지 얼마나 중요한지 인식하지 못하고 있는데 이 곳에 와서 왜 우리가 이런 장소를 보존해야 하는지, 실제 어떤 일이 있었는지 몸소 체험할 수 있는 좋은 기회가 된 것 같습니다." 서대문독립민주축제에 참여한 시민들의 목소리이다. 자라나는 우리 아이들이 매년 다양한 프로그램, 공연 등을 통해 독립과 민주, 자유와 평화라는 가치의 소중함을 느낄 수 있길 바란다.

서대문구는 지속적으로 서대문독립민주축제를 개최하여 현재의 세대들에게 역사의식을 일깨우며 독립유공자, 민주인사와 유족들의 자긍심을 높이고 새로운 미래를 열어갈 수 있는 희망의 장을 열어갈 것이다.

신촌크리스마스 거리축제

서대문구는 2013년부터 매년 12월 성탄절과 연말연시를 맞아 크리스마스 거리축제를 개최하고 있다. 신촌 전철역부터 연세대 앞에 이르는 거리까지 화려한 경관조명을 설치하여 크리스마스 거리를 조성하고, 크리스마스 분위기가 물씬 풍기는 대형트리와 포토존을 설치한다. 인기 뮤지션들의 흥거운 음악과 춤을 감상할 수 있는 콘서트도 개최한다. 아기

자기한 크리스마스 아이템을 파는 선물가게와 방문객들이 즐길 수 있는 크리스마스 마켓도 운영한다. 아이를 동반한 가족들을 위해 키즈존을 별도로 운영하고, 이웃과 함께하는 따뜻한 크리스마스 이벤트를 위한 나눔 부스존도 마련한다.

크리스마스 콘서트

크리스마스 이브에는 자원봉사자들이 소외계층 어린이들을 찾아가 선물을 전달하는 '사랑의 몰래산타' 출정식도 개최된다. 산타로 분장한 자원봉사자들이 모여 퍼포먼스를 펼친 후 자신이 맡은 소외계층 아동, 청소년들을 찾아가 선물을 전달한다.

크리스마스 체험부스

2019년에는 중소벤처기업부의 요청으로 소상공인과 중소기업 등 130개 업체가 참여하여 아이디어가 번득이는 제품들을 홍보하고 판매하는 '크리스마스마켓' 행사가 열렸다. 이 행사에 참여했던 부처 장관들과 유관기관 및 기업 대표들도 함께 몰래산타 출정식에 참여하여 산타로 변장하고 1,004명의 자원봉사자들과 함께 어린이들에게 선물을 전달했다.

서대문 4대 축제로 자리 잡은 크리스마스 거리축제를 기획하게 된 것은 2013년이었다. 당시 연세로 대중교통전용지구 공사가 막 끝난지라 연세로가 2014년 1월까지 텅 빈 광장으로 남아있게 된 시점이었다. 그 공간을 놀려두기는 아쉬워, 연세로에서 1주일 간 크리스마스 축제 진행을 제안했다. 한 겨울에 이루어지는 야외 축제에 직원들이 걱정스러워하며 우려를 표했다. 그럼에도 불구하고 과감하게 크리마스마켓을 기획하고 크리마스 거리축제를 열었다. 결과는 그야말로 대박이었다. 차도 다니지 않는데 수많은 청춘들이 지하철역으로부터 한 없이 밀려 나왔고, 신촌지역 식당은 식재료가 다 떨어져 9시에 일찍 문을 닫아야 했다.

이렇게 시작된 크리스마스 거리축제로 인해 신촌에서는 대중교통전용지구를 아예 차 없는 거리로 전환하자는 목소리도 나오고 있다. 일단 서두르지 않고 토,일 차 없는 거리 시행에서 금, 토, 일 시행으로 점차 확대해 나갔으며, 2020년에는 신촌상인회와 공동으로 전일제 차 없는 거리 시행도 기획했으나 코로나19로 무기한 연기된 상태이다.

그러나 코로나19가 진정되면 일주일 내내 차 없는 거리가 운영되는 신촌 연세로 광장이 조성될 것이고, 서대문구는 앞으로도 가족, 친구, 연인, 이웃이 함께 모여 축제를 즐기고, 모두가 '선물'과 같은 하루를 보낼 수 있도록 다양한 볼거리와 콘텐츠를 선보일 것이다.

수상실적

▶ **2020년 제2회 한국문화가치대상 우수상 수상**[(사)한국문화가치연구협회 주관]

문화 향유도 복지의 일환일 수 있다?
테마가 있는 연세로 문화 축제

테마가 있는 문화의 거리 조성 사업은 2014년부터 매주 '차 없는 거리' 로 운영되는 연세로, 신촌 전철역에서 연세대 입구까지 550m에 달하는 거리를 문화의 광장으로 만드는 사업이었다. 주민의 생활수준 향상에 따른 여가시간의 증대와 문화예술에 대한 욕구 증가에 따라, 주민이 원하는 문화행사의 수준 또한 크게 높아졌다. 과거처럼 관 주도의 무미건조한 행사로는 더 이상 주민의 눈높이를 맞출 수 없었다. 다양하고도 개성있는 테마를 정하고 그에 따라 수준 높은 문화 축제를 여럿 개발하고 또 유치했다. 그러한 노력을 통해 광장 중심의 참여형 문화 축제가 새롭게 여럿 생겨났다. 신촌맥주축제, 프랑스거리음악축제, 시티슬라이드페스타, 왈츠페스티벌, 산타런 등 색다른 축제들이 다양하게 개최되기에 연세로는 사시사철 문화로 가득 찬다.

신촌맥주축제에서는 120여 종의 맥주와 함께 다양한 공연이 진행된

대학 문화 축제

다. 동시 건배 국내 최고기록(한국기네스 인증)을 보유한 대규모 축제다. 독일의 옥토버페스트를 벤치마킹했지만 우리만의 독특한 개성이 살아 있다. 프랑스거리음악축제는 관내에 위치한 프랑스 대사관과 연계하여 개최된다. 프랑스에서 대중가수가 내한하여 특별공연을 펼치기도 했다.

시티슬라이드페스타는 2015년과 2016년에 연달아 개최한 여름축제로 초대형 워터슬라이드 등의 기구를 설치해서 도심 속에서도 물놀이를 즐길 수 있게 했다. 아이, 어른 할 것 없이 모두 더위를 잊고 신나게 즐기는 모습에 보는 이들도 함께 시원해진다.

왈츠페스티벌은 참여자들이 왈츠를 배우고 즐기는 페스티벌이다. 오페라, 왈츠, 영화음악 등 오케스트라의 아름다운 연주, 성악가들의 클래

워터슬라이드페스타

식 공연, 전문 댄스팀과 일반 시민의 왈츠 무도회 등이 펼쳐진다. 클래식한 음악선율에 맞춰 참여자들이 드레스와 턱시도를 입고 아름다운 춤을 추는 모습은 함께하는 시민들에게 낭만적인 시간을 선사한다.

산타런 축제는 산타가 되어 마라톤을 즐기는 기부 마라톤 축제다. 일반 마라톤대회와 달리 산타로 분장해 많은 사람들과 함께 달리면서 기부에도 동참할 수 있는, 무척 의미 있는 축제이다.

연세로가 2014년에 대중교통전용지구로 전환된 이래로, 대규모 행사만 해도 연 10회 이상 개최되었다. 달려라 피아노, 신촌버스킹 등 소규모 문화공연을 합치면 그 횟수는 연 200회를 넘을 정도다. 그렇게 축제들이 연달아 개최되면서 연세로의 문화는 계속해서 진화하고 발전해 왔다. 안타깝게도 2020년에는 코로나19로 인해 모든 계획이 취소되었지만, 매주 주말마다 다양한 행사 기획 요청이 들어오고 있으며 코로나19

인디밴드 한일전   대학윈드오케스트라

가 종식되기만을 기다리는 스케줄이 이미 꽉 차 있는 상태이다. 하루속히 팬데믹이 종식되고 연세로가 다시금 축제와 흥이 넘치는 광장이 되었으면 하는 바람이다.

연세로 행사 개최 과정에서 어려움도 적지 않았다. 소음 발생 문제로 인한 항의가 빈번했고 인근 상인들의 민원도 있었다. 그러나 지속적으로 상인들과 소통하고 주민들에게 양해를 구하면서 지금과 같이 안정적이고 성공적인 축제의 거리를 조성할 수 있었다.

문화는 가진 자만 누릴 수 있는 특권이 아니라 누구나 누릴 수 있는 기본권이라고 생각한다. 아니, 그래야 한다. 여러 가지 복지 사업에서 문화와 관련된 내용이 빠지지 않는 것도 그런 이유에서이다. 그렇기에 주민들의 생활과 멀지 않은 연세로에서 특색 있는 축제와 공연을 개최함으로써 서대문구민들에게 문화예술 향유의 기회를 확대한 것을 '문화복지'라고 부르더라도 잘못된 표현은 아닐 것이다. 앞으로도 주민들의 일상 속에 문화와 예술이 늘 함께 하면서 삶의 질이 향상되기를 희망한다.

경제활동은 경쟁을 통해서만 가능할까?
사회적경제 활성화

'구성원 상호간의 협력과 호혜, 자발적인 참여와 민주적 운영을 바탕으로 사회서비스 확충, 복지의 증진, 일자리창출, 지역공동체의 발전, 기타 공익에 대한 기여 등 사회적 가치를 창출하는 모든 경제적 활동.'

〈서대문구 사회적경제 활성화 지원 조례〉에 명시되어있는 사회적경제의 정의이다. 사회적경제는 시장과 정부가 각자의 역할을 통해서는 해결할 수 없는 '사회적 필요'에 대한 맹점을 해결하고자 시민 영역에서 처음 시작되었다.

그렇다고 정부가 지켜보고만 있는 것은 아니다. 오히려 적극적인 지원에 나서고 있다. 현재 중앙정부와 지방정부는 '사회적기업'을 인증하거나 '예비사회적기업'을 지정하고 취약계층을 수혜자로 하는 사업, 또는 지역의 빈곤·소외·범죄를 해소하는 사업을 운영하도록 재정과 경영 등 다방면에서 지원을 아끼지 않고 있다. 물론 사회적기업은 사회 안에서 자연스레 만들어져야 하지만, 초기에는 행정적인 측면에서의 인큐베이터 역할 또한 필요하기 때문이다.

사회적경제 씨앗 심기

나는 서대문에 사회적경제의 씨앗이 무엇인지부터 알아보기로 했다. 취임한 첫 해, 담당부서에 우리나라와 외국의 사회적기업 현황을 보고하고 관내 기업을 발굴할 것을 요청했다. 가능성 있는 관내 기업을 먼저 찾은 후 급여와 업무 활동 등에 관해 지원할 수 있는 방안을 검토할 계획이었다. 사회적기업 발굴 및 성장 지원을 통해 지역 경제에 선한 영향력을 전파하고자 한 것이다.

이러한 노력의 결실은 곧 찾아왔다. 2009년에는 불과 5개에 그쳤던 관내 사회적기업 수가 취임 1년 후에는 16개로 대폭 증가했다. 현재 서대문구청 1층에 자리 잡고 있는 '카페 하이천사'도 이 때 발굴해 입점 시킨 사회적 기업으로, 사회적기업 육성과 장애인 일자리 마련을 위해 서대문장애인종합복지관을 중심으로 조성한 특별한 카페다. 2011년부터 발달 장애인 바리스타에게 지속적으로 일자리를 제공해 온지 벌써 10년이 넘었다.

카페 하이천사

사회적경제마을자치센터

사회적경제마을자치센터 조성

2016년, 가좌역 부근에 행복주택이 들어섰다. 서대문구에서는 행복주택의 커뮤니티센터 시설을 활용할 수 있는 방안이 없을까 고심했다. 그간 공간 지원이 필요했지만 구청이나 동 주민센터의 청사 안에서는 지원하기 어려웠던 사업들을 찾아보기로 했다. 4층짜리 아담한 건물이라 욕심만큼 다양한 수요를 충족시키지는 못했지만, 꼭 필요한 세 가지 사업을 담기로 했다. 사회적경제, 마을공동체, 청년 창업. 이렇게 세 가지 요소를 모두 아우르니 '사회적경제마을자치센터'라는 지역 경제 공동체의 허브이자 요람으로 거듭났다.

　1층에는 LH공사와 협력하여 청년 창업 지원 공간을 조성했다. '가좌청년상가'를 조성하여 점포 인테리어와 임대보증금을 지원함으로써 청년들이 부담 없이 창업에 도전할 수 있도록 했다.

2층은 사회적경제 공간으로 조
성하여 예비창업팀과 사회적기업
을 위한 업무공간 및 편의시설을
만들었다. 기업 이윤이 아닌 사회
적 이익을 추구하는 기업을 위해
최대한의 편의를 제공해 주고 있

2층 기업 입주공간

다. 공모를 통해 선정된 37개 사
회적기업이 이곳에서 사회적경제
와 관련된 철학을 공유하고 선한
영향력을 전파할 수 있는 컨트롤
타워가 되기를 바랐다.

3층은 센터 대관 공간, 4층은
주민커뮤니티 공간을 조성하여
전시, 공연, 발표회, 주민모임 등
다양한 주민 참여 행사가 진행될
수 있도록 했다.

3층 라운지와 세미나실

4층 카페와 주민커뮤니티 공간

사회적경제와 마을공동체 사업
을 보면 어딘가 맞닿아 있는 부분이 있다. 지역사회 문제 해결을 위해 활
동하는 사회적기업들은 마을공동체의 목소리에 귀 기울여야 하기 때문
이다. 마침 우리 센터에는 사회적경제, 마을공동체, 청년 창업 세 가지가
모두 담겨 있어 시너지를 내기에 안성맞춤이라는 평가를 받는다. 성북
구를 제외하고는 유일하게 사회적경제센터와 마을센터를 겸하는 통합
센터라는 데 자부심이 크다.

청년상가 내부

사회적경제 생태계 조성을 위한 길

한 단계 더 나아가 실험적인 시도를 계획했다. 가재울 뉴타운이 완성 단계에 이름에 따라 서중시장과 모래내시장 일부 및 좌원상가 일대를 결합할 방식을 연구하면서 사회적경제의 방식을 도입하면 어떨까 하는 구상에 이르렀다. '협동조합형 사회적기업' 입점을 시도해 보고 싶었다. 이와 관련된 사업 추진 방향에 대해 주민들의 이해를 돕기 위한 설명 자료를 제작·배포하고, 가재울 타운홀 미팅을 여러 차례 개최하여 주민들과 직

네트워킹 파티

접 소통했다.

그러나 쉽지 않았다. 아직 서대문구의 사회적경제나 협동조합에 대한 이해와 공감도가 낮다는 것을 체감할 수밖에 없었다.

결국 주민들의 의견에 따라 방향을 수정하면서, 초심으로 돌아

인문학 강의

가는 심정으로 사회적경제에 대한 인식 개선에 나섰다. 2015년부터 주민을 대상으로 실시했던 '찾아가는 사회적경제 주민체험교육'에 더욱 박차를 가했다. 연세로 등 지역 명소를 활용해 사회적경제 장터도 열었다. 사회적기업에는 홍보와 판로 개척의 기회를 제공하고, 주민들께는 사회적경제를 쉽고 재미있게 접할 수 있는 기회를 만들어 드리고자 했다.

구체적 결실을 위한 사회적경제 특구사업

우리 사회가 자주 접하는 중요한 화두 중에 지역 경제 활성화와 청년 일자리가 있다. 서대문은 이 두 가지와 맞닿은 특성을 가지고 있다. 가좌지역의 뉴타운 조성으로 젊은 층 가구가 대거 유입되고 있다는 점, 그리고 대학이 많이 소재하고 있다는 점이다. 이처럼 젊은이들이 서대문의 중요한 자산으로서 지역의 핵심 소비층이 될 수 있고 훌륭한 지역 경제 핵심인재가 될 수 있기에 이들과 함께하는 사업들을 많이 고민해 왔고, 그 고민이 사회적경제 특구사업으로 이어졌다. 사회적경제 특구사업은 지역사회 문제를 사회적경제 방식으로 풀어보자는 취지다. 여기에 '로컬'이라는 색을 입혀 로컬 비즈니스모델의 가치와 지속가능성을 실험하고,

로컬 비즈니스모델 관련 홍보 포스터

사람과 조직의 역량을 모으고 키워나기고자 했다.

2018년 1차년도에는 가좌지역 자원조사를 실시하였다. 이 조사에서 주민들은 문화소비욕구가 강한 반면, 인근 홍대나 신촌처럼 문화자원이 풍부하지 않아 찾지 않는다는 응답이 많았다. 이 점에 착안하여 2019년에 가좌지역 상권 활성화를 목표로 관내 사회적기업과 골목상점, 동네 예술가, 지역청년인 문화기획자들이 협력해 도심형 페어 '가좌아트위크

- 잠시, 쉬어가좌'를 개최했다. 음식점이나 카페 공간을 이용해 미디어 아트 전시, 영화 상영, 동네예술가 워크숍, 컴푸드 판매 등 상점과 협업 한 콘텐츠를 시범 운영해 봄으로써 문화중심형 상업거리의 가능성을 확 인한 기회였다. 이틀간 콘텐츠를 이용한 주민은 3천여 명이었고, 동일기 간 협업 상점의 매출은 평균 11%가 올랐다.

2020년에는 한 발 더 나아가 로컬크리에이터와 로컬벤처를 적극 발굴 하고 집중 양성하여 서대문지역 자원으로부터 콘텐츠를 기획하고, 이를 사업화할 수 있는 생태계를 조성하고자 했다. 청년을 대상으로 로컬벤 처 양성과정을 운영했고, 창업아이디어 경연 '로컬벤처 창업 해커톤'을 개최해 우수 예비창업팀을 발굴, 창업지원과 컨설팅, 교육, 투자연계를 지원했다.

또 하나의 사회적경제 활성화 사업으로 우리 구는 노후주택, 도시재생 지역, 저층주거지 밀집 등의 지역 특성과 재가서비스를 선호하는 시대 적 흐름을 반영하여 '주거관리'와 '지역돌봄' 두 부문으로 구성된 주민 기술학교 사업을 2019년부터 추진 중이다. 주민기술학교는 '주거'와 '돌 봄' 부문 지역 전문가 양성을 위한 기술교육을 바탕으로 지역 기반 주민 중심의 협동조합 설립을 통해 지역 선순환 경제공동체 조성을 목표로 하 고 있다.

사업 1년차인 2019년에는 부문별 인재 양성에 집중했다면, 2년차에 는 지역 주민들이 중심이 된 협동조합 설립과 사업모델 개발에 주력하고 있다. 주민기술학교를 통해 현재까지 협동조합 3곳이 육성됐으며, 사업 마지막해인 2021년에는 협동조합 경영지원을 통한 사업개발과 더 많은 지역 일자리 창출을 목표로 하고 있다.

골목청소나 청사 청소 등도 청소노동자들이 협동조합을 구성하여 지방정부로부터 직접 용역을 수주하는 방식 또한 가능할 것이다. 이렇게 한다면 노동자들이 평균 이상의 수익을 기대할 수 있지만, 이를 위해서는 먼저 사회적 기업에게 공공기관 용역 수주의 우선적인 권한을 인정해주는 법적 토대가 필요하다. 사회적경제 기본법과 사회가치 기본법 등이 조속히 제정되어야 하는 이유다. 무려 8년 동안이나 법안이 국회에서 계류 및 자동 폐기를 되풀이하고 있는데, 이제 사회의 수요에 부응하여 국회가 응답해야 한다.

　앞으로도 서대문구는 골목상권과 연계한 콘텐츠로 지역 경제의 활로를 넓히고, 안정적 창업 환경을 조성하면서 지속적으로 청년에게 기회를 제공하고 사회적경제의 성장환경을 다져나갈 것이다. 또한 한국판 그린뉴딜 정책을 견인하기 위해 그린벤처 육성과 그린 프로젝트 개발 지원에도 집중할 계획이다. 환경 문제를 비즈니스 모델로 해결하는 그린벤처를 육성하고, 녹색기술 개발, 그린 캠페인 지원 등을 통해 서대문구를 그린도시로 조성해 나갈 것이다. 서대문구에 지속가능하며 경쟁력 있는 사회적경제 생태계가 조성되길 희망한다.

자치분권 실현을 위해
지방정부가 할 수 있는 일은 무엇일까?
자치분권을 선도하는 서대문 지방정부

자치분권은 소박하면서도 튼튼한 풀뿌리 민주주의의 정신에서 출발한
다. 2010년, 구청장으로 선출된 이후 무거운 책임이 따르는 만큼 우리
구민들을 위해 내가 추구하고자 하는 목표 선정에 신중을 기했다. 서대
문구가 추구해 나가야 할 가치들이 무척이나 많았다. 하지만 분명한 것
은, 서대문 지방정부가 중앙정부의 하위 조직이 아니라는 점이었다. 주
체적인 지방정부로서의 역할을 자신감 있게 해나갈 것이라고 다짐하고
또 다짐했다.

 서대문구를 이끌어 나갈 방향을 구민들 앞에서 처음 선보이는 자리에
서 나는 서대문 자치시대 실현을 선포했다. 구민들께는 주민이 직접 참
여하고 소통하는 진정한 '서대문 자치시대 실현'에 대한 협조를 당부드
렸다. 직원들에게는 구민들의 요구와 고민을 읽어낸 실질적 행정을 통
해 지방자치 실현을 앞당겨 주십사 당부했다.

자치분권 반석 위에 서는 서대문

서대문에 자치분권의 씨앗을 심기 위해 가장 먼저 튼튼한 기반을 다지기로 결심했다. 구민들과 가장 가까이 있는 기초지방정부로서 구민들이 피부로 느낄 수 있는 현실적인 정책을 펼칠 수 있으리라 확신했고, 이를 뒷받침해 줄 수 있는 제도적 기반이 갖춰져 있을 때 지속성을 가지고 정책이 추진될 수 있다고 생각했기 때문이다.

민선 지방자치 20년을 맞이하여 전국시장군수구청장협의회에서 자치분권 조례를 제정해야 한다는 목소리가 높아졌다. 조례 제정을 통해 자치분권 실현을 체계적으로 준비하고 우리 구의 자치 역량을 강화하고자 계획했다. 〈지방분권 및 지방행정체계개편에 관한 특별법〉을 추진 근거로 '자치분권 추진 계획 수립과 정책 과제 개발 의무화' 내용을 조례에 명시했다. 주민과 함께 하는 자치분권 실현을 위해 주민 참여 확대 방안도 함께 마련했다.

2017년 7월, 문재인 정부는 100대 국정과제 중 하나로써 자치분권을 새로운 정부의 국정 비전으로 선포했다. 풀뿌리 민주주의 실현을 위한 중앙과 지방 간 정례 협의체 신설, 중앙권한의 지방 이양 등 자치분권의 제도적 기반 확보, 주민발의·주민소환·주민투표 등 주민 직접참여 제도 활성화 같은 내용을 담고 있었다. 우리 서대문에서 도모하고자 했던 자치분권의 방향과 정확히 일치했다. 중앙정부의 추진 의지에 힘입어 그 해 연말 나는 서대문구에 '자치분권지원팀'이라는 전담 조직을 신설했다.

이듬해부터 전담 팀을 활용하여 본격적인 활동에 나섰다. 가장 먼저 추진한 핵심 사업은 '자치분권 개헌'의 지원이었다. 주민의 필요에 가장 잘 대응할 수 있는 지방정부에 권한과 책임을 부여하고 대통령 공약 사항인 연방제 수준의 자치분권국가를 실현하는 것을 목표로 하여 개헌을 촉진할 수 있는 교육 및 시민 행사를 기획했다.

자치분권지방정부협의회와 공동사업으로서 전국자치분권개헌 문화 제도 지원했다. 재미있고 공감할 수 있는 토크쇼나 문화공연같은 프로 그램을 통해 시민들에게 다소 어렵게 느껴질 수 있는 자치분권의 필요성 을 쉽게 풀어보고자 했다. 이와 더불어 천만 인 서명운동 추진, 직원 교 육 등 분권 개헌을 위한 지지기반을 차근차근 확보해 나갔다.

자치분권의 새로운 터닝포인트 : 재정분권

2018년 8월부터는 자치분권지방정 부협의회의 제2대 회장으로 선출되 어 본격적인 활동을 개시했다. 바로 다음 달 정부의 「자치분권 종합계획」 (대통령 소속 자치분권위원회, 2018. 9. 11) 발표가 있었다. 주민주권 실현, 재정

자치분권개헌 천만서명운동

분권 강화 등 6대 추진 전략 33개 과제를 선정하는 등 자치분권의 큰 밑 그림이 마련되었다는 점에서는 다행스러웠으나 여전히 논의과정에 주 민과 지방정부의 의견이 제대로 반영되지 못한 아쉬움이 있었다. 이에 전국 각 지방정부가 연대하여 자치분권지방정부협의회 차원의 공동성 명을 냈다.

이후 정부 관계부처 합동으로 재정분권 1단계·2단계 재정분권안이 제시되었다. 1단계 재정분권은 지방소비세율 10%인상(18년 11% → 19

년 15%→20년 21%)으로 인한 지방세 확충을 통해 가시적인 재정분권 효과를 실현하는 데 목표를 두고 진행한다는 내용이었다. 이듬해 6월 정부의 '2019 지방재정전략회의' 시 1단계 재정분권 후속조치 방안을 내고 지방소비세 10%p 배분 방안과 관련하여 전국시도지사협의회가 주관한 논의도 여러 차례 진행되었다.

재정분권은 실질적인 자치분권 실현에 있어 가장 중요한 부분 중 하나이다. 재정이 뒷받침되지 못한 기능 이양은 지방에 오히려 부담만 가중할 뿐이다. 권한과 재정이 뒷받침되지 못한 채 의무와 책임만 주어지는 것은 진정한 자치분권의 모습이라고 보기 어렵다. 당초 대통령 공약에 기초한 중앙정부의 재정분권안은 국세와 지방세 비율을 현행 8:2에서 7:3으로, 더 나아가 6:4까지 변화시키겠다는 것이었다. 그러나 기재부를 비롯한 중앙부처의 격렬한 반발로 인해 실질적인 추진은 지지부진했다.

엄청난 진통 끝에 2단계 재정분권안이 2021년 7월에 극적으로 합의되었지만, 목표한 6:4는 물론이요 7:3에도 미치지 못했다. 국민 체감 성과는 여전히 부족했다. 지방재정조정제도의 근본적인 개편이 필요하다는 아쉬움도 남아 여러 모로 안타까웠다.

구민과 함께 일구는 분권 텃밭

제도적인 장치도 중요하지만, 지방분권과 주민자치 등을 통해 발전적인 민주주의를 구현하기 위해서는 시민들의 인식 개선이 반드시 뒷받침되어야 한다. 이 때문에 자치분권지방정부협의회의 회장으로 선출된 후에는 선도적인 행보를 보이기 위해 다양한 주제로 민주시민교육을 활성화

자치분권대학 서대문 캠퍼스 개강

했다. 민주시민교육 조례를 제정하여 추진 기반을 마련하기도 했다.

그 해 가을에는 자치분권대학, 스웨덴 학교를 개최하여 복지국가의 상징인 스웨덴의 복지에 대해 주민들이 관심을 가지고 참여할 수 있도록 독려했다. 주민이 중심이 되어야 하는 자치분권에서 교육은 가장 중요한 것이다. 자치분권이 왜 필요한지, 자치분권이 되면 삶의 무엇이 달라지는지, 또 세계 속 여러 국가들의 자치분권 모습을 통해 배울 점은 무엇인지 등등 주민이 자치분권에 대해 제대로 알고 공감할 수 있도록 하는 일은 진정한 자치분권을 실현하는 데 있어 가장 필수적인 과정이다. 매주 1회, 총 6회 과정으로 구성된 자치분권대학은 주민의 높은 호응 속에 진행되었다. 서대문구뿐만 아니라 전국의 많은 지방정부에서 자치분권 개설 수요가 있었고, 각 지방정부 캠퍼스를 열어 본격적으로 교육을 시작하게 되었다.

자치분권대학은 2017년 개설 이래 캠퍼스 수 및 수료율이 지속적으로 증가했고, 2019년까지 3년간 누적 수강생이 11,000명에 달했다. 코로나19가 전 세계를 휩쓴 2020년과 2021년에도 자치분권대학은 온라인 형태로 발전하여 지속되었다. 자치분권의 완성은 지방자치의 핵심인 주민들이 함께 나서 자치분권의 필요성을 이야기하고, 제도개선을 함께 요구하여 구체적인 변화를 이끌어 내는 데 있다. 주민의 생각이 반영되지 못한 자치분권은 반쪽짜리가 될 수밖에 없기에, 자치분권대학과 같은 지속적인 교육이 무척 중요하다.

자치분권, 우리 모두의 공론의 장 속으로

서대문구를 비롯한 여러 지방정부의 노력에도 불구하고 일반 주민들에게 자치분권은 여전히 생소하기만 하다. 도대체 자치분권은 무엇이란 말인가. 삶과 무슨 관계가 있는가. 그러한 질문들이 항상 제기되었다. 자치분권에 대한 논의가 일부 시민단체나 정치인들에 의해서만 다루어지고 있는 것은 아닌가 하는 생각은 늘 무거운 고민거리였다.

오랜 고민의 시간을 거친 끝에 수년 전 스웨덴 연수 때 감명 깊게 보았던 휴양의 섬 고틀란드의 알메달렌 정치박람회와 같은 시민축제의 장을 우리나라에서 열 수는 없을까 하는 아이디어가 떠올랐다. 1968년 당시 올로프 팔메 총리 내정자가 휴양객을 상대로 즉흥연설을 한 것에서 시작된 알메달렌 정치박람회는 현재 50주년을 넘기며 2천 개 이상의 기관 참여와 4천 3백 개 이상의 다채로운 행사로 이루어진다. 매년 7월초 같은 장소에서 알메달렌 주간 동안 다양한 정당의 정치인과 시민이 소통하며 정치적·사회적 이슈에 대해 논의하고 토론하는 활발한 공론장이 되고

제1회 자치분권 박람회

있다. 쉽지 않아 보였지만 포기할 수 없는 아이디어였다. 결국 도전하기로 했다.

제1회 자치분권박람회 장소로 선택한 곳은 우리나라의 대표 휴양지인 제주도였다. 2019년, 제1회 자치분권박람회를 개최했다. 광역·기초지방정부 단체장과 관심 있는 시민 등 350명을 대상으로 하여 토론회와 사례 발표, 문화행사와 현장 프로그램 등을 통해 자치분권에 대한 필요성을 강조하고 공감대를 다지는 자리였다. 2020년에 동일한 곳에서 개최된 제2회 자치분권박람회는 철저한 방역 수칙을 준수하며 진행한 까닭에 참석자 규모는 줄어들었지만, 그 열의만큼은 오히려 더 커졌다.

우리나라에서 이미 이와 유사한 시도가 여러 해 전부터 있어 왔다. 매년 열리는 전국 규모의 지방자치의 날 기념행사도 그렇고 서울시 정책박람회도 그 일환으로 시작되었다. 그럼에도 자치분권박람회만의 차별성을 꼽는다면 단지 정책 소개나 공유에 그치지 않고, 다양한 참여자들이 연설, 토론, 인터뷰, 강연 등의 형식을 통해 직접 주제에 대해 목소리를 내고 서로 경청하면서 공감대를 형성해 가는 것에 있다.

처음부터 완전한 것은 없다. 세상의 이치가 그렇듯이 저절로 얻어지는 것은 아무것도 없다. 해를 거듭하면서 체득해 가게 될 경험과 시행착오 속에서, 또 많은 사람들의 솔직담백한 의견과 기발한 아이디어를 통해 계속해서 발전해 나갈 것이다. 특히 자치분권을 주제로 시작된 박람회이니만큼 시민이 주체가 되어 자발적으로 모이는 형태의 진정한 공론장으로 성장해 가기를 희망한다.

나아가 참여자들이 목소리를 내는 것에 그치지 않고, 이 목소리를 제대로 정책 입안·결정 과정에 반영하고 대변해 나갈 시민의 대표, 즉 시민단체는 물론이고 정당이나 정치인 등 각 관계부처 공무원들의 소통 의지도 반드시 반영되어야 한다. 정치인과 유권자, 정부와 시민이 함께 열린 마음으로 발전된 미래를 구상해 가는 모습을 기대한다. 세계적인 휴양 도시인 우리의 제주에서 대한민국의 알메달렌이 실현되는 그 날이 머지않아 우리에게도 오지 않을까.

그래서 왜 '자치분권'이죠?

우리나라뿐만 아니라 전 세계적으로 코로나19 팬데믹을 통해 위기의 심각성에 대한 우려와 경고의 목소리를 앞 다투어 내고 있다. 코로나19 치료제 및 백신이 상용화되기 전 까지는 누구도 안심할 수 없는 상황이다. 특히 방역 최전선에 서 있는 서대문구와 같은 기초지방정부는 한 시도 마음을 놓을 수 없다. 지역감염 확산세와 함께 지역 보건소 선별진료소가 본격 가동되었고, 확진자 동선에 따른 방역실시와 자가격리자 관리 등 기본적인 방역관리뿐만 아니라 민생경제 회복과 보전 등 지역주민의 생명과 재산을 가장 밀접하게 보호할 의무와 책임이 지방정부에 있다는 것을 몸소 실감하게 되었다.

시민들은 인터넷, SNS 등과 같은 다양한 매체를 통해 소식을 접한다. 그리고 정보란 것은 실시간 확인이 가능하고 그것이 사실이든 아니든 순식간에 확산된다. 그래서 지방정부에서는 정확한 정보를 사실에 입각하여 신속하게 지역주민들에게 전파하고 가다듬어 주는 역할을 해야 한다. 불필요한 불안을 야기하거나 엉뚱한 정보로 누군가가 피해를 입는 일도 없어야 한다.

그럼에도 현실적인 한계가 있었다. 중앙과 지방의 권한의 문제가 바로 그것이다. 실제로 확진자 동선 조사와 관련하여 역학조사 권한이 기초지방정부에는 없었기 때문에 신속하게 대응하기가 쉽지 않았고, 확진자의 진술을 토대로 추적해야 했기 때문에 여러 정황에 비추어 경로를 추가로 파악해야 했던 어려움이 있었다.

이후 코로나 3법이 국회를 통과하면서 역학조사관과 방역관을 임명할 수 있게 되었지만 사후약방문이라는 느낌을 지우기 힘들다. 위기의 상황에 직면해서야 권한을 내려주기 시작하면, 이미 혼란스러워진 상황에서 일사분란한 대응이 어렵다는 것을 우리 모두가 경험하지 않았는가. 그리고 그 피해와 불편은 고스란히 시민의 몫이라는 것이다.

자치분권은 이처럼 주민의 삶과 직결되어 있고, 중앙정부의 획일적인 기준과 방향만으로는 현장의 다양한 변화와 요구를 포용하기 힘든 것이 현실이다. 풀뿌리 민주주의는 급변하는 시대의 흐름 속에서 더 이상 추상적인 의제가 아니다. 지역의 문제를 지역주민이 스스로 결정하고, 실정에 맞게 해결해 나가는 자치분권의 힘이 우리를 더 큰 도약의 길로 인도하게 될 것이라고 믿는다.

자치분권국가개헌, 선진국으로 가는 길

우리는 이미 4차 산업혁명 시대에 도래해 있다. 시대는 급속도로 변하고 있고, 공유와 융합을 넘어 초연결의 시대에 살고 있다. 중앙중심의 국가 운영체제로는 더 이상 그 거대한 변화를 감당할 수 없다. 싫든 좋든 이러한 변화를 받아들여야 하는 시대가 되었다. 지방정부는 선도적으로 변화를 이끌고, 지역경쟁력을 높이기 위한 역할을 할 수 있어야 한다. 그리고 역량 있는 시민과 함께 자율과 창의, 다양성과 참여에 기반한 진정한 자치분권의 모델을 실현해 내야 할 것이다.

이러한 노력에도 불구하고 법적·제도적인 뒷받침이 없으면 사실상 추진동력을 갖기 어렵다. 여러 유럽국가 등 선진적인 해외 자치분권 모델은 법제화를 통해 더욱 공고해졌다. 국가헌법상 자치분권국가가 명문화되면서 분권의 제도적 성장에 밑거름이 되었다. 반면 우리나라는 그렇지 못하다.

대한민국의 초대 헌법에서는 국회의원과 국민에게 헌법개정 발안권이 부여되었다. 그러나 72년 유신헌법에 의해 박탈된 이후 현재까지 회복되지 못하고 있다. 지난 국회에서는 국민개헌발안권 헌법개정안이 국회의원 148명의 동의로 발의된 바 있었다. 대통령과 국회에만 국한되어 있었던 헌법개정안 발의권을 국민에게도 부여하려는 개헌안이 국회에 의해 발의되었다는 점에서 무척 고무적인 일이었지만, 유감스럽게도 당

리당략과 정치논리에 파묻혀 그만 무위로 돌아가고 말았다.

시대는 격변 속에 있는데 우리의 헌법은 30년이 넘도록 사회의 변화를 담지 못하고 있다. 국가와 정치가 잘못된 방향으로 가고 있다면 국민이 직접 나서서 이것을 바로잡을 수 있어야 한다. 우리도 머지않아 국민의 뜻에 의한 국민주권 실현이 가능한 자치분권국가로 나아갈 수 있으리라 기대해 본다.

자치분권의 미래 지방정부 서대문

지방정부의 장(長)에 있어 12년이라는 시간은 주민의 권한으로 부여해준 최대 총량의 시간이다. 동시에 확연한 변화를 가져올 수 있는 시간이기도 하다. 서대문 지방정부의 작은 변화로부터 중앙을 바꾸고, 그것이 모범사례가 되어 전국적으로 확산된 경우가 여럿 있다. 하나의 좋은 지역사례를 모델로 발굴하는 것은 전체로의 긍정적인 변화를 가져 올 가능성을 열어주는 마중물 역할을 한다. 서대문뿐만 아니라 전국의 많은 지방정부에서 더 나아가 전 세계의 각 지방정부에서 이러한 노력을 부단히 하고 있다. 일일이 열거하기 어렵지만 우수한 아이디어로 발굴된 국내외 정책사례들이 벤치마킹을 통해 전 세계, 전 국가적으로 전파되어 시행되고 있는 좋은 정책들이 정말로 많다.

그러나 놓치지 말아야 할 점이 있다. 지역특색에 맞는 맞춤형 정책이 가능하려면 주민과 직접 소통하며 만들어 가는 과정이 필수적이라는 사실이다. 주민감수성에 맞는 일이어야만 주민 만족도를 최대한 끌어낼 수 있기 때문이다. 그렇기에 자치분권이 중요하다.

자치분권은 이미 우리 삶에 녹아 있다. 어려운 추상의 개념이 아니다.

그동안 변화를 향한 작은 실천과 움직임을 통해 만들어 온 우리 사회의 연대와 협력의 모습은 자치분권의 반석이 되어 줄 것이다. 우리가 민주주의에 도달하는 과정이 험난했듯이 자치분권형 개헌과 같은 목표도 쉽게 달성할 수 없을지 모르겠다. 그럼에도 불구하고 민선 5기 서대문 구청장 취임식 때 서대문 자치시대를 선포하던 시절로부터 12년이 지난 지금에 이르러, 이제는 대한민국 자치분권 시대를 이야기하고 있지 않은가.

우리 서대문은 자치분권을 선도하는 리더로서의 의지를 끝없이 불태울 것이다. 무한경쟁과 양극화로 삭막해진 우리 사회에 '사람'과 '공존'의 철학을 담아 지속발전 가능한 자치분권형 지방정부의 모델을 완성할 때까지 말이다.

수상실적

▶ **2019년 거버넌스 지방정치대상 최우수상 수상**[(사)거버넌스센터]

지방정부의 신속함이 중앙정부를 어떻게 바꿀까?
코로나19 방역 동선조사팀 구성

코로나19의 갑작스러운 습격과 혼란

2020년 초에 전 지구를 습격한 코로나19는 기존의 전염병인 사스나 메르스와는 전혀 다른 미증유의 충격을 우리 사회에 가했다. 정부도, 의료진도, 국민들도 미처 대비를 하지 못한 상황에서 혼란과 공포는 빠르게 확산되었다.

물론 질병관리본부를 중심으로 한 중앙정부는 의료진들과의 협력 아래 온 힘을 기울여 대응했다. 하지만 예상보다 전염 속도가 빠른 코로나19의 확산을 따라잡기에는 역부족이었다. 확진자 검진 및 치료를 위한 공공의료시스템은 미비했고 의료 인력도 턱없이 부족했으며, 확산 예방을 위한 지침이 마련되어 있지 않아 혼선이 많았다. 특히 무서운 속도로 전파되는 코로나19의 특성상 확진자의 동선 공개가 초미의 관심사가 되었다.

확진자 증가율이 높지 않았던 발병 초기에는 질병관리본부에서 역학조사관을 통해 확진자의 동선을 공개하고, 접촉자에 대한 격리 조치를 취했다. 하지만 특정 종교단체의 신도 등 확진자가 급증함에 따라 질병관리본부 주도의 역학조사만으로는 한계가 발생할 수밖에 없었다. 광역지방정부도 팔 걷고 나섰지만 동선을 조사하고 공개하는 과정에 있어 속도를 내기는 어려웠다. 자연스레 주민들의 원성도 높아만 갔다.

지방정부 최초의 자체 동선조사팀 구성

나는 지방정부 최초로 자체 동선조사팀을 구성하기로 결정했다. 코로나19 방역의 기본이 되는 동선조사에 힘을 보태기 위해서였다. 기존의 법테두리 하에서는 규정되어 있지 않은 영역이었기에 주위의 우려도 적지 않았다. 그러나 나는 주민의 생명과 안전보다 더 중요한 것은 없다고 확신했기에 그대로 추진했다.

먼저 전산·감사·운전분야 공무원 12명으로 동선조사팀을 구성했다. 이들의 임무는 확진자의 동선을 추적하여 밀접접촉자를 찾아내는 것이었다.

기본적으로 확진자 진술을 1차 자료로 삼은 후, 다양한 목적을 위해 관내에 설치된 CCTV 2,495대를 조사하여 이동경로를 파악했다. 그리고 밀접접촉자를 확인해 격리하는 등 선제적 조치를 했다.

물론 쉬운 일일 리 없었다. 휴대폰 위치추적이나 카드내역 확인 등 역학조사 권한이 없는 기초지방정부로서는 확진자 진술에 대한 의존도가 높을 수밖에 없었다. 게다가 일부 확진자는 진술에 비협조적이었고 심지어는 거짓 진술을 해서 감염 경로 파악에 문제를 일으키기도 했다. 숨

동선조사팀 활동 모습

겪던 동선이 CCTV 분석을 통해 뒤늦게 밝혀진 사례도 있었다. 그중에
는 놀랍게도 동 주민센터까지 포함되어 있었다. 자칫하면 코로나 바이
러스가 구청에까지 침투할 수 있었던 아찔한 순간이었다.

하지만 이러한 한계를 고려하더라도 신속한 동선 공개는 주민들의 안
전을 지키는 데에 큰 보탬이 되었다. 주민들도 차츰 서대문구의 동선 공
개를 점점 더 신뢰하게 되었다. 이후 확진자 급증에 따라 당초 4개 조로
구성되었던 동선조사팀을 6개 조로 늘려 속도감을 더했고, 동선 공개 과
정도 보다 신속하고 체계적으로 발전해 나갔다.

기초지방정부에 보다 많은 권한 부여

나는 그러한 과정에서 얻은 교훈을 바탕으로 국회와 중앙정부, 서울시 등
에 법령 개정을 누차 건의했다. 코로나19라는 미증유의 위기 상황에서

그들도 즉각 반응했다. 감염병예방법이 개정됨에 따라 기초지방정부의 장도 경찰관서를 통해 확진자 등의 위치정보를 확인할 수 있게 된 것이다. 또 서울시도 역학조사 권한을 기초지방정부에 한시적으로 위임했다.

그럼에도 여전히 한계는 존재한다. 권한이 완전하게 이양된 것은 아니기에 동선 조사를 위한 정보 수집을 위해서는 많은 단계를 거쳐야만 한다. 이러한 역학조사 시스템은 개선이 필요하다. 신속하고 효율적인 초기 대응을 위해서는 근본적으로 기초지방정부에도 자체적인 역학조사 권한이 부여되어야 할 필요가 있다.

경험해 보지 못한 상황으로 인해 국민들은 물론 중앙정부도 초반의 대응에 혼란이 있었던 게 사실이다. 더군다나 폭증하는 업무량으로 인해 과부하가 걸릴 법도 했다. 이때 각자의 자리에서 묵묵하고도 신속하게 역할을 해낸 지방정부가 있었기에 이후의 코로나19 대응 체계를 구축해 나가는 데 큰 힘이 되지 않았을까.

비단 서대문구뿐만이 아니다. 고양시의 드라이브 스루 형태의 선별진료소는 전 세계의 벤치마킹 모델이 되었다. 전주시의 재난기본소득은 이후 전국민을 대상으로 한 긴급재난지원금의 시발점이 되었다. 이렇듯 지방정부의 신속한 움직임이 전 국가를 움직인 사례가 결코 적지 않다. 중앙정부와의 보조적 관계가 아닌 협력적 관계가 그 진가를 발휘한 것이다. 이것이 바로 지방정부의 힘이요, 자치분권의 힘이라고 나는 생각한다.

코로나19의 종식을 위한 그날까지

국민들은 코로나19로 인해 고달픈 나날을 보내고 있다. 의료진의 희생과 정부의 신속한 대응, 국민들의 높은 시민의식 등으로 인해 어느 정도는 안정세에 들어섰으나 언제 또 위기가 찾아올지 모른다.

하지만 어떠한 위기가 있더라도 지금처럼 중앙정부와 지방정부, 또 의료진과 전 국민들이 힘을 합쳐 노력한다면 해결해 나갈 수 있을 것이라고 생각한다. 특히 급속도로 퍼져가는 감염병 확산에 발 빠르게 대응하여 국민들의 생명과 안전을 지키기 위해 앞장선 지방정부의 역할과 중요성이 드러난 만큼 지방정부에 대한 국민들의 신뢰와 자치분권에 대한 국민들의 관심도 함께 높아졌으리라 기대한다.

코로나19로 일어난 교육현장의 변화는?
디지털 튜터(Digital Tutor) 지원사업

2020년은 코로나19의 영향으로 우리 일상이 크게 달라진 한 해로 남을 것이다. '뉴노멀'이라는 단어조차 뉴노멀이 되어버린 지금, 시대의 전환과 시민의 요구, 그리고 새롭게 자리잡아야할 행정의 역할에 대해 더욱 고민이 필요한 시점이다. 특히 기후 위기로 인한 불확실한 미래와 산업화와 자본주의의 대가로 얻은 불평등한 사회를 물려받게 될 우리 아이들의 미래는 어떻게 될까? 아이들이 안정적으로 홀로서기를 하고 원하는 일을 하면서 삶의 의미를 찾을 수 있도록 어른들이 해줄 수 있는 것이 무엇일까. 그것은 바로 교육이다.

교육현장의 급격한 변화와 대응
코로나19로 인해 온라인 개학, 원격 수업 등 교육현장에서는 온라인 플랫폼 기반의 새로운 교육방식이 요구되고 있다. 이에 따라 학교에서는

온라인 개학 지원 협약(서대문구 – 서부교육지원청)

학생들에게 디지털 교육의 질을 보장하고 균등한 학습기회를 제공하는 것이 무엇보다 중요해졌다. 하지만 온라인 수업을 하면서 학생간의 학력 격차는 오히려 더욱 심화되는 현상을 보였다. 디지털 교육 인프라 구축 정도에 따라 학습기회 등 수업의 격차가 드러나는 문제도 발생했다. 이런 문제를 해결하기 위해서는 교육장비 등의 물적 기반과 비대면 학습 사각지대에 인력지원이 절실했다.

2020년 4월 초, 예상치 못한 온라인 개학을 앞둔 상황에서 서대문구는 여느 다른 지방정부보다 발 빠르게 움직였다. 직접 나서서 서울시와 서울시교육청에 노트북, 태블릿 PC 등 디지털 기기 나눔을 추진하자고 제안했다. 그 결과 서울시의 교육복지 학생을 대상으로 디지털 기기를 제공할 수 있게 되었다. 원활한 원격수업이 이루어질 수 있도록 학교에는 웹 카메라와 마이크, 거치대 등도 지원했다. 아울러 학생들이 원활하게 디지털 수업을 받을 수 있도록 온라인 개학으로 어려움을 겪는 서대문구의 초·중·고교 40곳에 서울시 최초로 무선 인터넷망도 구축했다.

그러나 단지 하드웨어만으로 모든 걸 해결할 수는 없었다. 더 중요한 것이 바로 새로운 하드웨어를 원활하게 이용할 수 있는 인력이었다. 나는 스마트 학습 전반을 지원할 티칭 어시스턴트(Teaching Assistant: 보조교사)를 각 학교에 지원하자는 아이디어를 냈다. 학생, 학부모, 학교의 문제를 해결하면서 동시에 코로나19로 인해 심화된 청년 구직난에 도움이 될 수 있는 방안이었다. 여러 논의 끝에 총 36명의 청년을 선발해 교육을 진행한 후 2020년 9월부터 12월까지 6개 학교에 파견했다. 이후 여러 의견을 수렴한 끝에 티칭 어시스턴트의 명칭을 DT(Digital Tutor)로 변경하고 2021년에는 더욱 확대하여 추진했다.

티칭 어시스턴트 수업지원 모습

수업영상 제작지원

학생들의 교육을 도와주는 DT

청년 DT들은 일선 현장의 교사를 지원하면서 콘텐츠를 제작하는 등 비대면 수업이 원활히 이루어질 수 있게 보조하는 역할을 한다. 구체적으로는 긴급돌봄지원, 온라인 수업지원, 수업자료 제작지원, 특별교실 지원, 심리상담 지원 등을 담당하고 있다. 그리고 나아가, 학생들 디지털 역량 자체를 함양하는 역할도 한다. 비대면 교육으로 전환된 학교 현장에 2030세대 DT를 지원하는 이 사업은 4차 산업혁명 시대의 선도적 교육 인프라를 구축하고 디지털 뉴딜과 연계된 휴먼뉴딜의 선도적인 모델이 되었다고 자부한다.

서대문구는 DT사업을 지속적으로 확대 추진할 예정이다. 또한 지원 후에는 학생과 학교, 교사, 디지털 튜터를 상대로 상시모니터링을 실시하고 문제점이 발생할 시 개선방안을 모색하여 모두가 만족하는 미래형 학교 디지털 학습 기반이 될 수 있도록 할 것이다. 갑작스럽게 찾아온 위기를 기회로 삼아, 지속성장 가능한 혁신사회로의 전환을 이루고 4차 산업혁명과 포스트 코로나 시대에 부응하는 지방정부의 역할에 더욱 매진해 나갈 계획이다.

탄소중립을 어떻게 실현할 수 있을까?
지속가능한 바이오필릭시티(Biophilic City) 서대문

포스트 코로나 시대의 과제, 기후변화

기록적인 홍수와 폭염이 매년 세계를 휩쓸고 있다. 독일에서는 '100년 만의 폭우'로 165명이 사망하더니, 중국 허난성에는 '1000년 만의 폭우'가 내려 지하철이 침수되고 300여 명이 숨졌다. 인도에서도 '40년 만에 최악의 홍수'로 최소 180명이 숨졌다는 발표가 이어졌다.

거의 반년 동안이나 끊임없이 이어진 호주 산불의 충격이 아직 채 가시지도 않았는데, 미국, 캐나다, 터키, 그리스, 이탈리아 등지가 불과 한 해 사이에 화염에 뒤덮였다. 게다가 시베리아는 2021년 최악의 산불로 한반도 전체 면적의 73%가 잿더미가 되었다.

이 모든 것은 재앙과도 같은 이상기후 현상 때문이다. 우리나라도 예외는 아니다. 기록적인 폭우와 폭염이 반복되고 있으며, 특히 아열대 지방에서 많이 나타나는 돌발 폭우인 스콜 현상이 잦아지고 있다. 한반도의 기후 자체가 아열대성 기후로 변화하고 있는 것이다. 세계는 이제 온난화로 인한 기후변화를 인정하고 있다. 자연이 주는 경고를 더는 무시할 수 없다.

기후변화에 대응하는 첫걸음, 탄소중립

국제적인 기후변화 대응에 있어서는 유럽연합(EU)이 선두에 있다. EU는 2026년부터 EU로 들어오는 수입품에 대한 탄소 발자국을 추적하고 이에 대한 부담금을 부과하는 이른바 탄소세 도입을 예고했다. 이 새로운 환경 규제와 국제무역 규범에 세계 각국이 대비하고 있다. 세계 최대 이산화탄소 배출국인 중국마저 탄소중립국을 목표로 선언했다.

우리 정부도 이러한 세계적 흐름에 맞춰 2050년 탄소중립에 도달하기 위한 시나리오를 공개했다. 석탄·액화천연가스 발전을 최소화하고 신재생에너지 사용을 늘려 2018년 기준 6억 8,630만t의 온실가스 순배출량을 2050년까지 전부 감축하는 것을 목표로 하고 있다.

서대문구도 이러한 국정과제에 발맞춰 2050 탄소중립을 위한 그린뉴딜 5개년 계획을 수립하였다. 2017년 기준 서대문구 온실가스 총 발생량은 123만 3천 t(이산화탄소 환산량)이나 2050년까지 단계적으로 탄소제로화에 도전하는 것이다. 건물·수송·에너지 생산 등의 분야에서 하드웨어적으로 효율화를 위한 사업을 추진하고, 주민 인식개선 및 참여를 위해 소프트웨어적인 측면의 행태 변화 사업을 병행하여 실시할 계획이다.

하드웨어적인 부분에서 탄소 배출이 가장 많은 부문은 건축물이다. 서대문구는 공공건축분야에서 기존 노후 공공청사를 리모델링하여 제로

전기차 저상 마을버스의 모습

에너지건물(ZEB) 등급을 달성하고, 노인복지시설·어린이집 등 신체적 약자 이용시설에 대한 그린리모델링을 추진할 계획이다. 또한, 민간건물 분야에서도 저층 주거지 주택성능개선 지원사업 및 지구단위 계획(재개발·재건축) 시 제로에너지건물에 대한 인센티브 부여 등을 통해 저탄소·에너지 효율 주거 공간을 조성할 계획이다.

수송분야에 있어서는 대중교통을 친환경 차량으로 전환하고, 자전거 등 친환경 교통수단을 확대할 예정이다. 마을버스, 택시 등 대중교통의 전기차량 교체를 추진중이며, 서울시 최초로 '대형 전기차 마을버스' 6대를 이미 도입하여 운행중에 있다. 공영주차장, 주거지 중심의 전기차 충전기를 확충하여 민간부문에서도 친환경 차량 전환을 유도할 계획이다. 또한, 지하철·버스와의 환승거점의 공공자전거 따릉이 이용 여건을 개선하여 주민들이 공공자전거를 보다 친숙하고 편리하게 이용할 수 있도록 할 예정이다.

에너지 분야에 있어서는 태양광 등 분산형·친환경 신재생에너지 비중을 확대한다. 공공기관 신재생에너지설비를 의무화하고, 공동주택 등에 태양광 발전 설비 보급을 지속적으로 확대해 나갈 예정이다. 이 외에도 국민DR(에너지쉼표), 전력거래·공유 등을 통해 스마트 에너지 순환 여건을 강화할 예정이다.

특히, 서대문구는 서울시 자치구 중 최초로 '에너지자립 혁신지구'로 선정되어 4차 산업혁명 시대 핵심 서비스로 떠오른 스마트그리드 실증사업을 추진 중에 있다. 스마트그리드는 전력 생산과 소비를 실시간으로 파악해 효율적으로 활용하는 지능형 전력망을 가리키는 단어로, 전력망에 인공지능(AI), 사물인터넷 등의 기술을 접목해 전기 사용량과 공급량 정보를 실시간으로 파악하고 이를 전력 생산자와 소비자가 주고받는 방식으로 운영된다. 생산자는 전력 생산을 효율적으로 조절할 수 있고 소비자는 요금이 비싼 시간대를 피해 전기를 쓸 수 있다. 이번 실증사업에 참여하는 대상은 공동주택 및 저층주택 3,000세대이며, 해당 세대에는 선택형 전기요금제가 도입된다. 휴대폰 요금처럼 각 가구의 전력소비 방식에 따라 다양한 전기요금제 중 하나를 선택해 이용할 수 있다. 국비 총 127억 원을 지원받아 2023년 9월까지 추진될 예정이다.

한편 소프트웨어적인 행태 개선 사업은 주로 생활과 문화적인 부분에

서대문 두바퀴환경센터

주안점을 두고 있다. 코로나19로 인하여 일회용품 사용이 다시 급격히 늘고 있다. 넘쳐나는 쓰레기로 인해 서울시의 쓰레기 소각장은 곧 포화 상태에 달할 전망이며, 향후 어떻게 될지도 불투명하다. 그렇기에 쓰레기 문제의 해결을 위해서는 모든 주민들의 관심과 협조가 절실하다.

현재 서대문구는 홍은동에 지하1층, 지상4층 규모의 리앤업사이클플라자를 건립 중에 있다. 업사이클링 제품 판매, 주민대상 목공 및 수리·수선 교육 등을 추진하여 주민의 자발적 재활용·새활용 문화를 확산하고자 한다.

또한, 기후환경마일리지 등 주민의 일상적 실천을 탄소저감으로 유도할 수 있는 인센티브 프로그램을 추진하고, 친환경 탄소중립 교육을 강화할 예정이다. 이를 위해 서대문구는 2021년 6월에 홍제천변에 '두바퀴 환경센터'를 개소했다. 주민들이 일상에서 기후 위기에 대한 인식을 공유하고 저탄소 생활을 실천하는 의지를 다질 수 있는 시설로 지상 1층, 지하 1층 230㎡ 규모이며 강의실과 휴게실, 야외쉼터 등으로 구성되어 있다. 특히 지하 1층에는 환경 도서관을 마련하여 어린이들이 책과 기타 교구로 환경을 쉽게 접하고 이해할 수 있도록 했다. 앞으로 유아·어린이를 대상으로 한 생태 놀이 교실, 환경 활동가와 함께하는 포럼·세미나 개최 등 다양한 프로그램을 운영하여 구민들의 눈높이에 맞는 맞춤형 교육 서비스를 제공할 예정이다.

서대문구가 그리는 미래상, 바이오필릭시티

바이오필릭시티는 자연과 인간이 공존하는 지속가능한 도시를 의미한다. 바이오필릭시티라는 개념은 이른바 '바이오필리아' 이론에 기반을 두고 있다. 바이오필리아는 '생명체(Bio)'에 대한 '사랑(philia)'을 의미하며, 인간은 본성적으로 자연환경 가운데에 있을 때 신체적으로 건강하고 정서적으로 행복하다는 이론이다.

지속가능한 도시계획 분야의 세계적인 권위자인 티모시 비틀리가 이러한 바이오필리아 이론을 도시계획에 접목해 바이오필릭시티라는 개념을 만들었다. 자연을 중심으로 도시를 설계하는 도시계획 방법론으로, 인간과 자연 상호간의 관계성을 중시하며 일상과의 연결성을 강조한다. 이를테면 싱가포르의 경우 도시에서 일하다 나오거나 집에서 나와 걷다 보면 산이나 대규모 공원과 연결된다. 사람이 사는 일상과 자연이 유기적으로 연결되는 것이다. 또한 도시 곳곳에 녹색 벽, 녹색 지붕, 하늘 공원 등 수직 정원이 도입된 건축물을 쉽게 볼 수 있는데 자연과 손쉽게 접촉할 수 있는 환경을 조성한 것이다.

물론 바이오필릭시티가 단순히 도시 안에 공원 같은 녹색 인프라를 조성하는 것만을 의미하지는 않는다. 그보다 더 넓게, 도시에 있는 사람들이 일상의 공간에서 자연과 연결되고 매순간 자연 속에 있음을 느낄 수 있도록 하는 것을 의미한다.

　그런 바이오필릭시티야말로 서대문구가 궁극적으로 그리는 미래이다. 서대문구가 추진하는 생태경관 보행구역 조성, 탄소제로화 같은 다양한 녹지정책과 환경정책의 바탕에는 이러한 바이오필릭시티로의 지향점이 담겨 있다. 자연과 공존하는 도시 서대문구의 미래상을 그려본다.

포스트 코로나 시대
지방정부의 방향

디지털 전환과 코로나 디바이드(Corona Divide)

제4차 산업혁명 시대에 대한 논의가 시작된 이래, 우리 사회와 경제 전반에 스마트 기술이 빠르게 적용되고 있다. 코로나19를 계기로 비대면 서비스 수요가 폭증하면서 디지털 전환이 더욱 가속화되었고, 이에 발맞춘 혁신적인 서비스가 속속 등장하고 있다. 행정도 이러한 흐름에서 결코 예외가 될 수 없기에 최신 사물인터넷 기술을 도입한 다양한 정책 사업을 발 빠르게 추진하고 있다.

그러한 시대적 배경 속에서 전 세계를 뒤덮은 코로나19는 더 많은 변화를 강요하고 있다. 감염병 유행이 약자에게 더 많은 고통을 준다는 사실이 드러났다. 방역 조치의 부담은 대기업보다 소상공인에게 더욱 크게 다가온다. 모두의 안전을 위한 거리두기는 방문복지가 필요한 사회 취약계층에게 훨씬 더 치명적이다. 포스트 코로나 시대에 대비하는 가운데, 감염병 사태가 촉발한 양극화(Corona Divide)가 심해지지 않도록 소상공인 및 취약계층을 지원하는 것이 지방정부의 가장 시급한 책무가 되었다.

전통시장 등 소상공인의 스마트화 지원

온라인 쇼핑 규모는 매년 급격히 증가하고 있다. 특히 최근에는 인터넷보다 모바일 쇼핑 분야가 더욱 크게 성장하는 양상을 보인다. 온라인 쇼핑의 편리함을 적극 활용해온 기존 사용자 외에도, 감염병 때문에 대면상거래를 꺼리게 된 소비자들까지 가세하면서 디지털 거래 및 배달 시장의 확대가 속도를 더하고 있다. 이러한 추세는 전통적인 영업방식을 고수하고 있는 시장상인들에게 위험 요소로 작용한다. 시설이 낡은 데다온라인 접근성마저 떨어지는 전통시장은 결국 외면받을 수밖에 없기 때문이다.

서대문구에서는 인왕시장(2012년부터)과 영천시장(2013년부터) 등 일부시장에서 공동배송서비스를 운영하고 있다. 상인과 방문객을 위한 환경정비 또한 지속적으로 실시하고 있다. 그러나 기존 방식만을 고려한 정책 지원은 기존 방문객의 편의성을 증대시킬 수는 있을망정 새로운 소비자를 확보하기는 어렵다는 한계가 있다.

이에 대형마트 사이에서 고전하는 전통시장이 온라인이라는 새로운판로를 개척할 수 있게 유도함으로써 활로를 찾아보고자 시도한 사업이'전통시장 온라인 몰' 구축이다. 네이버 '동네시장 장보기' 서비스나 '놀러와요 시장', '위메프오'같은 모바일 애플리케이션을 통해 대형마트나 온라인 쇼핑몰과 거의 유사한 수준의 배송 서비스를 제공하는 것이다. 본래는 전통시장이 배달과 온라인 주문이 가능한 대형마트에 대응하기 위한 전략이었으나, 코로나19의 영향으로 인한 상품 비대면 구매 및 배달 선호 분위기 확산과 맞아떨어져 호응을 얻고 있다.

'전통시장 온라인 몰'은 아직은 초기 진입단계로, 일부 점포에서만 서비스를 제공하고 있다. 당면한 가장 큰 과제는 상인의 인식 전환이다. 고령층이 많은 전통시장 상인들은 디지털 기기를 사용하는데 익숙하지 않아서, 상대적으로 번거롭게 느껴지는 온라인 플랫폼 입점을 통한 판매 통로 확대보다는 당장 매장 방문객의 수에만 집중하려는 경향이 있다. 다행스럽게도 온라인에 진출하여 매출을 증대시킨 이웃 점포의 사례를 보면서 조금씩 관심을 가지는 상인이 생기고 있다. 디지털 시대에 적응할 수 있도록 역량강화 교육 및 전통시장 (디지털)매니저 인력 파견 등 지원이 필요한 시점이다.

서대문구는 별도로 사회적경제기업의 모바일 홈쇼핑 진출도 계획하고 있다. 신촌 연세로 문화마켓이나 홍제천 장터 등 주기적으로 개최하던 판매 행사가 코로나19의 영향으로 대거 취소되어, 관내 사회적경제기업의 경영난이 심화됨에 따른 것이다. 실시간 라이브커머스 전문 모바일 플랫폼을 활용해 사회적경제기업의 제품과 서비스를 홍보할 계획이다. 라이브커머스는 채팅으로 진행자와 소비자가 실시간 소통하며 상품을 소개하는 스트리밍 방송으로, 모바일 실시간 소통에 특화된 'MZ세대'가 주요 고객층이다. 사회적경제기업의 제품은 가치소비 경향이 강한 MZ세대의 욕구와 부합하여 좋은 효과를 얻을 수 있을 것이라 예상된다.

사물인터넷 기술을 활용한 취약계층 사회 안전망 구축

코로나19는 고령층에 특히 치명적인 질병으로 어르신들의 삶에 커다란 변화를 가져왔다. 방문 복지 서비스 제공에 큰 제약이 생겼고, 어르신들의 주요 친목 공간이던 노인복지관이나 경로당 등이 사회적 거리두기 조치 강화에 따라 문을 닫아걸었다. 사회적으로 고립된 상황에서 우울감을 토로하는 어르신이 늘어났고, 이는 곧 어르신의 신체적·정신적 건강 및 고독사 등 극단적인 상황과도 직결되었기에 지방정부 차원의 큰 고민이 생겼다.

이런 상황을 조금이나마 타개할 수 있었던 수단이 바로 똑똑 문안서비스 등 사물인터넷 기반의 취약계층 돌봄 시스템이다. 이미 제4차 산업혁명을 대비하며 선제적으로 계획·추진했던 정책들이 예상치 못한 코로나19 비대면 환경에서 적극 활용되고 있는 것이다.

포스트 코로나 시대 지방정부의 과제

코로나19 위기를 잘 극복한다 해도, 사회, 경제, 문화 등 이전의 삶의 방식대로 돌아가는 것은 어려울 것이다. 우리는 이미 비대면 문화와 디지털 기반의 편의성을 경험한 바 있으며 이러한 편의성은 불가역적이다. 또 사람 간 교류 형태와 사회 구조는 더욱 다양해지고 있기에 신기술 수요 또한 급증할 것이다.

이러한 시대적 변화는 주민과 가장 가까운 곳에서 주민의 목소리에 민감하게 반응할 수 있는 기초지방정부만의 강점을 드러낼 기회가 될 것이다. 그렇기에 지방정부는 중앙 단위에서 쉽게 선택하기 어려운 과감하고 실험적인 정책을 제안하는, 국가 혁신을 이끄는 정책을 발굴하는 선도자가 되어야 한다.

다만 제4차 산업혁명과 코로나 팬데믹 등 전 세계를 뒤흔드는 변혁의 시대를 살아가는 사회적 약자들이 어려움을 느끼고 있다는 사실을 잊지 말아야 한다. 사회 양극화 심화로 인해 복지 사각지대가 점점 더 늘어나고 있다. 이러한 한계를 해소할 수 있는 대안으로 보편복지의 필요성을 조심스럽게 제안한다. 거의 모든 국민이 한 차례 이상 재난지원금을 받아본 경험이 있는 상황에서, 불확실한 위험에 대처하는 기본소득 모델에 대한 국민의 요구와 사회적 논의도 활발해지리라 예상한다.

시대는 이미 변화를 요구하고 있다. 코로나19 팬데믹은 다만 머뭇거리는 우리의 등을 거세게 밀어주었을 뿐이다.

부록

한눈에 보는
벤치마킹 참고자료

1. 무장애 자락길(안산, 북한산)

무엇을 했나요?
- 안산과 북한산에 유모차와 휠체어도 통행 가능한 무장애 자락길을 조성했습니다.

언제 했나요?
- 2010년 10월부터 2016년 11월까지 진행했습니다.

어떤 효과가 있었나요?
- 방문객 증가(안산) : 2014년 약 270만 명 → 2017년 약 460만 명
- 안산 자락길 개통 후 방문객 525명 대상 설문조사 결과
  → 시민만족도 89%, 재방문 의사 88%

뭐가 가장 힘들었나요?
- 등산로를 새롭게 만들 때 주택과 인접한 길에 대해서는 주민분들의 반대가 있었습니다.
- 기존에 자리잡고 있던 나무와 바위 등으로 인해 공사에 어려움이 있었습니다.

어려움을 어떻게 극복했나요?
- 수차례의 주민간담회를 통해 의견수렴을 하고 가림막 설치, 노선변경 등을 통해 최대한 주민분들이 염려하는 부분에 대해 조치했습니다.
- 숲을 최대한 보존하기 위해 나무를 우회하기도 하고, 식물이 잘 자라는 구간은 목재데크를 설치하여 사람들이 지면을 밟지 않게 했습니다.

참고할 만한 자료가 있을까요?
- 지리산 둘레길, 제주도 올레길, 북한산 둘레길, 성북구 자락길

2. 연세로 대중교통전용지구

무엇을 했나요?

* 신촌 전철역~연대앞 굴다리 약 550m 구간에 대중교통전용지구를 조성했습니다.

언제 했나요?

* 사업의 아이디어는 2010년부터 구상했으며, 2013년 9월부터 공사를 시작해서 2014년 1월에 연세로 대중교통전용지구를 개통하였습니다.

어떤 효과가 있었나요?

* 연세로 방문 시민 11% 증가 / 신촌 점포 방문 시민 37%증가
* 신촌 상인 매출액 18% 증가 / 교통사고 35% 감소

뭐가 가장 힘들었나요?

* 차량통행 제한으로 인한 교통민원과 수많은 상인들과 이해관계자들의 복잡한 갈등관계가 있었습니다. 불법 노점상은 40여 차례의 협상과정에서 기존 영업형태를 고수하겠다는 입장으로 시위를 주도하기도 했습니다.

어려움을 어떻게 극복했나요?

* 서울시, 경찰서, 상인회, 시민단체, 대학 등 6개 기관이 참여하는 사업추진위원회를 구성하고 지역 관계자를 대상으로 주민 공청회 및 지역의 요구사항에 대한 설명회를 수시로 개최했습니다.
* 지속적인 마라톤 회의를 이어간 결과 합의점을 도출할 수 있었습니다.

참고할 만한 자료가 있을까요?

* 브라질 꾸리찌바시의 차 없는 거리

3. 동 복지 허브화

무엇을 했나요?

- 동 주민센터를 센터링크화 하여 16개 부서 196개 서비스의 창구를 일원화하여 복지수요자와 정부, 구청, 민간을 연결해 주도록 하는 동복지 허브화 사업을 시행했습니다.
- 동 주민센터의 업무·인력구조를 개편하고 방문 간호사를 배치했으며, 복지동장과 복지통장 운영으로 틈새계층을 지속적으로 방문하고 사각지대 복지자원을 발굴하는데 노력했습니다.

언제 했나요?

- 2012년 시범동 2개 동을 시작으로 2013년에 전 동으로 확대해 시행했습니다.

어떤 효과가 있었나요?

- 주민의 복지접근성이 향상되고, 복지 사각지대 해소로 주민 복지 체감도 및 만족도가 향상되었습니다.
- 새로운 복지 전달체계를 구축하여 중앙정부 및 타 기관에 모범사례를 제시했으며, 서울시 '찾아가는 동 주민센터', 보건복지부 '행정복지센터'의 기본모델이 되었습니다.

뭐가 가장 힘들었나요?

- 복지인력을 2~3배 확충하기 위해 기존 인력 재배치와 업무조정이 필요했고, 이에 따른 업무 가중 등의 문제가 발생했습니다.

어려움을 어떻게 극복했나요?

- 업무 진단을 통해 불필요한 업무는 과감히 줄이고 일부 업무는 구청으로 이관했습니다. 또, 무인민원발급기를 늘려 창구민원을 31.3% 감소시켰습니다.

참고할 만한 자료가 있을까요?

- 동 복지 허브화는 민선 5기 노원구청이 실험을 시작했고, 서대문구가 호주, 뉴질랜드 등 센터링크제를 벤치마킹하여 동의 기능 전환을 추진하고 동 복지 허브화를 완성시켰습니다.

4. 복지방문지도

무엇을 했나요?

- 첨단 스마트기술을 활용하여 모바일 매체로 접속할 수 있는 지도상에 복지서
비스가 필요한 가구들을 표기함으로써 한눈에 복지수요계층을 파악하도록 하
였습니다.

언제 했나요?

- 2015년 3월 전국 최초로 복지방문지도를 구축하였습니다.

어떤 효과가 있었나요?

- 복지방문지도를 통해 한눈에 방문해야 할 가구가 파악이 되어 독거노인, 노인
부부, 한부모, 조손가구, 장애인 가구에 대한 방문이 크게 늘었습니다. 2017
년에는 한 해에만 취약가구 방문횟수가 17,782회였으며, 이러한 방문대상자
의 필요에 맞는 복지서비스로의 연계실적도 방문지도 구축 전 대비 23%나 증
가하였습니다.

뭐가 가장 힘들었나요?

- 주민등록시스템과 연계되지 않아 사망·전출 등의 변동사항을 수작업으로 입
력해야 하는 어려움이 있었습니다.

어려움을 어떻게 극복했나요?

- 서울시에서 우리 구의 복지방문지도를 도입하여 2018.2월부터 25개 자치구
에서 서울시 생활복지통합정보시스템으로 통합 운영되면서 타 시스템과의 연
계가 원활하게 되었습니다.

5. 아이랑

무엇을 했나요?

- 놀이, 스포츠, 메디컬을 정보통신기술(ICT)과 융합한 아동 체력관리놀이시설을 조성하여 외부환경과 관계없이 실내에서 맞춤형 운동처방 및 스포츠체험형 놀이 제공이 가능하도록 했습니다.

언제 했나요?

- 2018년 4월 공사를 시작해 2018년 12월 개관하여 운영해오고 있습니다.

어떤 효과가 있었나요?

- 미세먼지, 혹한, 혹서 등으로부터 안전하고, 체력활동까지 제공하는 4계절 실내 체력관리 놀이시설로 이용객이 한해에 무려 12만 명에 달할 정도로 만족도가 높았습니다.
- 전국의 수많은 지자체에서 앞 다투어 시설과 운영노하우를 배우기 위해 현장을 다녀갔습니다.

뭐가 가장 힘들었나요?

- 서대문문화체육회관 내 공간을 조성하려다 보니 기존에 공간을 사용하고 있던 단체 등의 사무실을 이전하는 문제가 생겼습니다.

어려움을 어떻게 극복했나요?

- 일부 사무실은 효율성을 높일 수 있도록 새롭게 조성한 문화체육회관 신관으로 이전하는 한편 주민 공청회 등을 통해 아이랑의 사업취지를 공유함으로써 갈등을 해결했습니다.

6. 신기한 놀이터 1호, 2호

무엇을 했나요?

- 저층 주거지역, 경관을 저해하던 나대지를 장애 · 비장애 어린이가 함께 즐길 수 있는 놀이터를 조성했습니다.

언제 했나요?

- 2017년 1월 토지보상을 시작으로 신기한 놀이터 1호는 2019년에, 신기한 놀이터 2호는 2020년에 완공했습니다.

어떤 효과가 있었나요?

- 쓰레기 더미로 장기 방치된 공원부지를 정비해서 주변경관을 개선하고 범죄에 노출될 위험도 감소시켰습니다.
- 자연 지형 · 지물을 이용한 친환경 놀이터를 조성하여 아이들이 자연의 오감을 느낄 수 있는 감각 놀이시설을 제공했습니다.

뭐가 가장 힘들었나요?

- 장기간 방치된 대상지에 컨테이너 등 무단시설을 철거하고 표식없는 무덤을 이전해야 했으며, 수십년간 방치되었던 쓰레기를 반출해야했습니다.
- 대상 부지를 둘러싼 사유지가 존재하여 사업추진에 어려움을 겪었습니다.

어려움을 어떻게 극복했나요?

- 무단 점유자의 경우 놀이터 조성으로 인한 주변 지역 환경 개선을 계속해서 설득해 무단시설을 철거 할 수 있었습니다.
- 대상지 인근 사유지를 대상지에 포함시켜 무상사용계약을 맺고 재산세 면제 협약을 체결하여 주차장으로 활용함으로써 이용자들의 편의를 개선했습니다.

7. 음악이 흐르는 홍제천/안산 자락길

무엇을 했나요?
- 재난 안전 방송 장비를 설치하고 음악을 송출하여 주민들에게 문화적 즐거움을 제공했습니다.

언제 했나요?
- 2011년 3월 기본계획을 수립한 후 그해 9월에 착공하여 12월에 준공했습니다.

어떤 효과가 있었나요?
- 재난 안전 방송을 통해 유사시에는 주민의 생명과 안전을 지킬 수 있고, 평상시에는 음악을 통해 주민의 심신을 건강하게 할 수 있습니다.

뭐가 가장 힘들었나요?
- 안전과 문화라는 전혀 다른 두 개념을 하나로 합치자는 아이디어를 설득하는 과정이 어려웠습니다.

어려움을 어떻게 극복했나요?
- 직원들과의 지속적인 토론과 공유를 통해 공감대를 형성할 수 있었습니다.

8. 서대문구 에너지 자립마을 공동체

무엇을 했나요?
- 원전하나 줄이기 정책의 일환으로 에너지 자립마을을 해마다 조성해 에너지 자립마을 공동체 20곳을 조성했습니다.

언제 했나요?
- 2015년 5곳을 조성한 이후 계속해서 조성해오고 있습니다.

어떤 효과가 있었나요?
- 호박골 에너지 자립마을, 돈의문센트레빌 에너지 자립마을 등이 새로운 에너지 자립마을 체험공간 성공 사례가 되었습니다.
- 태양광발전소 설치로 공용시설 및 아파트개별 세대 전기에너지사용 제로화 추진하였습니다.
- 에너지나눔발전소 운영으로 에너지나눔복지서비스 발판을 마련했습니다.

뭐가 가장 힘들었나요?
- 전문적이며 안정적인 에너지 자립마을 활동여건을 조성하고 유지하며 에너지 절감에 대한 주민인식 확산이 가장 큰 숙제였습니다.

어려움을 어떻게 극복했나요?
- 찾아가는 에너지 자립마을 교육과 마을별 특색에 맞는 맞춤형 컨설팅을 진행했습니다.
- 워크숍과 포럼, 에너지 행사 등 주민의 의견을 수렴하고 역량을 강화하는 프로그램을 체계적으로 개발했습니다.

9-1. 사물인터넷을 접목한 스마트둘레길

무엇을 했나요?
- 안산, 북한산, 홍제천, 백련산에 '걷기앱(walk on)'과 '사물인터넷'을 접목한 '스마트둘레길'을 구축하여 지나가는 주민들에게 건강정보, 명소정보 등을 제공하였습니다.
- 목표걸음 달성에 따라 관내 까페 및 미용실의 할인쿠폰을, 온라인 스탬프 투어를 진행해 지정 장소를 완주하는 경우 서대문형무소역사관 및 자연사박물관 무료 관람권을 제공하고 있습니다.

언제 했나요?
- 2017년 1월부터 2018년 11월까지 진행했습니다.

어떤 효과가 있었나요?
- 걷기실천율이 지속적으로 증가하였습니다.
  '16년 : 58.1% → '17년 : 60.7% → '18년 : 80.9%
- 소상공인 매장 주변에 유동 인구가 증가하고, 할인쿠폰 제공으로 신규 방문고객 유치 효과가 있었습니다.

뭐가 가장 힘들었나요?
- 챌린지 후원 소상공인 발굴에 어려움이 있었습니다.

어려움을 어떻게 극복했나요?
- 타부서와 협조하여 전통시장 상인회 연계 및 위생업소 홍보를 통해 참여 업체를 확보하였습니다.

9-2. 스마트 시티

무엇을 했나요?

• 쓰레기 적재량을 감지, 수거 시기 등을 사전에 예측할 수 있도록 휴지통에 스마트 관제시스템을 구축하였습니다. 또한 긴급차량 통행로, 사각지역 등의 불법주정차 현황을 실시간으로 알려주는 긴급 통행로 주차관제시스템을 구축하였습니다.

언제 했나요?

• 스마트가로 휴지통 : 2016년 1월 부터 현재까지
• 긴급 통행로 주차관제시스템 : 2017년 1월부터 현재까지

어떤 효과가 있었나요?

• 스마트 가로 휴지통: 수거횟수 일평균 1~2회 축소, 쓰레기 적재량 90% 이상 감소
• 긴급 통행로 주차관제시스템 : 53개 관리지역 실시간 모니터링 현장방문 50% 이상 감소

뭐가 가장 힘들었나요?

• 처음 시도하는 사업이라 기술적으로 현장에 적용하는데 차이가 있어 어려움이 있었습니다.
  (제품인증, 쓰레기 적재량 감지센서 기술 등)

어려움을 어떻게 극복했나요?

• 기술적 한계를 극복하기 위해 관련 업체와 시행착오를 겪으면서 지속적인 관심과 재원을 투입하였습니다.

참고할 만한 자료가 있을까요?

• 서울시 북촌한옥마을 태양광 스마트 쓰레기통 사례를 참고하였습니다.

10. 이화스타트업 52번가 청년몰

무엇을 했나요?

- 쇠락하고 있던 이대 앞 상권을 부활시키기 위해 이화여대길 52번가 일대에 빈 상가를 청년들에게 창업 기회로 제공하여 청년몰을 조성하였습니다.

언제 했나요?

- 2016년에 이대 산학협력단과 함께 기획을 시작하였습니다.

어떤 효과가 있었나요?

- 2016년 초반 4개 점포에 이화여대생으로 구성된 6개 팀이 입주해있던 청년몰은 2년 동안 22개의 점포가 입주한 규모로 성장하였습니다.
- 2017.10월 이대상권 점포의 공실률은 5% 아래로 떨어졌고 유동 인구는 30~50% 늘었습니다.

뭐가 가장 힘들었나요?

- 사업초기 2년간 안정적인 창업 환경구축을 위해 임대료를 지원하였는데 지원 기간 종료후 치솟은 임대료 때문에 2년차에 높은 폐업률을 보였습니다.

어려움을 어떻게 극복했나요?

- 2019.8월에 '신시장 모델육성사업 – 지역단체 협업사업' 공모에 참가하여 선정되면서 지역상인들과 함께하는 민관협력사업을 통해 상권에 활기가 찾아오고 있습니다.

참고할 만한 자료가 있을까요?

- 중소기업벤처부 '청년몰 지원사업'

11. 이화패션문화거리

무엇을 했나요?

* 이대 골목상권 활성화를 위해 이화여대3,5,7길에 있는 공실점포를 패션 청년 창업가에게 창업 공간으로 제공하고, 창업아카데미 운영, 브랜드 홍보물 제작, 패션쇼 개최 등 다양한 방법으로 패션 청년 창업가들을 지원하고 있습니다.

언제 했나요?

* 과거 패션의 메카였던 이대 앞 상권의 특성을 기반으로 침체된 지역 상권을 활성화 하고, 창업을 꿈꾸는 청년 신진 디자이너를 지원하기 위해 2016년 10월 이화패션문화거리 조성사업을 시작하여 12월에 완료하였고, 이후 청년 창업가에게 창업 공간 제공 등 지속적으로 사업을 추진하고 있습니다.

어떤 효과가 있었나요?

* 사업을 시작한 2016년에는 7팀을 지원하였고, 이후 2017년 6팀, 2018년 9팀, 2019년 9팀을 지원하였고, 현재 까지 총 31팀을 지원하였습니다.
* 본 사업을 통해 점포 임차료 및 간판, 인테리어 등을 지원받아 매장을 안정적으로 운영할 수 있어 청년 창업가들이 판로개척 및 영업확장에 다양한 시도를 할 수 있게 된 점입니다. 이를 통해 입점한 청년 창업가의 매출이 매 해 점진적으로 상승 하고 있습니다. 특히, 해마다 1~2명의 창업가는 3억~3억5천의 매출을 기록할 정도로 성장 하였습니다.

뭐가 가장 힘들었나요?

* 안정적으로 창업을 유지 하는 것 입니다. 청년 창업지원을 위해 점포를 조성하고 창업의 기초를 지원하지만 창업의 성공 및 자생력의 기반이 되는 기본적인 매출을 지속적으로 확보 하는 것이 중요 요소입니다. 하지만 이화여대 인근 상권의 현황은 유동 인구가 중심가에 비해 비교적 적은 수준입니다. 단순히 점포를 지원 및 운영하는 것만으로는 한계가 있고 현재는 코로나의 여파로 유동 인구가 크게 줄어 매장 방문 고객을 대상으로만 매출을 기대하기 어려운 상황입니다.

어려움을 어떻게 극복했나요?

• 민간 패션분야 전문가인 이화여대 패션학부 교수의 컨설팅 및 자문을 통해 매장을 방문하는 고객을 대상으로 영업함과 동시에 시즌 별 패션쇼 참여를 통해 바이어를 유치하고, 해외 판로개척, 백화점 팝업스토어 등 매출을 기대할 수 있는 다양한 판로들을 개척 해 나가고 있습니다. 또한, 매년 10월 유동 인구가 많은 연세로 스타광장에서 이화로 패션쇼를 개최하고, 이화로 및 입점 브랜드를 홍보하여 어려움을 극복해 나가고자 노력하고 있습니다.

12. 전통시장 활성화

무엇을 했나요?

- 영천시장, 인왕시장, 유진상가 등 관내 전통시장을 활성화할 수 있는 각종 사업을 추진하였습니다.

언제 했나요?

- 2010년부터 현재까지 지속 추진 중입니다.

어떤 효과가 있었나요?

- 시설 현대화 사업을 통한 쾌적한 쇼핑 환경 조성
- 시장 고유의 특징을 살린 특색 있는 전통시장 운영

뭐가 가장 힘들었나요?

- 전통시장 활성화를 위해 워낙 다양한 시책 사업을 추진하다보니 모든 상인과 주민들이 만족하지 못하는 상황일 때도 있어 안타까울 때가 있습니다.

어려움을 어떻게 극복했나요?

- 아직 극복하는 중입니다. 영천시장에는 시장지원센터 Y를 개소했고, 포방터 시장에는 시장 카페를 마련했습니다. 모든 문제의 해결점은 소통에 있다고 보고 상인 간, 또 상인과 서대문구 간 소통에 더욱 힘쓸 예정입니다.

참고할 만한 자료가 있을까요?

- 관내 주요 전통시장 최근 3년간 추진 사업을 소개합니다.

시장명	시기	사업명
인왕시장	2018	화재알림시설 설치사업(IoT) 공영주차장 이용료 보조지원 사업 전통시장 매니저 지원 명절맞이 이벤트 네이버와 함께하는 전통시장 홍보사업 고객지원센터 확보 · 운영 공동배송서비스 지원
	2019	화재알림시설 설치 사업(IoT) 공영주차장 이용료 보조지원 사업 전통시장 매니저 지원 명절맞이 이벤트 푸드트럭 특화거리 및 야시장 조성 안전 대비 옥상 및 비가림막 보수 공사 어울림터(고객지원센터) 리모델링 공동배송서비스 지원
	2020	화재알림시설 설치 사업(IoT) 1시간 무료주차권 지원 사업
포방터시장	2018	화재알림시설 설치사업(IoT) 시장 방문고객 주차장 확보 · 운영 전통시장 매니저 지원 명절맞이 이벤트 네이버와 함께하는 전통시장 홍보사업
	2019	화재알림시설 설치 사업(IoT) 시장 방문고객 주차장 확보 · 운영 전통시장 매니저 지원 명절맞이 이벤트
	2020	화재알림시설 설치 사업(IoT) 고객주차장 조성 공사

유진상가	2018	공영주차장 이용료 보조지원 사업 명절맞이 이벤트
	2019	공영주차장 이용료 보조지원 사업 명절맞이 이벤트 푸드트럭 특화거리 및 야시장 조성 서울상인 활용 홍보사업 추진
	2020	1시간 무료주차권 지원 사업
영천시장	2018	전통시장 매니저 지원 명절맞이 이벤트 동절기 화재예방 소화기 구매·배치
	2019	쿨링포그(증발냉방장치) 설치 사업 전통시장 매니저 지원 명절맞이 이벤트 공동배송서비스 지원
	2020	안전관리패키지 사업
백련시장	2018	전통시장 매니저 지원 명절맞이 이벤트
	2019	전통시장 매니저 지원 명절맞이 이벤트
	2020	주차장, 진입로 등 환경개선 사업
	2021	시장 내부 리모델링

13. 청년창업꿈터 & 무중력지대

무엇을 했나요?

- 오래된 모텔을 리모델링하여 청년 창업가에게 주거가 가능한 독립형 사무공간과 수준별 역량강화 프로그램, 기업 성장지원 프로그램 등의 창업 서비스를 무료로 제공해 초기창업에 어려움을 겪고 있는 청년을 지원하고 있습니다.

언제 했나요?

- 청년창업꿈터 1호점은 '16년 2월에 모텔매입, '16년 11월 실시 설계 후 '17년 5월부터 10월까지 리모델링 공사를 완료했으며,
- 청년창업꿈터 2호점은 '18년 12월 고시원 매입, '20년 3월 실시 설계, '19년 8월부터 '20년 2월까지 공사를 완료해서 현재 20개 청년 창업기업이 입주해 있습니다.

어떤 효과가 있었나요?

- 청년창업꿈터 1호점은 2017년 11월 개관 이후, 8개 기업이 2019년 기준으로 68억 원에 이르는 매출을 기록했고, 일자리 창출 및 청년 주거문제 해소에 기여하고 있습니다.
- 특히, 청년기업 '스타스테크'는 불가사리 성분을 이용해 친환경 제설제를 생산·판매하여 매출 29억 원, 투자유치 22억 원을 달성하였습니다.
- 올해는, 입주기간 연장기업(2팀)을 포함하여 꿈터1,2호점 총 20개의 청년 창업기업이 새로운 꿈을 향해 도전 중입니다.

뭐가 가장 힘들었나요?

- 주택가에 위치하고 있어 인근 주민들의 공사장 소음 및 공사 시간과 관련된 민원이 다수 발생하였습니다.

어려움을 어떻게 극복했나요?

- 주민과의 소통 기회를 지속적으로 만들고, 주말에는 공사를 제한하고, 공사시간을 조율함으로써 해결할 수 있었습니다.

14. 신촌플레이버스

무엇을 했나요?
- 종합 문화예술공간인 신촌 플레이버스를 운영 중입니다.(매주 화~일)
- 음악감상, 연세로 버스킹 및 행사 안내, 주민 휴식 공간 제공 등
- 관광안내, 홍보물 제공 등 지역 관광활성화를 위한 역할도 겸하고 있습니다.

언제 했나요?
- 2014년 5월부터 시작하여 동년 12월 완공되어 현재까지 운영 중입니다.

어떤 효과가 있었나요?
- 연간 방문객 20,000명 이상으로, 연세로 및 신촌지역 활성화에 기여하였습니다.
- 연세로에서 이루어지는 버스킹 등 각종 문화행사를 지원하며 연간 100회 내외의 공연이 펼쳐지고 있습니다.
- 각종 홍보책자를 비치하고(20여종 이상), 관광안내를 실시하는 등 서대문구 홍보와 관광활성화에 기여하고 있습니다.

뭐가 가장 힘들었나요?
- 신촌의 특색을 살린 관광명소로 조성하기 위해 어떤 이야기와 볼거리를 담아 시설을 구성할지 콘셉트를 잡는 것이 어려웠습니다.

어려움을 어떻게 극복했나요?
- 지역상인, 주민, 전문가, 구청직원 등 다양한 관계자의 의견을 지속적으로 수렴하여 신촌을 상징하는 음악과 대학문화를 중심으로 80~90년대 향수를 느낄 수 있도록 디자인하고 콘텐츠를 담아 시설을 완성하였습니다.

참고할 만한 자료가 있을까요?
- 신촌 플레이버스는 도봉구에서 운영하고 있는 「봉봉도서관」을 참고하여 지역 상인 및 주민, 자문단의 의견 수렴을 통해 조성 되었습니다.

15. 창작놀이센터

무엇을 했나요?

• 1978년 설치 된 연세대 정문 앞에 위치한 지하보도는 중앙버스전용차로제 시행 후 2014년 연세대 앞 도로에 보행자를 위한 횡단보도가 추가로 설치되면서 이용자가 현저히 줄어들어 사실상 보행통로 기능을 상실한 상태였습니다. 서대문구는 2014년 연세로 대중교통전용지구 조성 이후, 신촌을 찾는 청년문화예술인들이 증가함에 따라 유휴공간이었던 연대 앞 지하보도를 문화예술인과 청년 창업인을 위한 공간인 창작놀이센터로 조성하게 되었습니다.

언제 했나요?

• 연세대 정문 및 버스중앙전용 차로와의 접근성이 우수하다는 지리적 이점을 이용해 2016년 3월 내부공사를 시작으로 그 해 7월 전체길이 54.1m, 폭 6.8m 규모의 창작놀이센터가 완공되었으며, 창작놀이센터 내 공연장은 음악, 연극, 전시 공간으로 세미나실은 문화·창작 기획회의 장소로 구성되어 청년문화인을 위한 베이스캠프로서의 역할을 하고자 하였습니다.

어떤 효과가 있었나요?

• 기존 관주도의 운영 방식에서 벗어나 사업 추진 단계에서부터 운영까지 민·관·학 거버넌스를 구축한 성공적인 사례라고 할 수 있습니다. 초기 청년예술가네트워크, 서울거리아티스트협동조합 등의 단체로 구성됐던 공동운영단부터 현재 청년예술 단체로 개편 된 운영단까지 단순 프로그램 용역의 방식이 아닌 단체 스스로 프로그램 기획·운영을 통해 창작놀이센터의 활성화에 기여하였으며, 이는 곧 문화도시 서대문의 가치 제고로 이어졌다고 볼 수 있습니다.

뭐가 가장 힘들었나요?

- 창작놀이센터 조성 당시 지하보도는 약 36년 이상 사용되어 노후화가 진행된 상황에서 준공 당시 자료 등이 명확하지 않은 상태였습니다. 무엇보다 안정성 확보가 가장 중요한 사안이었기 때문에 기둥 등 기존 구조물을 최대한 유지하면서 어두운 지하보도의 느낌이 나지 않도록 밝게 공간을 조성하는 것이 가장 어려웠습니다.

어려움을 어떻게 극복했나요?

- '정밀안전진단 용역' 등을 통해 지하보도의 구조적인 안정성을 확보하였으며, 대학교 수업 및 전문가 회의 등을 통해 공간의 쓰임에 대해 많은 고민을 하였습니다.

- 우선 지하보도 입구에 있던 캐노피를 철거하여 채광성을 확보하였으며, 내부 통로를 화이트 톤의 아치형으로 마무리하여 깨끗하고 부드러운 느낌이 들도록 하였습니다.

- 또한 폴딩 도어를 사용하여 개방적이면서 가변적인 공간으로 활용할 수 있어 공연장, 세미나실로 각각 사용하거나 하나의 커다란 오픈스페이스로 사용하여 음악. 연극. 워크숍 등 장르에 구애받지 않는 문화 활동이 가능하도록 설계하였습니다.

16. 신촌문화발전소

무엇을 했나요?

• 신촌은 청년들이 밀집해 있는 대표적인 지역으로 꼽히고 있으나, 청년들이 즐길 수 있는 문화예술 콘텐츠가 충분하지 않았습니다. 이에 청년문화예술인들이 성장할 수 있는 창작과 발표의 기회를 제공하고자 지하2층, 지상4층의 복합문화공간 신촌문화발전소를 건립하게 되었습니다.

언제 했나요?

• 2016년 계획수립을 시작으로 2년여 간에 걸쳐 2018년 6월에 개관한 신촌문화발전소는 공연장(지하2층), 갤러리(지상1층), 스튜디오 '창'(지상2층), 카페 '바람'(지상3층, 4층)으로 구성되어 있습니다. 공연장은 가변형 좌석으로 음악공연, 전시, 연극 등 그 목적에 따라 사용이 가능하며 스튜디오 창의 경우 청년예술가 및 기획자들이 강좌 및 컨설팅, 워크숍 등의 공간으로 이용할 수 있고 카페 '바람'은 지역 주민과 청년예술가 등 방문객을 위한 휴식 공간 겸 북카페로 운영되고 있습니다.

어떤 효과가 있었나요?

• 신촌문화발전소는 문화예술인들에게는 자립의 기회를, 시민들에게는 문화향유 기회를 제공하여 문화예술인, 시민, 공연단체 등 다양한 주체들을 연결하는 공유문화플랫폼으로써 역할을 하고 있습니다.

• 2018년 개관기념공연 〈POWER UP〉 5회를 시작으로 음악공연 21회, 연극 17회 및 공동기획프로그램 7회 공연으로 청년예술가를 위한 공간으로서의 가능성을 확인하였습니다. 2018년에 이어 2019년 요리토크쇼, 오픈클래스, 낭독회, 연극, 전시 등 특정 장르에 국한되지 않는 약 278회의 프로그램 진행으로 공간 활용의 새로운 가능성을 발견하였으며, 268건에 이르는 스튜디오 대관을 통해 청년예술단체에 창작활동 기반을 제공하였습니다. 이는 청년예술인 네트워킹 활성화로 이어지게 되었고, 이러한 일련의 과정들을 통해 문화예술 플랫폼으로서 신촌문화발전소 브랜드 정체성을 확립할 수 있었습니다.

뭐가 가장 힘들었나요?

- 바람산 길목에 위치한 공터를 활용하여 건립 된 만큼 낮은 접근성으로 인한 지리적 취약점을 극복하는 것이 힘들었습니다.

어려움을 어떻게 극복했나요?

- 연세로 곳곳에 신촌문화발전소 안내 사인물 설치 및 홍보물 제작에 이어 발전소 외벽에 디지털 홍보간판을 설치하여 기획프로그램 및 카페 등을 홍보하기도 했지만, 지리적인 취약점을 극복하기는 쉽지 않았습니다. 최근 신촌문화발전소 인근에 위치한 신촌자치회관 진입로에 에스컬레이터가 개통되어 문화발전소 방문이 매우 용이해졌으며, 에스컬레이터를 활용한 안내 사인물을 추가로 설치하면 더 많은 구민들이 이용할 것으로 기대합니다.

17. 신촌, 파랑고래

무엇을 했나요?

- 지역주민과 대학생·청년들에게 쾌적한 휴식처이자 창작환경을 제공하고 문화예술행사, 청년네트워크 기획프로그램, 지역연계 문화 콘텐츠 창작 프로그램 등을 운영하여 다양한 계층들과 소통하고 있습니다.

---

1. 신촌, 파랑고래 공간운영
   → 기획프로그램, 대관행사, 시설 및 장비 구축 등을 통한 시설운영
2. 다양한 문화예술프로그램
   → 이화아트로드 축제, 신촌 열대야 콘서트 등 문화행사 개최
3. 전문분야 인력양성
   → 독립출판, 문화예술기획, 공공디자인 분야 인력양성과정 운영
4. 청년문화 네트워크 및 기획사업
   → 대학생 · 청년 문화기획단 운영, 대학생 · 청년 축제 및 멤버십 데이 운영
5. 커뮤니티 및 아카이브 구축사업
   → 대학생기자단 모집 · 운영, 아카이브 자료 구축

언제 했나요?

- 2016년 6월 건립계획을 수립하고, 18년 1월부터 공사가 시작되어 2018년 12월에 완공되었습니다.
- 2019년 3월 청년문화전진기지라는 시설명을 청년의 맑고 푸른 이미지와 고래 입 모양을 닮은 건물을 표현한 '신촌, 파랑고래'로 명칭을 변경하였습니다.
- 창천문화공원 재정비 공사(18.11.~19.5.)를 진행한 후 2019년 5월 29일에 개관식을 개최하였으며, 이후에도 부족한 시설과 장비를 구축하여 지역민과 청년들에게 쾌적한 환경을 제공하고자 노력하고 있습니다.

어떤 효과가 있었나요?

- 2019년 5월 29일 개관 이후 지역주민과 청년들과 함께 다채로운 문화기획프로그램을 운영해왔습니다. 8개의 사업에서 66번의 공식적인 문화행사를 통해 약 10만 명이 신촌, 파랑고래의 시작을 동행해 주었습니다.
- 대관과 협력사업을 통해 청년과 문화기획가, 지역주민의 일상 생활과 기획사업을 지원하고 있습니다. 이러한 신촌, 파랑고래의 노력은 300건이 넘게 언론보도가 되었으며, 자연스럽게 전국 각지에서 도시재생 앵커 시설의 벤치마킹 장소로 거듭났습니다.
- 2019년 한 해 동안 신촌, 파랑고래 공간운영에 대한 실적입니다.

운영기간	방문인원	대 관	협력사업	벤치마킹	언론보고
2019년 4~12월	95,000명	271회	29회	14회	306건

뭐가 가장 힘들었나요?

- 기존에 경로당과 공중 화장실(1층)이 있던 곳이어서 경로당 이전을 반대하는 어르신들을 설득하는 과정이 가장 어려웠습니다.
- 시설 개관 이후에는 창천문화공원에 자주 오는 노숙인 문제를 해결하는 것에 어려움이 있었습니다.

어려움을 어떻게 극복했나요?

- 경로당 이전을 위해 지역활성화과와 어르신복지과가 협업하여 주1회 정기회의를 개최하고 관련 간담회도 총 90여 차례 진행 하였고, 반대하는 어르신들과 개별 면담을 통해 지속적으로 설득 하였습니다.
- 노숙인 문제 해결을 위해 2019년 8월 12일부터 10월 4일까지 「신촌,파랑고래」 주변 노숙인 합동 개도를 진행하였습니다. 관련부서 및 신촌지구대가 협업하여 지속적으로 노력하고 있습니다.

18. 신촌 에스큐브 캠퍼스타운

무엇을 했나요?

- 지역의 대학교인 연세대학교와 협력하여 서울시의 캠퍼스타운 사업에 공모하여 선정됐습니다. 4년간 100억 원을 지원받아 대학과 청년과 지역주민이 다 함께 상생할 수 있는 지역 공동체를 조성하고 있습니다.
- 특히 청년창업 지원을 가장 중점적으로 추진하고 있습니다. 에스큐브는 청년창업 지원을 위한 공간으로 현재 1호점과 2호점을 운영 중이며 3호점도 문을 열 계획입니다.

언제 했나요?

- 1호점은 2020년 3월부터 설계를 시작하여 같은 해 12월에 리모델링을 끝내고 창업팀이 입주했습니다.
- 2호점은 2021년 4월부터 설계를 시작하여 같은 해 8월에 리모델링을 끝내고 9월부터 창업팀이 입주했습니다.

어떤 효과가 있었나요?

- 연세대학교 청년들이 실패를 두려워하지 않고 창업에 도전할 수 있도록 다방면의 지원을 계속하고 있습니다. 1호점은 60개 팀, 2호점은 11개 팀을 지원하며 향후 전 세계에 영향을 미칠 뛰어난 기업이 태어나 성장하기를 기대하고 있습니다.

뭐가 가장 힘들었나요?

- 청년들이 창업에 성공하지 못해서 단기적 성과가 나오지 않는다면 단지 예산만 들고 결과물이 없는 것 아니냐는 편견과 맞서는 일이 가장 어려웠습니다.

어려움을 어떻게 극복했나요?

- 단기간의 성과보다는 장기적으로 청년들이 실패해도 다시 일어날 수 있는 기회를 주는 일이 더 중요하다는 점을 지속적으로 강조하여 공감대를 형성했습니다.

19. 3대 고가도로 철거

무엇을 했나요?

- 서대문구의 3대 고가를 철거했습니다.

언제 했나요?

- 홍제고가 철거 : 2011. 10. ~ 2012. 2.
- 아현고가 철거 : 2013. 6. ~ 2014. 8.
- 서대문고가 철거 : 2014. 12. ~ 2015. 10.

어떤 효과가 있었나요?

- 대중교통 이용이 편리해지고 교통체증이 완화되었습니다.

  ※ 홍제고가도로 철거전 25.4km/h → 철거후 26.4km/h(오전 첨두시 교통량 기준, 출처 서울시)
- 유동 인구가 많아지고 매출액이 많이 늘었습니다.
- 주변환경이 환해지고 미관상으로 보기 좋아졌습니다.

뭐가 가장 힘들었나요?

- 인근 상가주 등의 반대 민원이 있었습니다.
- 예산이 많이 수반되고 교통흐름에 영향이 있다는 이유로 시일이 오래걸렸습니다.

어려움을 어떻게 극복했나요?

- 서울시와 도시기반시설본부와 수차례 협의하고 예산을 차근차근 확보했습니다.
- 차로를 확장하고 중앙버스전용차로를 설치하는 등 '사람' 중심 도시를 조성하겠다고 설득했습니다.
- 철거에서 그치지 않고 개발사업과 연계해나갔습니다.

참고할 만한 자료가 있을까요?

- 아현고가도로 철거백서 : 939m의 기억, 흔적 그리고 상상 / 서울특별시 도시기반시설본부 발행

20. 홍은사거리 유턴차로 설치

무엇을 했나요?

• 통일로 홍은사거리에 유턴차로를 설치했습니다.

언제 했나요?

• 남측방향 : 2015. 7. ~ 11. 30.
• 북측방향 : 2018. 12. 26. ~ 2019. 7.9.

   (사업 요구에서 완성까지 3년 9개월이 소요되었습니다.)

어떤 효과가 있었나요?

• 극심한 교통정체 구간을 1.2㎞ 이상 우회해 통행해야 하는 불편이 해소되었습니다.
• 홍은사거리와 주변 교통정체 완화되었습니다.

뭐가 가장 힘들었나요?

• 교통안전시설 심의 등 거쳐야할 절차가 많아 4년 정도의 시간이 걸렸습니다.
• 중앙버스전용차로 구간에서 일반 차량의 유턴을 금지하는 도로교통체계였기 때문에 유턴 허용시 발생할 수 있는 안전사고의 우려가 많았습니다.

어려움을 어떻게 극복했나요?

• 서울시와 서울지방경찰청에 U턴 허용을 거듭 건의하고 관계기관과 주민이 참여하는 간담회와 현장점검도 잇따라 개최하였습니다.
• 기존 차로를 그대로 유지하면서 유진상가 쪽 보도축소로 차로를 추가확보하였습니다.
• 버스중앙차로에서 유턴이 허용되고 있는 고양시 중앙로 6곳의 사례를 분석해서 반영했습니다.

21. 간판이 아름다운 거리

무엇을 했나요?

- 신촌로, 연희로, 연세로 등에 있는 831개소 업체의 간판개선을 추진했습니다.

언제 했나요?

- 2010년부터 매년 1개 구역을 지정해서 2019년까지 추진했습니다.

어떤 효과가 있었나요?

- 거리와 도로의 이미지가 개선되고 불법 노점도 함께 정비할 수 있는 동력이 되었습니다.

뭐가 가장 힘들었나요?

- 업소의 광고효과를 저해 하지 않으면서도 난립한 간판을 통일성 있고 깔끔하게 바꿔야 하는 숙제가 있었습니다.
- 1개 업소당 1개 간판으로 개선하고, 돌출간판 대신 연립형 간판 설치를 위해 업주와 건물주를 설득하는 시간이 필요했습니다.

어려움을 어떻게 극복했나요?

- 도시의 이미지 상승으로 업소들도 함께 상생 할 수 있다는 믿음을 가지고 업주와 건물주를 만나 여러 차례 소통 기회를 가졌습니다.
- 높은 디자인의 질과 전문성을 바탕으로 업종 별 개성을 살린 이미지 간판 아이디어와 특징적인 조형물, 경관 조명 등으로 거리에 특색을 더해 주민들의 호응을 얻었습니다.

22. 불법 현수막 제로 시대

무엇을 했나요?

• 쾌적한 도시미관과 올바른 옥외광고문화 정착, 시민 통행안전을 위해 주말, 공휴일, 야간을 가리지 않고 지정게시된 현수막을 제외한 모든 불법 현수막을 철저히 단속·철거하였습니다.

언제 했나요?

• 2015년부터 현재까지 지속적으로 시행하고 있습니다.

어떤 효과가 있었나요?

• 현재 서대문구 거리에서는 불법 현수막을 찾아보기 힘들어 서울시에서 모범 사례로 꼽히고 있으며 2015 대한민국 환경문화대상에서 '올바른광고문화대상'을 수상하기도 하였습니다.

뭐가 가장 힘들었나요?

• 수많은 민원이 제기되었고, 정당관계자들이 반발하여 구청에서 집회를 열고 구청장과 담당자를 검찰에 고발하기도 하였습니다.

어려움을 어떻게 극복했나요?

• 사업의 취지 및 내용을 적극 홍보하고, 민원인들을 설득하는 한편, 지속적인 단속을 통해 불법 현수막은 더 이상 안된다는 인식을 심어주고 있습니다.

23. 홍제천 미술관 명화의 거리

무엇을 했나요?

• 홍제천의 내부순환로 교각 하부에 그림을 걸어 명화의 거리로 재탄생시켰습니다.

언제 했나요?

• 2010년부터 지속적으로 추진했습니다.

어떤 효과가 있었나요?

• 주민의 산책로인데도 콘크리트 교각 때문에 삭막했던 홍제천의 풍경을 보다 산뜻하고 아름답게 바꾸었습니다. 동시에 주민들에게 풍요로운 문화를 제공할 수 있었습니다.

뭐가 가장 힘들었나요?

• 그림의 저작권 문제를 해결하는 일이 어려웠습니다.

어려움을 어떻게 극복했나요?

• 프랑스 대사관의 도움을 받아 프랑스 화가들의 그림을 이용할 수 있었습니다. 지방정부가 외국과 협력한 좋은 사례가 되었다고 생각합니다.

24. 열린 홍제천길

무엇을 했나요?

• 50년 간 단절되었던 홍제천 산책로 516m을 연결하고 주민들이 이용할 수 있
도록 했습니다.

언제 했나요?

• 2018년 공사를 시작해 2019년 3월 개통했습니다.

어떤 효과가 있었나요?

• 인왕시장, 유진상가에 가까운 진출입로를 설치하여 지역상권을 살리는 효과
가 있었습니다.

• 이동거리의 효율성 뿐 아니라 예술적, 문화적 가치를 지니는 서대문구의 대표
명소가 되었습니다.

뭐가 가장 힘들었나요?

• 홍제1구역 도시환경정비사업이 해제되면서 계속해서 방치된 장소로 남았습
니다.

• 하수시설에서 발생하는 악취, 장마철 폭우 시 안전문제에 대한 주민들의 우려
가 있었습니다.

어려움을 어떻게 극복했나요?

• 2017년 '지역개발 사업'과 '단절된 홍제천 구간 연결 사업'을 분리하기로 결정
해 착수할 수 있었고 적극적으로 외부재원을 확보하여 사업에 속도감을 낼 수
있었습니다.

• 협치분과 위원, 민간전문가, 정책자문관 등과 자문회의, 현장설명회를 개최하
여 주민들의 의견을 수렴하고 내용을 공유했습니다.

• '완전 밀폐식 악취차단 기술' 적용하고 수위감지기와 차단시설, 감시카메라와
비상벨도 설치했습니다.

25. 무악재 하늘다리

무엇을 했나요?

• 통일로가 생기며 도로로 단절되었던 안산과 인왕산을 잇는 '무악재 하늘다리'를 개통하였습니다.

언제 했나요?

• 2014년 10월부터 2017년 12월까지 진행했습니다

어떤 효과가 있었나요?

• 서울의 자연지형인 안산과 인왕산을 연결해 역사적 맥을 잇고 동식물의 자연스런 이동을 가능하게 해 주었습니다.
• 주민들이 안산과 인왕산을 보다 쉽게 탐방할 수 있게 되었습니다.

뭐가 가장 힘들었나요?

• 도로 위에 매우 높은 장소에서 시행한 공사라 어려움이 많았습니다.

어려움을 어떻게 극복했나요?

• 차량통행에 최대한 지장을 주지 않기 위해 심야에도 공사를 진행하였으며, 현장에서 조립이 어려워 독립공원 내 가조립장을 만들어 그곳에서 조립을 하여 운반을 하기도 하였습니다.

참고할 만한 자료가 있을까요?

• 서울시 생태통로조성사업(녹지연결로 조성사업)

26. 신촌동 자치회관 진입 계단 야외 에스컬레이터

무엇을 했나요?
- 신촌동 바람산 주변에는 신촌동자치회관, 신촌문화발전소, 청년창업꿈터, 연세대학교 캠퍼스타운, 신촌어린이집 등 각종 문화·편익시설들이 밀집되어 있으나 이를 이용하기 위한 진입계단이 가파르고 협소하여 교통약자 및 주민들의 통행 불편 해소를 위해 계단을 철거하고 에스컬레이터를 설치했습니다.

언제 했나요?
- 2019년 10월부터 2020년 4월까지 진행했습니다.

어떤 효과가 있었나요?
- 교통약자 및 주민들의 바람산 주변 각종 문화·편익시설 이용을 위한 접근성 향상
- 노후된 계단 정비를 통한 도시미관 개선
- 유동 인구 증가에 따른 주변상권 활성화에 기여
- 타 지방정부로의 횡단전파 효과

뭐가 가장 힘들었나요?
- 지하 매설물(상수도, 하수도, 한전, 통신) 및 공중선 등 지장물 처리가 어려웠습니다.
- 협소(계단폭 2.3m)하고 경사진 지형으로 인해 장비 진입 및 자재운반 곤란, 통행로 확보 곤란 등으로 작업효율 저하 되었고 공사가 어려웠습니다.
- 주변 주민들의 요구사항 수용 및 설득이 어려웠고, 주별 상가들의 공사 소음에 대한 민원이 많아 힘들었습니다.

어려움을 어떻게 극복했나요?

- 지장물은 관계기관과의 여러차례 협의를 통해 최선의 처리방안을 도출하여 처리하였습니다.
- 협소하고 경사진 현장여건은 안전관리자를 배치하여 안전사고 예방에 만전을 기하면서 장비를 운용하여 극복하였습니다.
- 주변 주민들의 민원사항에 대해서는 여러차례 만남을 통해 설득하고 최대한 수용가능한 것은 수용하고자 했습니다.
- 유사한 사례는 홍콩의 관광명물 미드레벨 에스컬레이터입니다.

27. 세로골목

무엇을 했나요?

- 주거형태 및 사회적관계의 변화에 따른 삶의 유형에 맞추어 주민의 평생교육 증진 및 소통의 장 마련을 위하여 '도시형 소규모 학습공동체'를 운영하였습니다.

언제 했나요?

- 2013년에 처음 도입하여 매년 지속 시행중입니다.

어떤 효과가 있었나요?

- 2013년 교육부 평생학습도시 지정, 2015년 서울시 평생교육분야 인센티브 최우수구 선정, 2016년 서울시 최초 유네스코 글로벌 학습도시 네트워크 가입 등 우리 구가 평생학습도시로 거듭나는 데에 기반을 마련하였습니다.

28. 서대문구평생학습관·융복합인재교육센터

무엇을 했나요?

- 4차 산업혁명 시대를 위한 대비에 한 발 더 앞장서 나가 미래형 핵심인재를 양성하고자 AR/VR체험실, 3D메이킹실, 디지털미디어실, 드론 및 자율주행 체험실 등을 갖춘 서대문 평생학습관·융복합인재교육센터를 조성하였습니다. 관내 학생 및 주민들을 대상으로 운영할 수 있는 50여개의 교육과정을 개발하였습니다.

언제 했나요?

- 2019년 10월 ~ 2020년 5월 개소

어떤 효과가 있었나요?

- 미래형 교육공간인 서대문구 융복합인재교육센터를 통해 관내 학생들과 구민들에게 미래형 교육의 기회를 제공할 수 있게 되었습니다. 학생 및 지역 주민들의 참여로 학교연계과정 및 일반 과정에 월 1,000여 명 이상이 이용하고 있습니다.
- 양천구청, 은평구청, 동대문구청, 서초구청, 금천구청, 구로구청 등 24개 기관, 250여 명이 방문하여 벤치마킹을 진행하였습니다.

뭐가 가장 힘들었나요?

- 4차 산업혁명 시대에 대비할 수 있는 AR/VR체험, 3D메이킹, 드론 및 자율주행 등에 관한 교육적 니즈는 이미 알고 있었던 터라 지역주민 및 구의원들과의 합의는 원활하게 이루어졌습니다. 그러나 이러한 교육과 체험이 가능한 인프라를 갖춰 시설을 건립하기 위해서는 그 만한 규모의 부지가 필요했습니다. 가능한 부지는 규모상 조건에 부합하지 않았고, 대규모 부지를 구하기는 역시나 쉽지 않았습니다. 결국, 위치 상 언덕에 위치하고 있어 접근성이 조금 떨어지나 신축하는 구의회 건물 1층과 지하1층을 활용할 수 있도록 추진하였습니다. 부지가 확정된 이후에도 접근성이 낮다는 이유로 재검토를 요청하는 민원이 제기되었습니다.

어려움을 어떻게 극복했나요?

- 대상부지에 대한 민원의 이유도 충분히 이해가 되었으나, 더 나은 부지를 찾기가 현실적으로 쉽지 않고, 그 만큼 더 오랜 시간이 소요되므로 보다 빠르게 질 높은 교육 서비스를 제공하기 위해서는 대상 부지에 센터를 설립해야 한다고 지속적으로 설득하였으며, 학교연계과정으로 학생들이 단체 참가하는 경우 셔틀버스 운영을 지원하는 것으로 협의하여 추진하게 되었습니다.

29. 유네스코 글로벌 학습도시 네트워크, 아시아태평양학습도시연맹

무엇을 했나요?
- 서울시 자치구 최초로 유네스코 학습도시 네트워크 가입 승인을 받았고, 유네스코 학습도시상을 수상하였습니다. 이후 아시아태평양학습도시연맹을 창립하면서 서대문구가 의장도시가 되었습니다.

언제 했나요?
- 2016년 6월에 유네스코 학습도시 네트워크에 가입했습니다.
- 2019년 9월에 유네스코 학습도시상을 받았습니다.
- 2021년 9월에 아시아태평양학습도시연맹 의장이 되었습니다.

어떤 효과가 있었나요?
- 우수한 평생학습 성과를 전 세계에 알리고 인정받아 유네스코로부터 학습도시상을 받을 수 있었습니다.
- 아울러 아시아태평양학습도시연맹 구성을 통해 이러한 성과를 타 국가의 여러 지방정부에 전파하면서 세계 여러 도시들이 평생학습으로 연대하는 계기를 만들었습니다.

뭐가 가장 힘들었나요?
- 코로나19로 인한 팬데믹 상황 속에서 아시아태평양학습도시연맹을 출범시키고 총회를 개최하는 것은 무척이나 어려운 일이었습니다.

어려움을 어떻게 극복했나요?
- 평생학습을 공유하고 확산시켜야 한다는 국내외 여러 도시들의 공감과 노력이 있었기에 가능했습니다.

30. 연세로 노점상 정비(스마트 로드샵)

무엇을 했나요?

- 신촌의 불법 노점 42개소를 27개의 스마트 로드샵으로 재탄생시켰습니다.

언제 했나요?

- 2013년 1월부터 계획하고 사업을 추진해서 2014. 6월 정비완료했습니다.

어떤 효과가 있었나요?

- 노점상인들은 도로점용료를 내고 더 이상 불법 노점상이 아닌 자영업자로서 합법적으로 장사를 할 수 있게 됐습니다.
- 보행자들은 깨끗해진 거리를 안전하게 다닐 수 있게 되었습니다.
- 청년들이 자유롭게 즐길 수 있는 버스킹 무대와 연세로 전체를 활용한 다양한 거리축제도 더욱 활성화되었습니다.

뭐가 가장 힘들었나요?

- 생존권을 보장해달라는 노점상들의 집회시위로 공사 첫 삽도 뜨기 전에 경찰과 대치하는 상황까지 발생했습니다.

어려움을 어떻게 극복했나요?

- 현장중심, 대면대화를 원칙으로 삼고 누구의 의견이든 청취했으며 노점 협의체를 구성해서 거리가게를 개선할 수 있는 방안 등에 대해서 당사자들과 40여 차례의 간담회를 가졌습니다.

31. 신촌 박스퀘어

무엇을 했나요?

- 신촌 기차역 앞 유휴 부지를 활용하여 이대 앞 노점상 상인들의 자영업자 전환 및 청년 창업을 통한 일자리 창출 기반으로서 공공임대상가를 설립했습니다.

언제 했나요?

- 2015년 7월부터 2018년 9월까지 진행하였습니다.

어떤 효과가 있었나요?

- 이화여대길에서 노점상을 운영하시던 상인 23분이 자영업자가 되셨고 청년 파트너를 기수제로 운영하여 3기 운영중입니다.
- 박스퀘어 입점 청년 기업이 '전국 청년키움식당 우수사례 경진대회'대상과 장려상을 수상할 만큼 청년 창업 기반 안정에 일조했습니다.

뭐가 가장 힘들었나요?

- 노점상 상인분들의 반대가 극심하여 사업을 이해시키고 입주하시도록 설득하기까지 오랜 기간이 걸렸습니다.

어려움을 어떻게 극복했나요?

- 사업설명회를 비롯하여 간담회 또한 40차례가 넘게 지속적으로 개최하여 서로 소통할 수 있는 자리를 꾸준히 만들었습니다.

참고할 만한 자료가 있을까요?

- 영국 런던의 박스파크 쇼디치(Box Park Shoerditch)의 사례를 벤치마킹했습니다.

32. 신촌 임대료 안정화 협약

무엇을 했나요?

- '젊음의 거리'로 명성을 떨쳤던 신촌의 개성 있는 모습을 되찾기 위해 젠트리피케이션 현상을 완화하고자 건물주 및 점포주들과 임대료 안정을 위한 상생 협약 체결을 추진하였습니다.

언제 했나요?

- 2014년 7월부터 2015년 5월까지 신촌 상권 대상 협약을 진행했으며,
- 2015년 9월 이화공방문화골목 조성을 목표로 협약을 체결하였습니다.

어떤 효과가 있었나요?

- 총 191분의 건물주 및 점포주들이 임대료 안정화에 함께하셨습니다.

뭐가 가장 힘들었나요?

- 장기간 임대료를 인상하지 않도록 건물주 및 점포주들을 설득하기가 어려웠습니다.

어려움을 어떻게 극복했나요?

- 기본적으로 5년 장기계약을 권장드렸지만, 개별 사정에 따라 기간을 결정하시도록 해 참여율을 높이고자 했습니다.

33. 대현동 스타트업 청년주택

무엇을 했나요?

• 관광숙박시설 건축이 예정된 곳에 지역주민들이 반대하는 모텔과 같은 관광숙박시설 대신에 인근 교회와 건축주를 설득하여 지역주민들도 환영하는 청년주택 건립을 성사시켰습니다.

언제 했나요?

• 2019년 5월 ~ 현재 추진 중

어떤 효과가 있었나요?

• 지역갈등을 화합으로 해결하여 맞춤형 정책 추진 종교시설과 주택가단지 인접지에 숙박시설건립에 따른 지역주민의갈등과 행정청에 대한 불신을 불식하고 지역발전적인 정책대안을 마련하여 주민숙원과제(숙박시설의 퇴출, 교육환경저해, 삶의 질 향상 등)를 해결하였습니다. 동시에 청년주거문화단지 구축을 통해 건강하고 활력있는 지역특성을 유지·발전시키는 데 기여하였습니다.

뭐가 가장 힘들었나요?

• 기존에 계획되었던 관광숙박시설은 사업시행인가도 득한 상황으로 지역주민들의 집단반발에도 불구하고 법적으로 하자가 없는 건축허가를 취소할 수 없어 해결책을 찾는 것이 어려웠습니다.

• 또한, 건축주와 교회측을 설득하여 청년주택건립으로 계획을 전환하고자 노력하였으나, 사업에 대한 이해가 부족하여 설득하는 데 어려움이 많았습니다.

어려움을 어떻게 극복했나요?

• 동 사업을 추진하면서 교회측과 건축주의 쌍방 이해관계를 분석하여 서로에게 도움이 되는 절충안을 마련하였고, 이를 통해 설득하는 과정 속에서 우리구의 지속적인 노력과 의지를 보여줌으로써 신뢰관계를 형성하였습니다. 건축주에게는 사회공헌적인 사업을 추진함에 따른 사업이미지 개선을 유도하였고, 100년의 역사를 가진 교회측에는 종교 정신(희생과 박애)에 호소하며10명의 장로와 개인적, 단체적으로 지속 접촉하여 합의를 이끌어 냈습니다.

34. 보호종료아동 자립 지원

무엇을 했나요?

- 시설보호 및 보호종료아동을 대상으로 사회첫걸음 수당을 지원했습니다. 아동양육시설, 공동생활가정에서 퇴소한 아동 또는 가정위탁 보호가 종료된 아동 중 6개월 이상 서대문구에 거주한 아동에게 1인당 월 20만원을 최대 3년간 지원합니다.
- 보호대상아동 멘토링 프로그램도 운영합니다. 아동양육시설에서 보호 중인 아동에게 자립준비와 정서적 안정을 위한 1:1 멘토링 프로그램을 운영합니다.
- 보호종료아동에게 임대보증금 융자를 지원합니다. 만 18세에 달하여 시설에서 퇴소한 아동 중 5년 이내인 무주택세대주인 아동에게 1인당 10,000천원 범위 내 임대보증금 융자를 지원합니다.

언제 했나요?

- 보호종료아동 사회첫걸음 수당 지원 : 2020. 4. ~ 현재
- 보호대상아동 멘토링 프로그램 운영 : 2020. 5월 중 추진
- 보호종료아동 임대보증금 융자 지원 : 2020. 3. ~ 현재

어떤 효과가 있었나요? (신규사업으로 기대효과)

- 보호종료아동의 자립생활의 경제적 안정에 기여
- 시설보호아동의 사회적 관계망 형성 및 자립준비 역량 향상
- 보호종료아동의 주거마련에 대한 부담 완화

뭐가 가장 힘들었나요?

- 사회첫걸음 수당 신청 대상아동에게 신청을 독려하는 것이 어려웠습니다.
- 자립지원 사업 전반에 시설의 참여를 유도하는 것이 쉽지 않았습니다.
- 멘토링 사업 추진 시 시설과 운영기관의 의견을 조정하는 것이 원활하지 않았습니다.

어려움을 어떻게 극복했나요?

- 기존 자립수당 대상아동에게 사회첫걸음 수당 지원 사업에 대해 개별적으로 안내하였고, 아동복지시설에 사업 홍보를 요청하여 미 신청 아동의 신청률을 높일 수 있었습니다.
- 멘토링 사업, 수당 지원 등 자립지원 사업 추진 시 사업계획 전부터 시설 내 자립지원전담요원 등 관계자들과의 간담회 개최, 시설 방문을 진행하였고, 사업 홍보와 의견수렴 등의 소통을 거쳐 동의를 얻을 수 있었습니다.
- 멘토링 사업 추진 전 시설, 운영기관의 각각의 의견을 들어 입장 차이에 대해 여러 차례 설명하였고, 이후 대면 회의를 통해 구체적인 방향과 운영방법 등을 결정할 수 있었습니다.

35. 바람산 공원 엘리베이터

무엇을 했나요?

• 바람산 공원에 교통약자를 위한 엘리베이터를 설치했습니다.

• 아울러 바람산 공원을 문화 명소로 만들기 위한 다양한 문화 프로젝트를 추진했습니다.

언제 했나요?

• 2020년 8월부터 이동편의시설 개선작업을 시작하여 이듬해인 2021년 4월부터 본격적인 공사를 시작했고 12월에 준공했습니다.

• 2020년 10월부터 바람산 일대 공공미술 프로젝트를 추진하여 2021년 1월에 선정됐고, 이후 논의 과정을 거쳐 같은 해 6월에 '내 마음을 엮어주오' 전시를 개최했습니다. 이후로도 지속적으로 문화 관련 프로그램을 운영중입니다.

어떤 효과가 있었나요?

• 교통약자의 접근성을 개선하여 바람산 일대를 신촌 청년문화의 중심으로 재탄생시키고 있습니다. 나아가 바람산 일대의 여러 청년 관련 시설들과 연계하여 문화 클러스터를 구축하고 있습니다.

뭐가 가장 힘들었나요?

• 공원이 산 위에 위치한 지리적 특징으로 인해 공간배치에 어려움이 많았습니다.

어려움을 어떻게 극복했나요?

• 직접 현장을 방문하고 전문가 및 지역주민과 지속적인 대화를 통해 하나씩 개선책을 마련했습니다.

36. 100가정 보듬기 사업

무엇을 했나요?

- 복지사각지대 해소를 위해 서대문구형 기부 시스템을 마련했습니다.
- 1:1 결연 형식을 취하여 공동체 의식을 활성화하고 후원 외에도 지속적인 사례관리를 시행하여 자립할 수 있는 토대를 마련했습니다.
- 초반 기업체가 주도했던 후원이 소시민들의 개인 기부로 이어져 시민의식 강화에 기여했습니다.

언제 했나요?

- 2011년부터 현재까지 지속 사업으로 진행 중입니다.

어떤 효과가 있었나요?

- 2021.12.31. 기준으로 734호 결연, 누적 후원금 40여억 원을 달성했습니다.
- 수혜가정이 자립하여 후원자로서 사업에 참여하는 기부의 선순환을 보여주는 좋은 선례를 만들었습니다.

뭐가 가장 힘들었나요?

- 사업 초반, 후원자들의 참여를 이끌어 내기가 힘들었습니다.

어려움을 어떻게 극복했나요?

- 지역복지정책 확대방향 설정 후 구청장이 직접 종교단체, 기업체 등 후원 단체를 방문하여 설득하였습니다.

37. 꿈꾸는 다락방

무엇을 했나요?

- 대학생 임대주택을 건립하여 저소득층 대학생에게 시세보다 저렴하게 공급하였습니다.
  - 홍제동 꿈꾸는 다락방 제1호점(2011.6월)
  - 천연동 꿈꾸는 다락방 제2호점(2014.4월)
  - 홍제동 행복(연합) 기숙사(2014.8월)
  - ※ 임대주택을 저렴하게 제공하는 조건으로 지역 내 초중고생들의 학습을 돌봐주고 인성을 키우는 1대1 멘토링 사업도 함께 추진하였습니다.

언제 했나요?

- 2011년 4월부터 2014년 8월까지 진행했습니다

어떤 효과가 있었나요?

- 총 576명을 수용할 수 있는 3개소의 대학생 임대주택을 마련하여 대학주변의 주택난과 저소득 학생층의 경제적 부담을 덜어드렸습니다.
  - ※ 꿈꾸는 다락방 제1호점 : 12명, 꿈꾸는 다락방 제2호점 : 48명, 행복(연합) 기숙사 : 516명

뭐가 가장 힘들었나요?

- 대학생들로 인한 소음, 쓰레기, 주차 문제가 발생할 것을 염려한 인근 주민들의 반대가 많았습니다.

어려움을 어떻게 극복했나요?

- 대학생 생활수칙을 마련하고, 임대주택 지하에 공영주차장을 마련하는 등 주민분들이 염려하는 부분에 대해 해소방안을 마련하였습니다.

38. 이와일가·청년누리·스타트업 청년주택

무엇을 했나요?

• 취업난과 비싼 월세에 시달리며 주거권을 보장받지 못하고 있는 청년들을 위하여 서대문구형 주거 정책을 마련하였습니다.

언제 했나요?

• 협동조합형 청년주택(이와일가)는 2015년 7월부터 2016년 11월까지, 포스코 1%나눔재단 사회공헌사업을 통해 건립된 청년쉐어하우스(청년누리)는 2016년 9월부터 2018년 6월까지 진행했습니다.

어떤 효과가 있었나요?

• 첫 입주 이래로 이와일가는 38명, 청년누리는 18명의 청년에게 양질의 주거 환경을 지원하였습니다.

• '2020년 청년친화 헌정대상'에서 종합대상을 수상했습니다.

뭐가 가장 힘들었나요?

• 부지 선정에 있어 부동산·교통·교육 등 다양한 사유로 청년주택 건설에 반대하는 지역민들의 반발이 거세 추진에 어려움을 겪었습니다.

어려움을 어떻게 극복했나요?

• 국토부와 서울시, 타 지자체들도 청년들의 보금자리에 대한 어려움에 대해 공감하고 정책 방향이 같다는 점을 강조하면서 최대한 많은 구민들께서 사업의 취지에 대해 공감할 수 있도록 사업 추진에 대한 지속적인 이해 설득 작업을 진행해 나갔습니다.

39. 나라사랑채, 청년미래공동체주택

무엇을 했나요?
- 맞춤형 공공임대주택을 건립하여 독립민주유공자, 청년, 신혼부부에게 제공하였습니다.
  - 나라사랑채 건립(천연동, 2017.8월)
  - 청년미래공동체주택 건립(홍은동, 2019.4월)

언제 했나요?
- 2015년 11월부터 2019년 4월까지 진행했습니다

어떤 효과가 있었나요?
- 나라사랑채 : 독립민주유공자 14가구 입주
- 청년미래공동체주택 : 독립민주유공자 3개동 24가구, 청년 4개동 32가구, 신혼부부 3개동 24가구 입주

뭐가 가장 힘들었나요?
- 청년미래공동체주택 건립시 청년들이 입주하는 부분에 대해 인근 주민들의 반대가 있었습니다.

어려움을 어떻게 극복했나요?
- 사업취지에 대해 주민분들께 상세히 설명을 드리고 설득을 하였습니다. 다행히 저희의 사업취지에 대해 공감하시는 주민분들이 많아 사업을 추진할 수 있었습니다.

참고할 만한 자료가 있을까요?
- 「국토교통부 업무처리지침」과 SH 매입임대주택의 기준에 따라 사업을 진행하였습니다.

40. 행복타임머신

무엇을 했나요?

• 관내 65세 이상 저소득 어르신 및 노인복지 증진에 기여하신 어르신을 대상으로 대학생들의 재능기부를 받아 캐리커처 그려 드리기, 추억의 액자 만들기, 자서전 쓰기, 인생노트쓰기 등의 사업을 추진하였습니다.

언제 했나요?

• 2015년부터 매년 진행하고 있습니다

어떤 효과가 있었나요?

• 매년 300여명의 어르신이 사업에 참여하고 있습니다. 작품 완성 후에는 전시회와 전달식을 개최하여 많은 어르신들에게 자신의 삶을 돌아보는 추억을 선물하고 있습니다.

뭐가 가장 힘들었나요?

• 5년 넘게 지속된 사업인만큼 어르신들의 욕구가 다양해져서 아이템의 다양화가 필요하고 관내 대학생들의 적극적인 참여가 필요합니다.

어려움을 어떻게 극복했나요?

• 전국에서 어르신을 대상으로 하는 사업들을 조사하여 시대의 흐름에 맞는 사업 아이템을 발굴하고 있습니다. 또한 대학생들의 참여율을 높이기 위해 자원봉사실적 인정, 표창장 수여 등 재능기부에 대한 인센티브를 제공하고 있습니다.

41. 노노(老老)케어

무엇을 했나요?

- 활동과 근로가 가능한 50대 이상 장년층 장애인이 전화와 방문으로 홀몸노인의 안부를 묻고 말벗이 되어 주는 사업을 추진하였습니다.
- 장애인 1명이 독거노인 5명을 맡아서 1일 3시간, 월19일 근무 하고 있으며, 하루2명 이상 독거노인과 통화하고 주1회 60분 이상 방문하고 있습니다.

언제 했나요?

- 2017년 6월부터 시행하였습니다.

어떤 효과가 있었나요?

- 장애인에게는 일자리를 제공하고 독거어르신들에게는 말벗이 생겼습니다. 현재 장애인 돌봄 활동가 20여명이 독거어르신 100명을 돌보고 있습니다.

뭐가 가장 힘들었나요?

- 장애인 돌봄가들이 어르신을 상담하는 부분에 있어서 상담기법이 부족하여 어려움이 있었습니다.

어려움을 어떻게 극복했나요?

- 1년에 2번 이상 장애인 돌봄가들을 대상으로 간담회 및 상담 기법 교육을 진행하여 상담능력을 키울 수 있도록 도움을 드렸습니다.

42. 스마트 복지 채널 (천사톡·복주머니·똑똑문안서비스·행복커뮤니티)

무엇을 했나요?
- 찾아가는 보건복지서비스 정책의 일환으로 IT 기술을 이용, 언제 어디서나 어려운 구민에게 쉽게 다가가기 위해 다양한 스마트 복지 서비스를 제공하고 있습니다.

언제 했나요?
- 천사톡 : 2016년 1월 서비스를 시작하였으며, 2019년 실시간1:1 복지 상담 기능을 추가하여 운영중입니다.
- 복주머니 : 2014년 7월 '맞춤복지 검색서비스'로 오픈하였고, 2018년 4주년을 맞이하여 '복주머니'라는 명칭을 붙였습니다.
- 똑똑문안서비스 : 2016년 11월 통신사 및 IT개발사와 업무협약을 맺고 2018년 3월 서비스를 시작하였습니다.
- 행복커뮤니티 : 전국 사회연대경제 지방정부협의회와 SKT간의 민관협력 추진 협약 후 2019년 6월 본격적으로 시작하였습니다.

어떤 효과가 있었나요?
- 2019년 10월 보건복지부 사각지대 발굴 활성화 의견수렴회의에서 '서대문구 천사톡 우수사례'가 공유되고 부산시에 '똑똑문안서비스' 벤치마킹을 보급하는 등 타의 모범이 되었습니다.

43. 서대문형무소역사관과 독립민주축제

무엇을 했나요?

- 대한민국 최대의 서대문독립민주축제를 매년 8월 광복절에 서대문형무소역
사관에서 개최해오고 있습니다.

언제 했나요?

- 2010년부터 매년 개최하여 2021년에는 12회를 맞이했습니다.

어떤 효과가 있었나요?

- 서대문형무소 공간의 특성과 독립과 민주라는 키워드에 충실한 배우는 즐거움
이 있는 축제로서 청·장년층에게도 평화와 민주의 가치를 되새겨 보는 축제가
되었습니다.
- 독립·민주인사와 유가족들을 모시고 족적을 남기는 풋프린팅 행사를 진행했
습니다.(2010년부터 2019년까지 총 56명)

뭐가 가장 힘들었나요?

- 서대문형무소역사관 내에 행사장이 위치하다보니 휴게공간과 관객 편의시설
이 부족하였습니다.
- 생존 독립지사 대분분이 매우 고령으로 축제의 상징이자 공식의례인 풋프린
팅 진행에 어려움이 있었습니다.

어려움을 어떻게 극복했나요?

- 형무소역사관 뿐만 아니라 독립공원까지 축제 공간 및 규모를 넓혀 진행하도
록 했습니다.
- 푸드트럭을 유치하여 먹거리를 제공하고 역사관 광장, 체험부스 옆으로 대기
의자, 캐노피 등 휴게공간을 최대한 마련했습니다.
- 연로한 독립민주인사 door to door 의전 직원을 배치하여 불편이 없도록 노력했
습니다.

44. 감동과 즐거움이 있는 4대 축제

무엇을 했나요?

- 안산 벚꽃축제(4월), 신촌 물총축제(7월), 서대문독립민주축제(8월), 크리스마스거리축제(12월)를 개최하였습니다.

언제 했나요?

- 매년 지정된 시기에 개최하고 있습니다.
  ※ 〔최초 개최 연도〕 안산 벚꽃축제 : 2012년, 물총축제 : 2013년, 서대문독립
  민주축제 : 2010년, 크리스마스거리축제 : 2013년

어떤 효과가 있었나요?

- 방문객들이 자연과 도심 속에서 행사 참여를 통해 즐거움을 느끼고 우리의 역사를 소중하게 생각하게 되었습니다.
- 전국에서 찾는 명소, 그리고 축제가 되었습니다.
  ※ 〔참여인원('19)〕 벚꽃음악회 : 6,000여 명 / 물총 : 30,000여 명
  독립민주 : 24,000여 명 / 크리스마스 : 20,000여 명

뭐가 가장 힘들었나요?

- 물총축제의 경우 지나가는 시민들의 민원이 있었고, 환경오염에 대한 우려가 있었습니다.

어려움을 어떻게 극복했나요?

- 폭이 넓은 현수막(가림막)을 설치하고, 우산을 대여해 주는 등 지나가는 시민들의 불편을 최소화 하도록 노력하였고, 버려진 물총은 재활용품을 예술작품으로 재탄생시키는 '정크아티스트', 버려지는 자원을 활용해 새로운 가치를 만들어 내는 '서울새활용플라자', 장난감 재활용 업체인 '금자동이' 등에 무료로 제공하였습니다.

45. 테마가 있는 연세로 문화 축제

무엇을 했나요?

- '차 없는 거리'인 신촌 연세로에서 다양한 문화 · 예술행사를 개최하고 있습니다.
  * 주요 개최행사 : 신촌 맥주축제, 프랑스거리음악축제, 시티슬라이드 페스타, 왈츠페스티벌, 의자 레이싱, 윤동주 추모 콘서트, 윈드오케스트라 페스티벌, 신촌 댄스 경연 대회, 할로윈 페스티벌, 김현식 가요제 등

언제 했나요?

- 2014년 연세로가 대중교통전용지구로 지정됨에 따라 테마가 있는 문화의 거리 조성 사업을 연중 추진하고 있습니다.

어떤 효과가 있었나요?

- 연세로에서 대규모행사 연 10회 이상, 소규모 지속행사 연 200회 이상을 개최하여 신촌이 활성화되었으며, 주민들이 보다 쉽게 문화예술 행사를 접하게 되었습니다.

뭐가 가장 힘들었나요?

- 쓰레기, 매출저조 등의 문제를 염려한 주변 상인들의 반대가 많았습니다.

어려움을 어떻게 극복했나요?

- 분리수거가 가능하도록 재활용 쓰레기통을 다수 배치하였으며, 상인연합회도 축제의 한 구성원으로 참여하도록 하여 안주 판매 등 부스를 운영하도록 하였습니다.

46. 사회적경제 활성화

무엇을 했나요?

• 사회적경제 기업 성장 기반 마련을 위하여 '사회적경제마을자치센터'를 조성하고 입주기업을 지원하였습니다.

• 관내 사회적경제 인식 개선을 위하여 교육 사업을 추진하였습니다.

언제 했나요?

• 2016년부터 2017년 6월까지 사회적경제마을자치센터를 조성하였습니다.

• 2010년부터 현재까지 사회적기업 발굴 및 지원을 지속하고 있습니다.

어떤 효과가 있었나요?

• 센터 조성 후 현재까지 총 189개 기업에 업무공간 및 편의시설을 지원하였으며, 사회적기업 육성 유공 단체 부문에서 입주기업 '명랑캠페인'이 고용노동부 표창을 받는 등 우수한 사회적기업을 배출했습니다.

뭐가 가장 힘들었나요?

• '사회적경제' 분야를 낯설어하시는 구민들께 새로운 개념을 소개해드리는 데에 어려움이 있었습니다.

어려움을 어떻게 극복했나요?

• 2015년부터 구민 대상으로 사회적경제 관련 교육을 꾸준히 실시하여 인식 개선을 위해 노력하고 있습니다.

47. 자치분권을 선도하는 서대문 지방정부

무엇을 했나요?

- 전국 지방정부를 가입대상으로 하는 자치분권지방정부협의회 회원이자 회장 지방정부로서의 서대문은 당초 28개 지방정부에서 42개로 가입회원을 늘리는 등 외연확대는 물론 자치분권대학, 자치분권연구소, 자치분권박람회, 자치분권 홍보 및 교재발간 등 자치분권 실현을 위해 끊임없이 연대활동을 이어오고, 홍보와 연구에 힘써 왔습니다.

언제 했나요?

- 2016 최초 협의회 구성 시 회원으로 가입 후 2018년 8월 제2대 회장 지방정부로 선정되어 더욱 더 활발하게 활동을 전개했습니다.

어떤 효과가 있었나요?

- 자치분권 지방정부 연대 확산, 다양한 결의대회 전개
- 국정과제인 자치분권 실현을 위한 관련 법개정 지속건의로 일부 법령 개정, 재정분권 단계별 추진에 참여

뭐가 가장 힘들었나요?

- 자치분권의 개념과 목표를 주민과 함께 공감하고 실제 주민 삶 속으로 적용·확산해 가는 과정에 있어 여전히 법적·제도적 한계가 있어 해결해야 할 과제들이 많이 있었습니다.
- 실질적인 자치분권 실현을 위해서는 지방정부 주도의 다양한 노력이 필요합니다. 특히 지역의 자치분권 모델을 발굴하는 과정에서 주민자치회, 자치경찰제, 지방이양사무 등 지역이 주체적으로 권한과 책임을 가지고 할 부분을 확대해 나가는데 있어 주민은 물론 광역, 중앙과 지속적으로 논의하는 과정이 필요한데, 충분한 합의와 공감대를 이루기 위한 소통채널이 여전히 좀 부족하다는 것을 실감할 때 어려움이 느껴지기도 합니다.

어려움을 어떻게 극복했나요?

- 자치분권에 대한 공론화와 지방정부의 연대가 중요해짐에 따라 지역과제를 중심으로 포럼을 활발하게 열고, 강연·연설·우수사례 공유 등 전국의 특색 있는 다양한 지방정부가 한목소리를 내기 위한 최초의 자치분권 주제 박람회를 열기도 했습니다. 이러한 노력들이 지속성 있게 확산될 수 있도록 규모화·정례화 등에 대한 지방정부 간의 공감대 형성과 국민 누구나 공감하며 참여할 수 있는 컨텐츠 발굴이 필요한 상황입니다.

참고할 만한 자료가 있을까요?

- 자치분권은 핵심 국정과제인 만큼 대통령소속 자치분권위원회를 통해 자치분권 종합계획, 실천계획, 이행보고 등이 발표되고 있습니다. 이는 자치분권의 핵심적인 내용을 포함하고 있습니다. 또한 행정학회, 헌법연구회와 같은 법학·행정전문가들의 발제자료나 연구자료, 지방행정연구원, 자치분권대학 등에서 공유하는 다양한 전문가 강의영상(유튜브 등)을 통해 자치분권을 쉽게 접할 수 있습니다.

48. 코로나19 방역 동선조사팀 구성

무엇을 했나요?

- 코로나19 확진자가 증가함에 따라 감염병예방법에서 규정한 역학조사관(의사, 간호사 등) 인력이 확진자 발생 속도를 따라가지 못해 확진자가 방문한 모든 현장을 방문할 수 없는 상황이 발생하였습니다. 우리 구는 신속한 역학조사와 접촉자 관리를 위해 자체적으로 동선조사팀을 구성하여 확진자의 ① 이동동선 확인 ② 접촉자 확인 및 격리 조치 ③ 원거리에 있는 역학조사관과의 실시간 소통체계 구성 등을 진행했습니다. 특히 우리 구가 보유한 방범용, 주정차 단속용 CCTV를 활용하여 확진자가 방문한 장소를 보다 상세하고 정확하게 파악할 수 있었습니다.

언제 했나요?

- 우리 구 확진자 발생이 급증하던 2020년 2월 26일부터 동선조사팀을 구성하여 현재까지도 운영 중에 있습니다.

어떤 효과가 있었나요?

- 6개조 24명이 동시 활동함에 따라 확진자 방문 장소에 직접 방문할 수 있었고, CCTV 및 기타 증빙자료 등을 확보하여 확진자 이동경로 확인 및 접촉자 격리조치를 보다 신속하게 진행할 수 있었습니다.

뭐가 가장 힘들었나요?

- 지방정부수장이 통신사를 통해 위치추적은 가능하나 카드 사용내역 조회가 불가능하다는 한계가 있었고, 위치추적 또한 통신사에 직접 요청할 수 없고 경찰관서를 통해 자료를 받아야 하다보니 많은 시간이 소요되었습니다. 그만큼 많은 인력과 많은 시간이 소요되다보니 확진자가 증가함에 따라 인력이 턱없이 부족했습니다.

어려움을 어떻게 극복했나요?

- 신속한 위치추적과 카드사용내역 확인에 관해서는 법적 권한이 미비한 것으로 법의 개정이 필요합니다. 따라서 지방정부 입장에서 극복하기 위해서는 최대한 많은 인력을 확보하여 효율적으로 운영하는 수밖에 없었습니다. 지방정부 수장이 직접 통신사 및 카드사를 통해 정보를 얻을 수 있도록 법적 개선이 신속히 이루어져야 할 것입니다.

49. 디지털 튜터 지원사업

무엇을 했나요?

• 코로나19로 인해 비대면 교육으로 전환된 학교 현장에 2030세대 TA(교육 보조자)를 지원하여 긴급돌봄지원, 온라인 수업지원, 수업자료 제작 지원, 특별교실 지원 역할을 수행하여 학력격차 심화현상과 심각한 청년실업의 문제를 해결하고자 추진했던 사업입니다.

언제 했나요?

• 2020년 9월부터 지원했습니다(계속사업).

어떤 효과가 있었나요?

• 온라인 기반 교육으로 급격하게 바뀌는 교육현장에서 발생하는 디지털 능력 양극화 현상을 해소하고 교육의 질을 향상시켰습니다.

• 2020년에는 청년 인재 32명에게, 2021년에는 134명에게 일자리를 제공함으로써 디지털+휴먼 뉴딜 사업을 모델화였습니다.

뭐가 가장 힘들었나요?

• 사업 추진 초반 학교 측의 사업에 대한 이해도가 낮아 TA파견 신청조차 거부하는 등 사업에 대한 참여 의지가 약해 사업을 원활하게 추진하기 어려웠습니다.

• 파견 이후에는 TA의 역할이 확실하게 인식되지 않아 단순 보조교사의 업무를 맡기는 등 신규 채용된 TA가 학교 내부조직에 융화되기 어려웠습니다.

• 청년 대상의 사업이다 보니 학업의 지속과 취업 등의 사유로 중도 탈락하는 경우가 발생하였습니다.

어려움을 어떻게 극복했나요?

- 여러 차례 관내 학교에 방문하여 사업에 대해 충분히 설명하고, 충분한 지원을 약속했습니다.
- 동시에 TA 채용 시 능력을 충분히 검증하여 실력있는 TA를 파견하고자 관련 전공 대학생 및 대학원에 적극 홍보하고, 직무역량있는 인적자원을 채용함으로써 사업의 효과성을 입증해 보이도록 노력했습니다. 그 결과 TA파견 학교 대상 만족도 조사를 통해 90%이상이 보통 이상의 만족도를 확인할 수 있었습니다.
- 청년TA의 중도 탈락률을 낮추기 위해 6시간 전일제와 3시간 시간제로 구분 채용하였습니다. 취업 등 불가피한 중도 탈락자를 사전 파악하고, 예비자 등으로 대체할 수 있도록 하는 사전 준비를 통해 공백을 최소화하였습니다.
- 학생들의 디지털 역량 함양에 중점을 둔 사업의 성격을 강조하여 TA의 역할을 확실히 하고자 티칭 어시스턴트에서 디지털 튜터로 명칭을 변경하였습니다.

50. 지속가능한 바이오필릭시티(Biophilic City) 서대문

무엇을 했나요?

• 기후 위기에 대응하기 위한 지방정부 차원의 친환경 탄소중립 노력을 담았습니다. 중앙정부의 2050 탄소중립에 발맞추어 서대문구는 하드웨어와 소프트웨어 양면에서 적극적인 노력을 다하고 있습니다. 이를 위해 그린뉴딜 5개년 계획을 수립하고, 기존 노후 공공청사를 그린리모델링하여 저탄소 고효율 에너지 공간을 만들고 있습니다. 특히 서울시 자치구 중 최초로 선정되어 추진 중인 '에너지자립 혁신지구' 사업은 지방정부 단위에서 기후 위기에 대응하기 위한 구체적 방안을 탐색하고 실천해 보는 의미 깊은 사업입니다.

언제 했나요?

• 지속적으로 추진해나가고 앞으로도 지속할 사업입니다.

어떤 효과가 있었나요?

• 자연과 인간이 공존하는 지속가능한 도시를 지향합니다. 이를 통해 궁극적으로는 바이오필릭시티(Biophilic City)를 실현함으로써 주민이 행복한 도시 서대문구를 만들어 가고자 합니다.

뭐가 가장 힘들었나요?

• 기후 위기가 남의 일이 아니라 우리 주변에 닥쳐온 일이며 지금 당장 할 수 있는 일을 해야 한다고 주민을 설득하여 참여를 이끌어 내는 과정이 가장 어려웠습니다.

• 코로나19로 인해 일회용품 사업이 급격하게 증가한 것 또한 심각한 문제였습니다. 팬더믹 상황으로 인해 예상치 못한 환경적 위기를 겪어야만 했습니다.

어려움을 어떻게 극복했나요?

- 천천히, 그러나 꾸준한 노력만이 유일한 방법이었습니다. 지속적인 교육을 통해 기후 위기의 심각성을 인식할 수 있게 하였고, 동시에 친환경 그린 정책에 대한 공감대를 형성하였습니다. 그런 이후에야 실제로 사업을 추진할 수 있었습니다.
- 지금은 단지 출발선상에 섰을 뿐이며 아직도 넘어야 할 산이 적지 않습니다. 하지만 민과 관이 힘을 합쳐 노력한다면 못해낼 일이 없다고 생각합니다. 물론 그러기 위해 가장 필요한 것이 바로 대화와 협력이라 생각합니다.